内容全面 要点提示 步骤分解 范本实用

素质测评方法与工具

唐丽颖 编著

涵盖4个素质测评管理事项

梳理56个素质测评管理方法

提供47个素质测评执行工具

给出8个素质测评实用范本

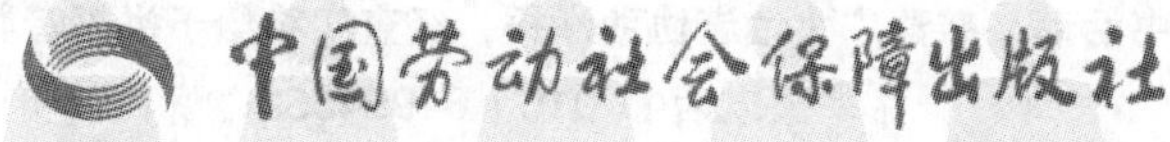

图书在版编目（CIP）数据

素质测评方法与工具 / 唐丽颖编著. —北京：中国劳动社会保障出版社，2013
（弗布克人力资源管理必备工具系列丛书）
ISBN 978-7-5167-0615-2

I. ①素… II. ①唐… III. ①人员测评工程－研究 IV. ① C96

中国版本图书馆CIP数据核字（2013）第254625号

内容提要

本书从智能篇、心理篇、发展篇和效果篇四个角度，详细介绍了智力测评方法与工具、知识能力测评方法与工具、管理能力测评方法与工具、人格测评方法与工具、品德测评方法与工具、职业生涯测评方法与工具、基于胜任素质模型的测评方法与工具、以绩效考核为目的的方法与工具、素质测评效果分析方法与工具等 9 个方面的管理方法及配套应用工具。

其中，管理方法的设计采用“适用范围＋运用须知＋运用程序”模式，执行工具的设计采用“操作要点＋操作步骤＋实用范本”模式，架构一目了然，方便读者快速学习，高效运用。

本书适合企业管理人员、从事人力资源管理领域素质测评工作的人员、企业培训人员、管理咨询人员使用。

中国劳动社会保障出版社出版发行
（北京市惠新东街 1 号 邮政编码：100029）
*
保定市中画美凯印刷有限公司印刷装订 新华书店经销

787 毫米 ×1092 毫米 16 开本 16 印张 305 千字
2013 年 11 月第 1 版 2013 年 11 月第 1 次印刷
定价：40.00 元

读者服务部电话：（010）64929211/64921644/84643933
发行部电话：（010）64961894
出版社网址：http://www.class.com.cn

“弗布克人力资源管理必备工具系列”序

人力资源已经被越来越多的企业视为第一资源。为了做好人力资源工作，企业不断从招、用、育、留中寻找更加便捷的途径和有效的方式提高人力资源管理的效率，期望最大化地将人力资源转化为人才优势，为企业创造更多的价值，从而提高市场竞争力。

人力资源管理过程中科学方法和先进工具的运用成为企业竞争力的重要体现。但是，大多数企业还没有完全掌握和运用人力资源管理科学的方法和先进的工具。

“弗布克人力资源管理必备工具系列”图书紧紧围绕管理方法和工具，旨在为企业人力资源管理各项工作提供科学的方法和实用的工具参考，为人力资源管理岗位从业者和相关人员提供知识和操作指导，使人力资源管理工作做到专业、科学、有效。

本系列书包括《素质测评方法与工具》《招聘与面试管理方法与工具》《绩效管理方法与工具》《薪酬福利管理方法与工具》《培训管理方法与工具》《员工关系管理方法与工具》共六本。其具备以下特色：

1. 首章“篇”幅化

招聘与面试管理、素质测评、绩效管理、薪酬福利管理、培训管理、员工关系管理均是确保企业人力资源发挥最大效力的关键性管理工作。本系列书围绕这六项管理工作进行了详细的方法与工具的设计，并将各管理事项以分篇的形式在第一章进行了归纳说明。

2. 管理方法模块化

“适用范围”——按照不同管理维度划分各项管理工作的方法，并给予界定。

“运用须知”——介绍每类方法下属的每种方法的内涵、特点、功能、局限性或者相关方法间的区别。

“运用程序”——将每类方法按照程序图的形式表现出来。

3. 执行工具模式化

“操作要点”——解读人力资源管理执行工具操作过程中的重点事项，便于执行工具操作中各个环节点事项的规范执行，规避风险的发生，减少企业的损失。

“操作步骤”——给出操作性强的流程图，进行流程梳理与优化设计，分析关键步骤的实施内容和注意事项，切实解决实际问题。

“实用范本”——提供操作模板、模型、模式、流程图、调研问卷、表单、计划书、建议书、评估报告、题库、测评库、经典故事库、互动游戏库、合同、范本、工作标准等实用工具，方便读者随用随取，或企业根据实际需求进行修改套用。

4. 内容形式模板化

本系列书针对不同的内容模块配之以形式多样的模板，并统一相同架构模块的模板，增强了图书的逻辑性、生动性和可读性，以期辅助读者更快地领会与掌握人力资源管理方法与执行工具。

综上，“弗布克人力资源管理必备工具系列”图书本着**首章“篇”幅化、管理方法模块化、执行工具模式化、内容形式模板化**的设计理念，通过招聘与面试管理方法与工具、素质测评方法与工具、绩效管理方法与工具、薪酬福利管理方法与工具、培训管理方法与工具、员工关系管理方法与工具等实用模块，为读者提供全方位的人力资源管理方法和执行工具，推进人力资源管理工作的执行，是人力资源管理人员在工作中必不可少的工具书。

由于时间和水平问题，本系列图书中仍有不足之处，欢迎广大读者批评指正，以便我们改版时能够做得更好，读者用起来更加方便。

前　言

人力资源管理是围绕着“人”展开的，企业能否成功地吸引、激励和保留优秀的人才，能否立足于竞争激烈的市场，素质测评工作无疑在其中起到了重要的作用。因此，熟练运用配套素质测评方法和工具提高人力资源管理工作效率是实现企业竞争力的重要手段之一。

《素质测评方法与工具》共分为四篇，即智能篇、心理篇、发展篇和效果篇。智能篇包括智力测评、知识能力测评、管理能力测评等事项的方法与工具，心理篇包括人格测评、品德测评等事项的方法与工具，发展篇包括职业生涯测评、基于胜任素质模型的测评、以绩效考核为目的的测评等事项的方法与工具，效果篇包括素质测评内容标准化分析、素质测评内容效果分析、素质测评结果分析等事项的方法和工具。

本书细化了素质测评工作的每个环节，提供了管理事项的管理方法与执行工具，企业管理者和人力资源管理人员可以很方便地从中找到相关工作的适用范围、运用须知、运用程序、操作要点、操作步骤及实用范本。本书主要有如下三大特点：

1. 思路体系清晰完整

本书以素质测评内容为主线，具体解析了智力能力测评、知识能力测评、管理能力测评、人格测评、品德测评、职业生涯测评、基于胜任素质模型的测评、以绩效考核为目的的测评、素质测评内容标准化分析、素质测评内容效果分析、素质测评结果分析等事项的方法与工具，以期帮助企业素质测评人员提高工作效率。

2. 方法工具实用可参

本书从实用性的角度出发，对企业整个素质测评方法与执行工具以实务化、可操作化的风格进行了介绍，其间将理论与实际相结合、方法与工具相结合，可以“拿来即用”，便于人力资源素质测评人员随时查阅和参照。

3. 图表模板交互呈现

本书采用图表交互呈现的方式，大量的实用范本增强了本书的可读性，让人力资源管理工作者快速知道“怎么做”，帮助企业素质测评人员更好地运用这些方法和工具。

本书适合企业管理人员、从事人力资源管理领域素质测评工作的人员、企业培训人员、咨询服务人员使用。

在本书编写的过程中，孙立宏、孙宗坤、程富建、董建华、刘井学负责资料的收集和整理，王建霞、廖应涵、王影、李苏洋、孔庆德负责图表的编排，王胜会参与编写了本书的第1章，刘柏华参与编写了本书的第2章，李作学参与编写了本书的第3章，程淑丽参与编写了本书的第4章，姜东青参与编写了本书的第5章，李健参与编写了本书的第6章，单伟伟参与编写了本书的第7章，董越参与编写了本书的第8章，田玲参与编写了本书的第9章，李健参与编写了本书的第10章，全书由唐丽颖统撰定稿。

编　者

2013年10月

目 录

第1章　素质测评方法与工具体系 …… 1

1.1　素质测评事项 …… 2

1.1.1　素质测评智能篇 …… 3

1.1.2　素质测评心理篇 …… 3

1.1.3　素质测评发展篇 …… 4

1.1.4　素质测评效果篇 …… 4

1.2　测评方法设计与选择 …… 5

1.2.1　测评方法的适用范围 …… 5

1.2.2　测评方法的运用须知 …… 8

1.2.3　测评方法的运用程序 …… 8

1.2.4　测评方法模板的设计 …… 10

1.3　工具设计与选择 …… 12

1.3.1　工具的类型划分 …… 12

1.3.2　工具的操作要点 …… 13

1.3.3　工具的操作步骤 …… 15

1.3.4　工具模板的设计 …… 16

1.4　素质测评方法与工具组合 …… 17

1.4.1　素质测评方法组合 …… 18

1.4.2　素质测评工具组合 …… 20

第2章　智力测评方法与工具 …… 23

2.1　常见的智力测评方法与工具 …… 24

2.1.1　量表评价法 …… 24

2.1.2 斯坦福—比奈测验 …… 26

2.1.3 瑞文推理测验 …… 27

2.1.4 陆军甲 / 乙种测试 …… 29

2.1.5 韦克斯勒智力量表 …… 31

2.1.6 韦克斯勒智力量表实用范本 …… 33

2.2 常见的情绪智力测评工具 …… 34

2.2.1 情商量表问卷 …… 34

2.2.2 情绪智力问卷 …… 36

2.2.3 Goleman 的情绪胜任力模型 …… 37

2.2.4 Salovey 和 Mayer 的情绪智力模型 …… 38

第3章 知识能力测评方法与工具 …… 41

3.1 基础能力测评的测算方法与工具 …… 42

3.1.1 笔试法 …… 42

3.1.2 一般能力测试方法 …… 44

3.1.3 特殊能力测试方法 …… 45

3.1.4 笔试试题的编制步骤 …… 46

3.1.5 吉尔福德创造力测试 …… 47

3.1.6 问题处理能力测试题 …… 48

3.1.7 人际交往能力测试题 …… 50

3.2 专业能力测评方法与工具 …… 52

3.2.1 一般职业能力倾向测试 …… 52

3.2.2 特殊职业能力倾向测试 …… 54

3.2.3 多重职业能力倾向测试 …… 56

3.2.4 管理职业能力倾向测试 …… 57

3.2.5 行政职业能力倾向测试 …… 59

3.2.6 BEC 职业能力倾向测试 …… 60

3.2.7 区分性能力倾向测试 …… 61

第4章 管理能力测评方法与工具 …… 63
4.1 无领导小组讨论法与工具 …… 64
4.1.1 无领导小组讨论的适用范围 …… 64
4.1.2 无领导小组讨论的运用须知 …… 64
4.1.3 无领导小组讨论的运用程序 …… 66
4.1.4 无领导小组讨论的操作要点 …… 66
4.1.5 无领导小组讨论的工作标准 …… 67
4.1.6 无领导小组讨论试题范本 …… 69
4.2 文件筐测验法与工具 …… 70
4.2.1 文件筐测验法的适用范围 …… 70
4.2.2 文件筐测验法的运用须知 …… 71
4.2.3 文件筐测验法的运用程序 …… 72
4.2.4 文件筐开发设计的要点 …… 72
4.2.5 文件筐开发设计的步骤 …… 73
4.2.6 文件筐试题范本 …… 75
4.3 角色扮演法与工具 …… 77
4.3.1 角色扮演法的适用范围 …… 77
4.3.2 角色扮演法的运用须知 …… 77
4.3.3 角色扮演法的运用程序 …… 78
4.3.4 角色扮演法的试题范本 …… 78
4.4 评价中心法与工具 …… 79
4.4.1 评价中心法的适用范围 …… 79
4.4.2 评价中心法的运用须知 …… 79
4.4.3 评价中心法的运用程序 …… 82
4.4.4 评价中心法的操作要点 …… 83
4.4.5 高级管理者的测评方案 …… 84
4.5 沙盘推演测评法与工具 …… 88
4.5.1 沙盘推演测评法的适用范围 …… 88
4.5.2 沙盘推演测评法的运用须知 …… 89

4.5.3 沙盘推演测评法的运用程序 …… 90
4.5.4 沙盘推演测评评估报告范本 …… 91

第5章 人格测评方法与工具 …… 93

5.1 人格测评方法 …… 94
5.1.1 自陈量表法 …… 94
5.1.2 投射测验法 …… 95
5.1.3 社会测量法 …… 97
5.1.4 情境压力测验法 …… 100
5.2 人格测评工具 …… 103
5.2.1 MBTI 测验 …… 103
5.2.2 Y-G 性格测验 …… 104
5.2.3 “大五”人格测验 …… 108
5.2.4 加州心理测验（CPI）…… 109
5.2.5 卡特尔人格因素测验（16PF） …… 111

第6章 品德测评方法与工具 …… 113

6.1 品德测评方法 …… 114
6.1.1 测谎技术法 …… 114
6.1.2 背景调查法 …… 115
6.1.3 模糊测评法 …… 116
6.1.4 强制选择法 …… 117
6.1.5 民意测验法 …… 118
6.1.6 评语鉴定法 …… 119
6.1.7 写实测评法 …… 121
6.1.8 FRC 品德测评法 …… 121
6.1.9 OSL 品德测评法 …… 122
6.2 品德测评工具 …… 124
6.2.1 雷斯特测验 …… 124

6.2.2 威特金倾斜知觉独立测验 …… 125
6.2.3 员工品德评价表 …… 127
6.2.4 品德评价结果登记表 …… 128
6.2.5 品德测评问卷范本 …… 128

第7章 职业生涯测评方法与工具 …… 131

7.1 职业能力测验方法与工具 …… 132
7.1.1 职业适应性测验方法 …… 132
7.1.2 选拔性职业能力测评方法 …… 133
7.1.3 配置性职业能力测验方法 …… 135
7.1.4 斯普兰格6类型价值观 …… 136
7.1.5 霍兰德职业兴趣测验 …… 137
7.1.6 成就欲望测试题范本 …… 140
7.2 职业定位测验方法与工具 …… 142
7.2.1 职业锚的适用范围 …… 142
7.2.2 职业锚的运用须知 …… 143
7.2.3 职业锚的运用程序 …… 146
7.2.4 职业锚测试问卷 …… 146

第8章 基于胜任素质模型的测评方法与工具 …… 149

8.1 胜任素质模型构建方法与工具 …… 150
8.1.1 行为事件访谈法 …… 150
8.1.2 战略分析法 …… 153
8.1.3 标杆学习法 …… 154
8.1.4 专家小组讨论法 …… 155
8.1.5 口语主题分析编码法 …… 155
8.1.6 胜任素质模型构建步骤 …… 156
8.1.7 胜任素质模型构建的注意事项 …… 158
8.1.8 基于胜任力模型的人才选拔步骤 …… 158
8.1.9 基于胜任力模型人才选拔注意事项 …… 159

8.1.10 企业营销人员胜任素质模型 …… 161
8.1.11 企业管理人员胜任素质模型 …… 165
8.2 胜任素质测评方法与工具 …… 165
8.2.1 观察法 …… 165
8.2.2 工作取样法 …… 167
8.2.3 实证分析法 …… 169
8.2.4 情境模拟法 …… 170
8.2.5 招聘专员胜任素质测评方案 …… 172
8.2.6 生产人员胜任素质测评方案 …… 178

第9章 以绩效考核为目的的测评方法与工具 …… 181

9.1 目标考核测评法与工具 …… 182
9.1.1 目标考核法的适用范围 …… 182
9.1.2 目标考核法的运用须知 …… 182
9.1.3 目标考核法的运用程序 …… 184
9.1.4 目标考核法实施建议书 …… 185
9.2 BSC考核测评法与工具 …… 187
9.2.1 BSC 考核法的适用范围 …… 187
9.2.2 BSC 考核法的运用须知 …… 188
9.2.3 BSC 考核法的运用程序 …… 191
9.2.4 企业 BSC 实施方案范本 …… 192
9.3 KPI考核测评法与工具 …… 195
9.3.1 KPI 考核法的适用范围 …… 195
9.3.2 KPI 考核法的运用须知 …… 196
9.3.3 KPI 考核法的运用程序 …… 196
9.3.4 企业 KPI 考核相关表单 …… 197
9.3.5 企业 KPI 考核总结报告 …… 198
9.4 360度考核法与工具 …… 200
9.4.1 360 度考核法的适用范围 …… 200
9.4.2 360 度考核法的运用须知 …… 200

9.4.3 360度考核法的运用程序 …… 202
9.4.4 管理人员360度考核表 …… 202

9.5 绩效面谈测评方法与工具 …… 203

9.5.1 绩效面谈测评法的适用范围 …… 203
9.5.2 绩效面谈测评法的运用须知 …… 204
9.5.3 绩效面谈测评法的运用程序 …… 206
9.5.4 绩效面谈测评法实施计划书 …… 206
9.5.5 绩效面谈测评记录表 …… 208

第10章 素质测评效果分析方法与工具 …… 209

10.1 素质测评内容标准化分析方法与工具 …… 210

10.1.1 工作分析法 …… 210
10.1.2 测评标准化法 …… 211
10.1.3 测评内容的标准化程序 …… 214
10.1.4 财务人员素质测评标准化方案 …… 215
10.1.5 技术人员素质测评标准化方案 …… 219

10.2 素质测评内容效果的分析方法与工具 …… 222

10.2.1 项目分析法 …… 222
10.2.2 信度分析法 …… 225
10.2.3 效度分析法 …… 228
10.2.4 误差分析法 …… 231
10.2.5 定量分析法 …… 231
10.2.6 素质测评报告撰写步骤 …… 234
10.2.7 素质测评报告撰写要点 …… 234

10.3 素质测评结果分析方法与工具 …… 236

10.3.1 调查问卷法 …… 236
10.3.2 素质测评结果面谈法 …… 239
10.3.3 测评结果面谈记录表 …… 240
10.3.4 员工素质测评报告范本 …… 240

第 1 章

素质测评方法与工具体系

1.1　素质测评事项

素质测评指的是运用心理学、管理学、测量学、社会学及计算机技术等知识，由测评主体采用科学的方法，收集被测试者在人力资源活动中的表现，针对被测试者某一方面的素质测评指标体系进行测量和评估的人力资源管理活动。

素质测评对组织而言，有助于人才的理性选拔和合理配置，有助于人才的有效开发，有助于人才的考核和团队建设；素质测评对个人而言，有利于个人的职业选择和职业发展。

素质测评需要具备以下三方面的条件：一是要有独立的研究对象，它的研究对象是被测个体的各种特性，其中被测个体包括个人、团队、公司等；二是要有较系统的理论知识基础，其中理论知识基础包括管理学、社会学、心理学、信息科学等学科；三是要有关于研究对象的知识体系和方法体系，其中素质测评的方法和工具是本书重点介绍的内容。

人才的素质主要包括品德、心智、能力、文化、身体素质等方面，企业人才素质测评主要包括四个主要事项，如图 1—1 所示。

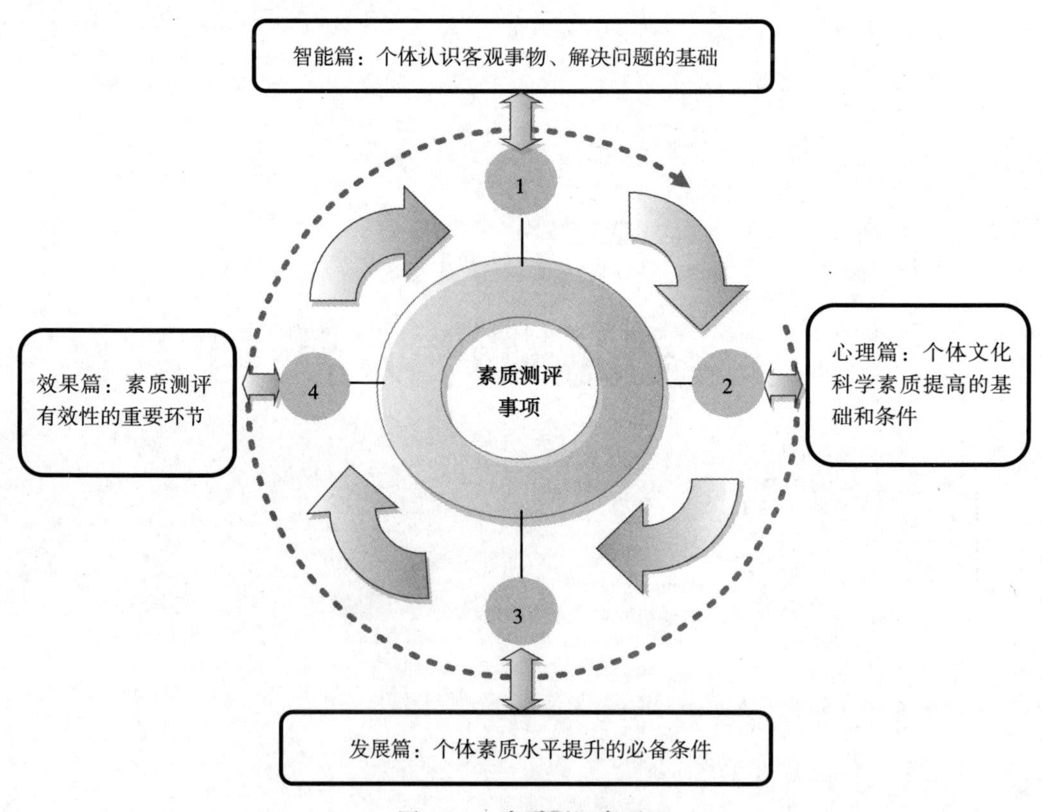

图 1—1　素质测评事项

1.1.1　素质测评智能篇

个体的行为和语言是其智慧的外在表现，人们倾向于将行为和语言的表达过程称为能力，个体从感觉、记忆、回忆、思维、语言到行为的整个过程被称为智能过程，该过程是智力和能力的综合表现。其中，个体智商、情商和能力水平对智能发挥的程度有重要影响，而“情商”可以调整智商和能力的正确发挥。

本书所涉及素质测评智能篇的内容如图 1—2 所示。

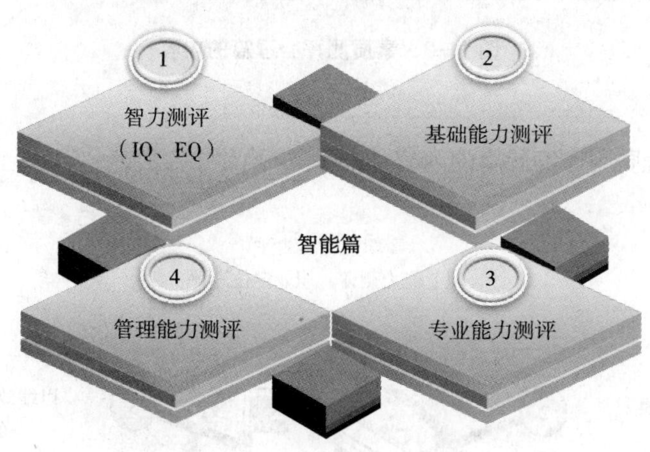

图 1—2　素质测评智能篇的内容

1.1.2　素质测评心理篇

在生活和工作中，良好的心理素质是个人取得成功的重要条件之一。心理素质的形成既受先天遗传因素的影响，也受后天环境的影响，而且还与个人的自我修炼、自我完善有很大的联系。不同的心理素质会有不同的外显特征，现今很多组织将心理素质测评用于组织的管理中，有利于提高工作效率。

本书所涉及的素质测评心理篇的内容如图 1—3 所示。

1.1.3　素质测评发展篇

人力资源是组织中重要的资源，只有有效地开发和科学合理地管理人力资源，组织才能健康地发展。素质测评可以针对特定的人力资源管理目的，如招聘、配置、晋升、考核、培训等，对人的素质进行多方面、系统性的测量和评价，进而为人力资源管理与开发提供参考依据。

◎ 人格测评：人格是个体在行为上的内部表现，它可以离开人的肉体，离开人所处的物质生活条件而独立存在于人类的精神文化维度里。人格测评着重测量个体行为独特性和倾向性等特征

◎ 品德测评：品德指的是个体在思想、政治、法制、道德等方面表现出的稳定行为特征与倾向，品德测评是建立在对个体品德特征信息“测”与“量”基础上的一种分析与判断活动

图 1—3　素质测评心理篇的内容

本书所涉及的素质测评发展篇的内容如图 1—4 所示。

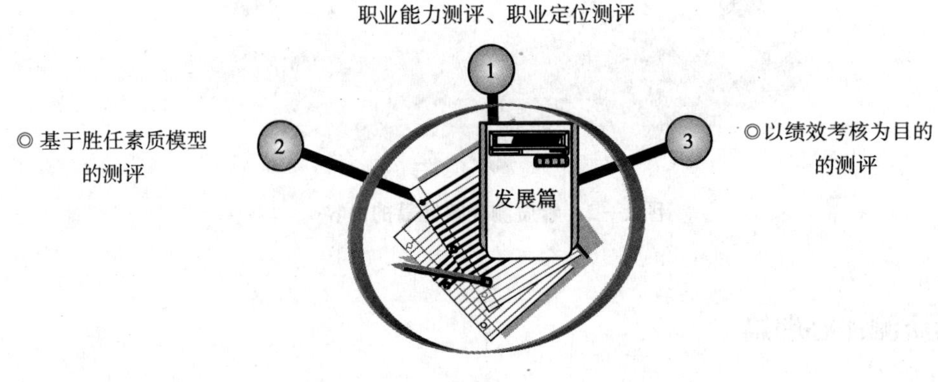

图 1—4　素质测评发展篇的内容

1.1.4　素质测评效果篇

对测评效果进行分析是素质测评中极为重要的环节，是素质测评题目设计、测评过程实施和数据处理等各个环节的最终表达。无论是素质测评设计的独特性，还是测评实施过程的专业性，以及最终结果分析的科学性都能通过素质测评效果体现出来，这是对整个测评过程最直接、最理性的反映，这对测评主体和客体具有极其重要的意义。

本书所涉及的素质测评效果篇的内容如图 1—5 所示。

图 1—5　素质测评效果篇

1.2　测评方法设计与选择

1.2.1　测评方法的适用范围

测评方法指的是用来实现人力资源管理目的而采用的手段、方式、途径和程序的总和。任何素质测评活动，都要选择和运用相应的测评方法。

1. 测评方法按照测评的范围划分，可分为宏观测评法、中观测评法和微观测评法。具体内容如图 1—6 所示。

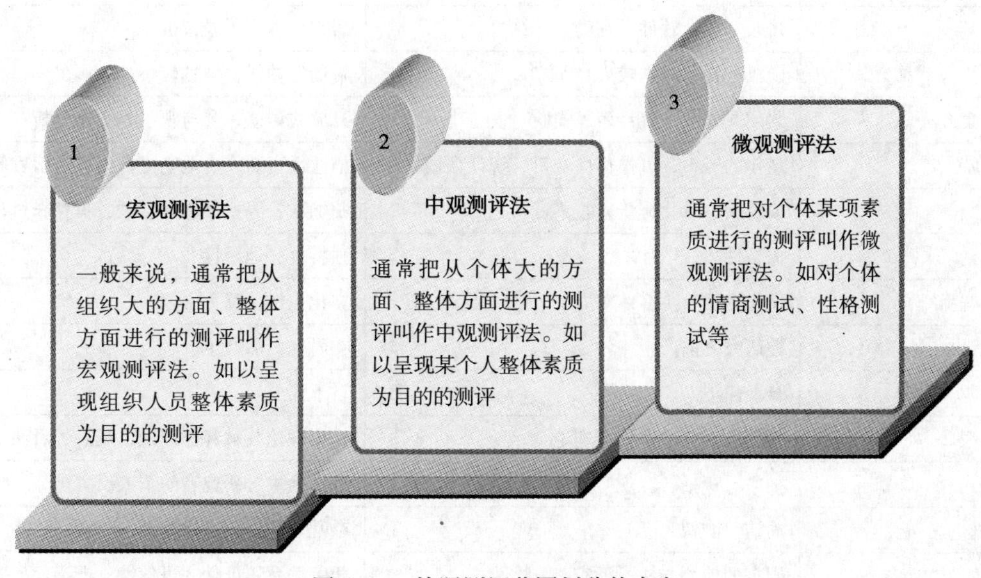

图 1—6　按照测评范围划分的内容

2. 测评方法按照应用的技术性质划分，可分为定量分析方法和定性分析方法。

定量分析方法是对“量”的研究，是用数学方法对自然界和人类社会中存在的各种现象进行研究，并用数学变量来描述和刻画其中的客观规律的方法。定量资料分析运用的是演绎法，即事先定好一个理论或假说，然后收集资料以验证这一理论或假说是否成立。定量分析的方法主要有层次分析法、决策法、优化决策法、投入产出分析法等。

定性分析方法，是对科学现象进行“质”的理论思辨的科学方法。“质”是指一事物区别于其他事物的内部规定性。定性资料分析运用的是归纳法，即通过整理分析资料得出假说或理论。定性分析方法主要有历史研究、文献研究、观察研究、逻辑分析等。

定量分析和定性分析对量的研究和质的研究主要区别点见表1—1。

表1—1　　量的研究和质的研究的区别

类型 项目	量的研究	质的研究
研究目的	证实普遍情况，预测寻求共识	解释性理解，寻求复杂性，提出新问题
对知识的定义	情境无涉	由社会文化所建构
价值与事实	分离	密不可分
研究内容	事实、原因、影响、凝固的事物、变量	故事、事件、过程、意义、整体探究
研究层面	宏观	微观
研究问题	事先确定	在过程中产生
研究设计	结构性的，事先确定的，比较具体	灵活的，演变的，比较宽泛
研究手段	数字、计算、统计分析	语言、图像、描述分析
研究工具	量表、统计软件、问卷、计算机	研究者本人，录音机
抽样方法	随机抽样，样本较大	目的性抽样，样本较小
资料收集方法	封闭式问卷、统计表、实验	开放式访谈、参与观察、实物分析
资料的特点	量化的资料，可操作性变量，统计数据	描述性资料，实地笔记，当事人引言等
分析方式	演绎法，量化分析，收集资料之后	归纳法，寻找概念和主题，贯穿全过程
研究结论	概括性、普适性	独特性、地域性
结果的解释	文化客位，主客体对立	文化主位，互为主题
理论假设	在研究之前产生	在研究之后产生
理论来源	自上而下	自下而上
理论类型	大理论、普遍性规范理论	扎根理论、解释性理论、观点、看法
成文方式	抽象、概括、客观	描述为主，研究者的个人反省
作品评价	简洁、明快	杂乱、深描、多重声音
效度	固定的检测方法，证实	相关关系、证伪、可信性、严谨

续表

项目＼类型	量的研究	质的研究
信度	可以重复	不能重复
推广度	可控制，可推广到抽样总体	认同推广，理论推广，积累推广

资料来源：陈向明．质的研究方法与社会科学研究[M]．北京：教育科学出版社，2000．11．

3. 测评方法依据测评方式划分，可以分为纸笔测验、操作测验和口头测验。具体内容如图 1—7 所示。

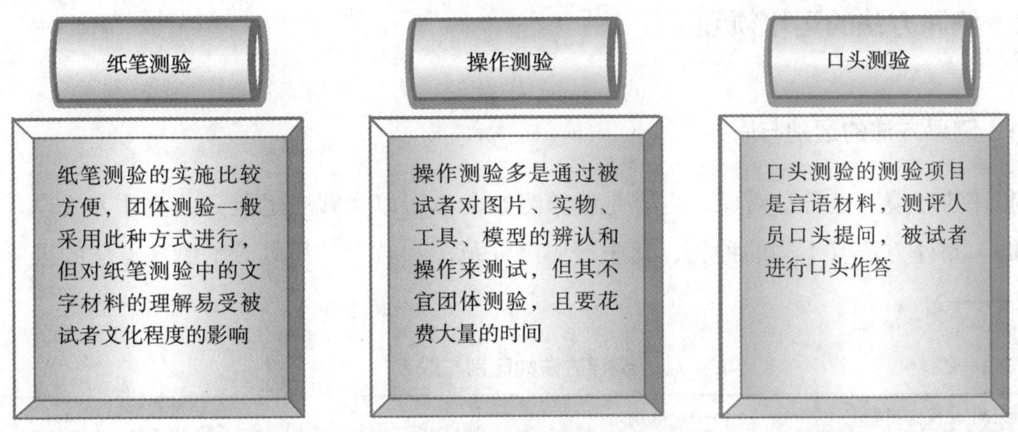

图 1—7　按照测评方式划分的内容

4. 测评方法依据测验的反应场所划分，可以分为一般测验、情境测验和观察评定测验。一般测验侧重于对被测试者在行为样组上反应的测评，情境测验侧重于对被测试者在模拟情境中反应的测评，观察评定测验侧重于对被测试者在日常状态下行为表现的测评。

5. 测评方法按测评参照系划分，可以分为常模测评和标准测评。具体内容如图 1—8 所示。

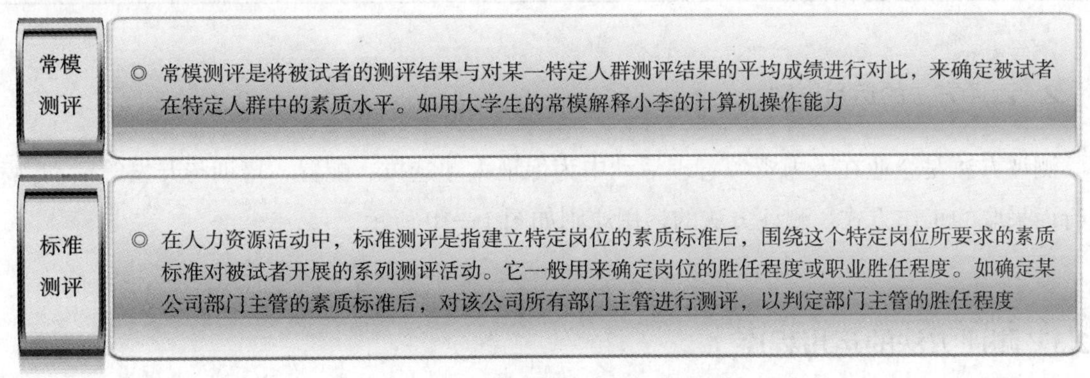

图 1—8　按照测评参照系划分的内容

6. 测评方法按照实施者来划分，分为他人测评和自我测评。具体内容如图 1—9 所示。

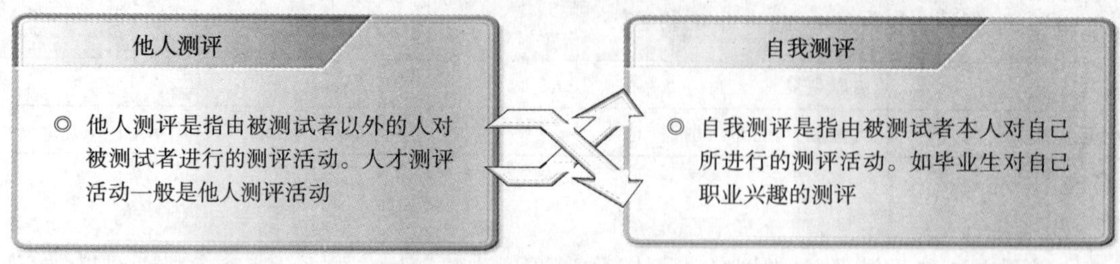

图 1—9 按照实施者来划分的内容

1.2.2 测评方法的运用须知

1. 测评方法的区别与联系

测评的环境、任务、对象、内容是纷繁复杂的，所以实践中运用到的测评方法也是多种多样的。测评方法有不同的种类，其中按照测评范围和技术性质划分的测评方法的区别与联系见表 1—2。

表 1—2 测评方法的区别与联系

分类标准	类型	区别	联系
按照测评范围划分	宏观测评法	关注企业全体人员的素质测评	微观测评法相对宏观和中观测评法而言，是某个个体所呈现的具体的智力、能力、品德、人格、身体等方面的素质。宏观测评法不能独立完成企业整体员工素质的分析，还需要相适应的微观测评法和中观测评法的配合
	中观测评法	关注个体总体素质的测评	
	微观测评法	关注个体某方面能力素质的测评	
按照技术性质划分	定性分析法	侧重于“质”的分析	定量分析方法和定性分析方法是相互渗透的，许多问题的解决常常需要二者相互补充
	定量分析法	侧重于“量”的分析	

2. 测评方法的运用原则

测评方法是企业在人力资源管理活动中为保证人才选拔、配置、培训与开发等活动顺利进行而采取的工作方式。测评方法的运用原则如图 1—10 所示。

1.2.3 测评方法的运用程序

测评方法的运用程序指的是管理中管理者运用测评方法实施管理的方针和步骤。如果测

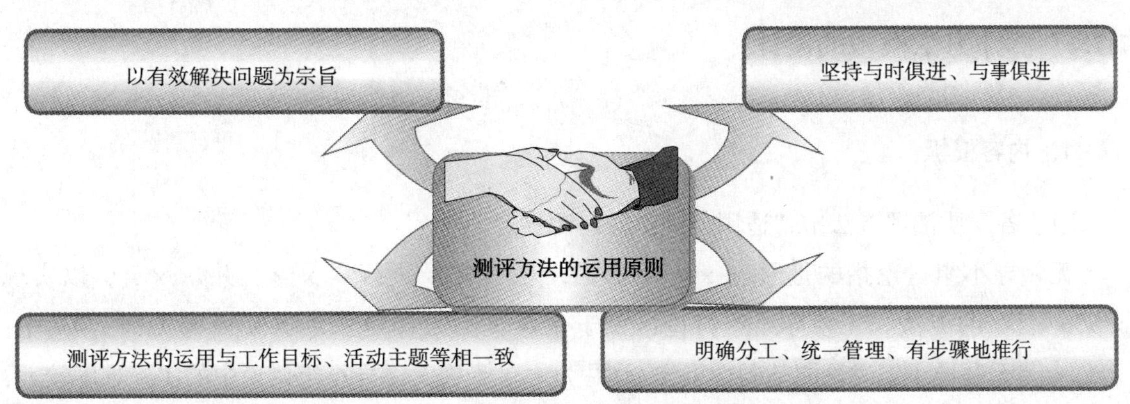

图 1—10　测评方法的运用原则

评方法的运用程序合理得当，就可以加快管理的速度，提高管理的效率，取得良好的管理成效。

测评方法运用有五个程序，具体内容如图 1—11 所示。

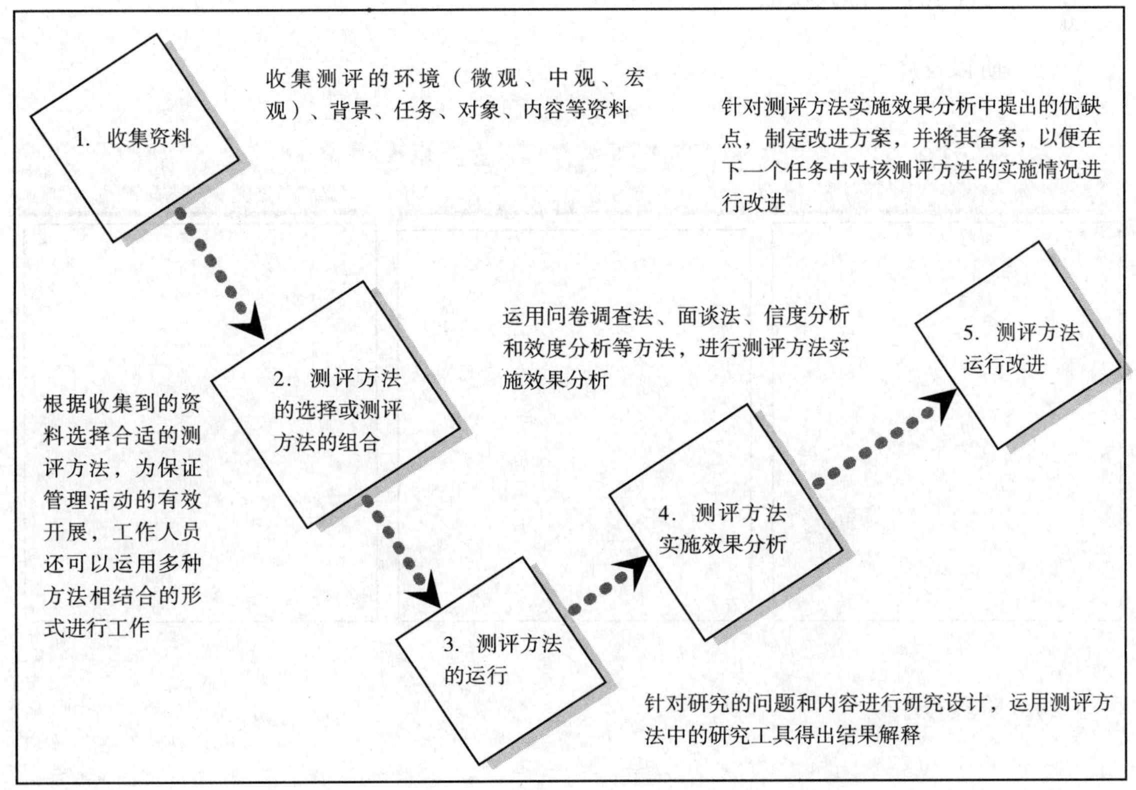

图 1—11　测评方法运用程序

1.2.4 测评方法模板的设计

1. 内容模板

（1）各素质测评方法中“适用范围中的内涵界定”

无领导小组讨论指的是通过 ××× 方式，对 ××× 进行 ×××，并 ×××，以实现 ××× 目标的方法。无领导小组讨论区别于 ×××（或者划分为 ××× 等类型）。其中，××× 是无领导小组讨论的基础性工作(前提)，××× 在无领导小组讨论中的实施难度较大，人力资源管理人员需要在实践工作中给予重点关注。

（2）各素质测评方法“运用程序”内容模板

无领导小组讨论的运用程序分为 ××× 阶段。其中，××× 阶段是（与）××× 阶段的 ×××，而且 ×××。

2. “运行程序”形式模板

（1）3 阶段程序

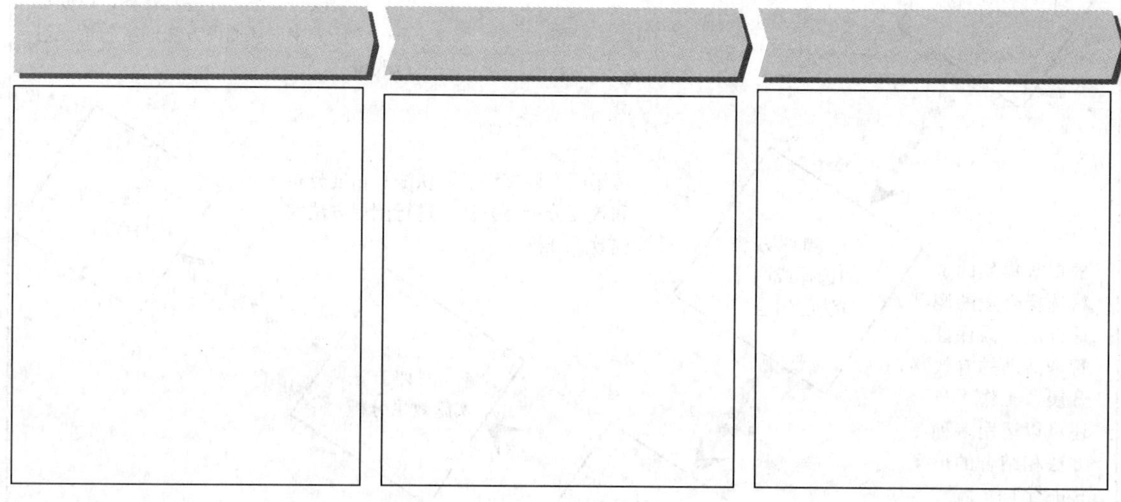

（2）4 阶段程序

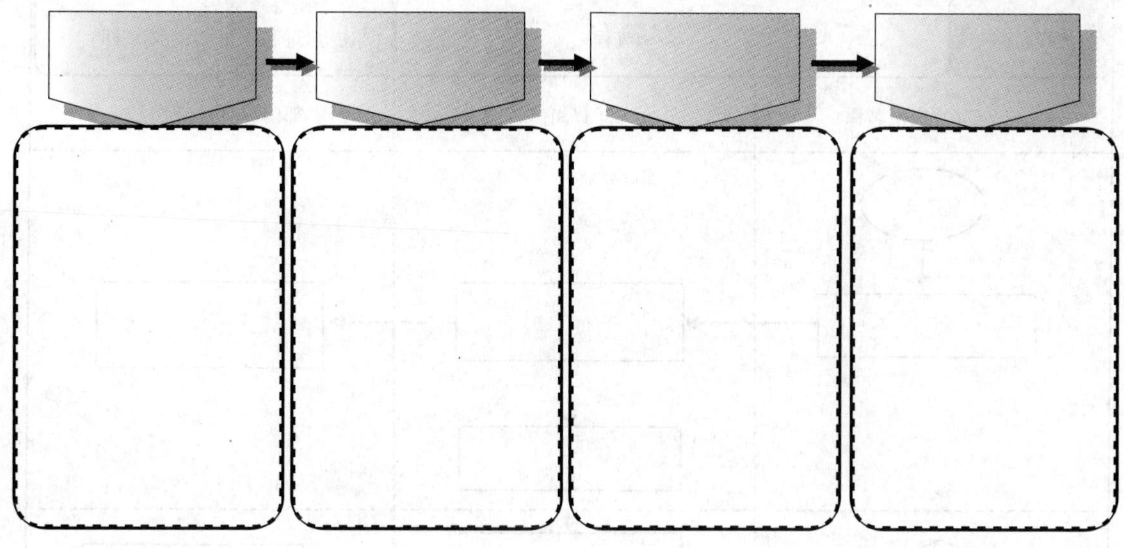

（3）5 阶段程序

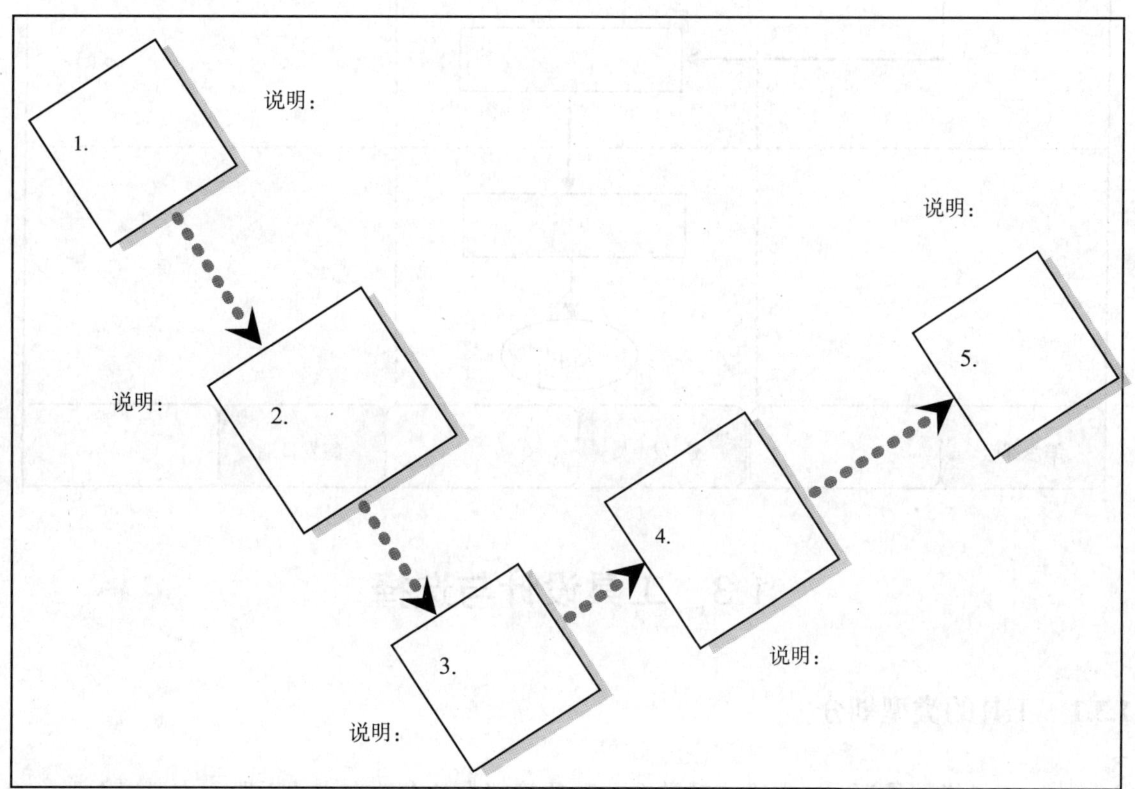

（4）流程图

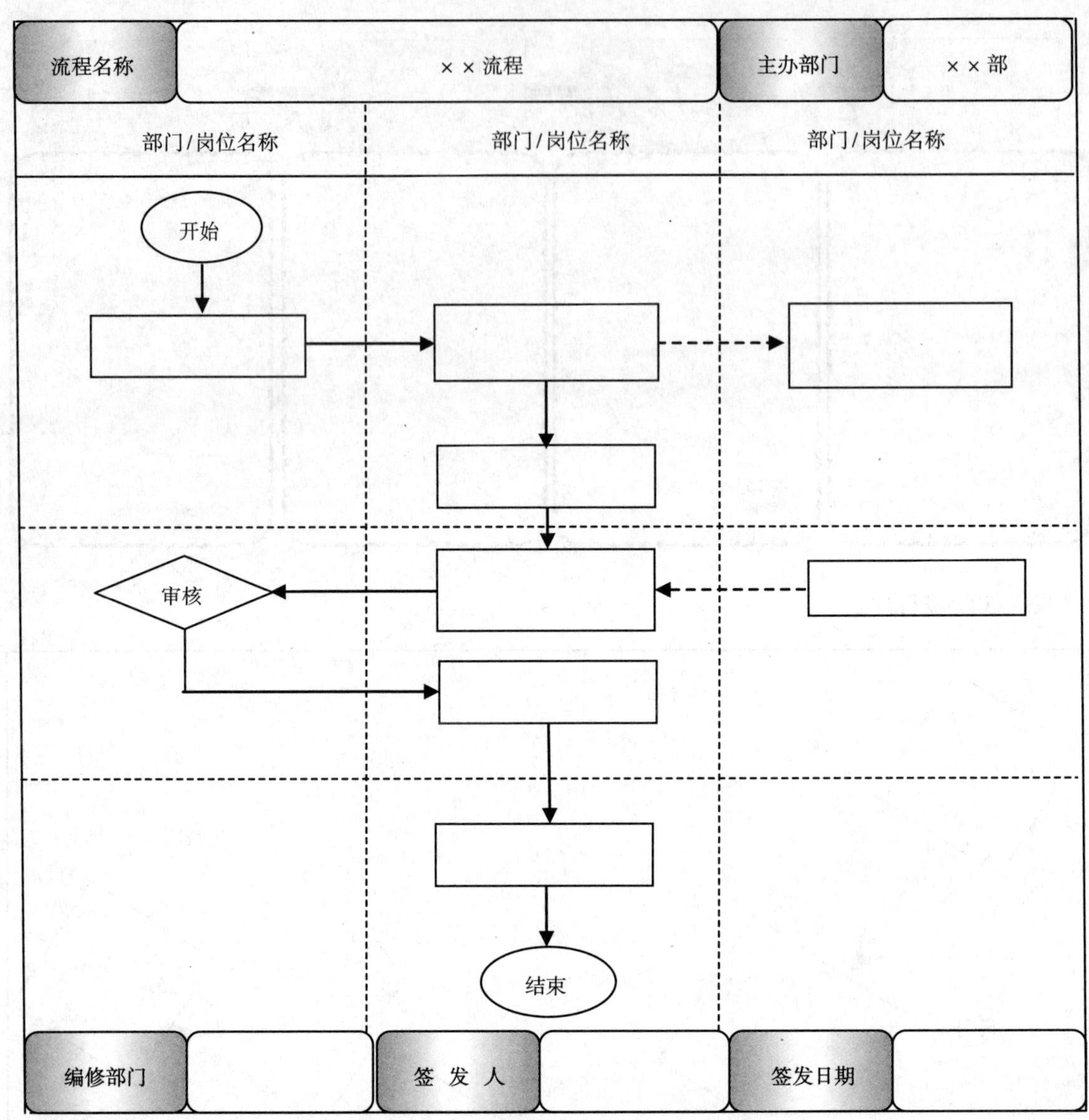

1.3 工具设计与选择

1.3.1 工具的类型划分

执行工具指的是完成、促进或辅助企业某项管理事务有效完成的手段，主要以图形、表单、文书、范本、文库等方式表现出来，用来帮助企业管理人员更好地开展工作，具体内容如图 1—12 所示。

◎ 图形指的是用一组指令集合来描述图形的内容，如描述构成该图的各种图元位置维数、形状等。执行工具常见的图形有模型、模式和流程图
◎ 模型：用以分析问题的概念、数学关系、逻辑关系等的表示体系
◎ 模式：解决问题的方法论，是从工作经验和生活经验中抽象和升华提炼出来的核心知识体系
◎ 流程图：主要用来说明某一过程，过程可以是工艺流程，也可以是完成一项任务的管理过程

◎ 表单指的是管理工作过程中，为对相关管理工作进行记录和衔接的各种表格，是用来提交资料、意见，规范流程执行过程的格式，如生产管理人员培训计划表、费用审批表等

◎ 文书是一个概括性的名词，指的是一种记录信息、表达意图的文字材料
◎ 文书包括管理的计划书、说明书、指导书、总结报告、汇报书、反馈书、调查问卷等
◎ 企业一般通过书写和制作文书来记录信息，利用传递文书来相互交流信息，利用公布文书对公众发布信息等

◎ 范本指的是在企业管理过程中可以用来参考的样本，主要包括制度范本、方案范本、合同范本、工作标准范本等

◎ 文库是指以文字、图形、图表等同类载体表示的集合体，是企业信息管理的重要部分
◎ 企业文库主要包括题库、测评库、经典故事库、互动游戏库等，它们适用于人力资源管理的面试、笔试、测评、培训等环节

图 1—12　执行工具的类型划分

1.3.2　工具的操作要点

1. 执行工具的操作风险

在执行工具操作过程中，企业管理人员应针对存在的风险，加强执行工具操作中对各个环节点事项的规范执行，加强对五大风险点的管理和控制工作，以避免风险发生、减少企业损失，具体内容见表 1—3。

表 1—3　　执行工具主要风险点说明

序号	风险点名称	风险点说明
风险点1	缺乏方向的风险	1. 执行工具设计时缺乏主题，致使目标和目的不明确，容易导致执行工具不具备实操性 2. 执行工具设计时缺乏适用范围，如时间范围、岗位范围和部门范围等，容易导致执行工具不具备实用性 3. 执行工具设计时未对企业现状进行分析，导致与企业发展方向不一致
风险点2	执行工具内容存在的风险	1. 执行工具存在内容缺失现象，容易导致反复修改，降低工作效率 2. 执行工具中所设内容与配套的制度、方案等缺乏一致性，容易导致执行工具缺乏效度
风险点3	缺乏培训的风险	执行工具操作前，未对相关人员进行操作时间、操作步骤、操作中注意事项等方面的培训，容易降低执行工具产生结果的有效性
风险点4	实施时产生的风险	1. 执行工具实施时，缺乏设计者或管理者的指导和监督，致使操作人员无法正确理解操作事宜 2. 执行工具实施时，操作人员态度不端正，敷衍了事，容易影响执行工具的操作结果 3. 执行工具实施时，缺乏资源支持（人力、物力、财力等），容易影响执行工具的有效推广
风险点5	缺乏执行工具效果评估的风险	1. 未建立良好的沟通反馈体系，容易导致相关人员的建议和意见得不到有效反馈 2. 未对执行工具效果进行信度和效度分析，不利于今后执行工具操作的有效改进

2. 执行工具操作预防措施

为规避执行工具操作时各项风险的产生，要注意把握六个要点，其主要内容见表 1—4。

表 1—4　　执行工具各操作预防措施的主要内容

要　点	内　容
执行工具设计	1. 执行工具设计原则：内容全面、清晰，语言简练、明了，形式美观、统一，体系完善、科学 2. 执行工具设计要点：具有实用性，能够根据管理活动的需求，切实解决工作中出现的相关问题；具有指导性，在实际工作中能对管理人员和执行人员起到引导作用；具有操作性，能够让管理人员在开展工作时拿来即用，能够让执行者清晰、明了
获得资源支持	1. 人员的支持：明确说明执行工具的优势和作用，取得领导和员工的支持，使员工对执行工具的设计与实施充满热情，并能积极参与 2. 财务的支持：根据执行工具实施需求，制定可行的费用预算，并获取领导的审批
实施前培训工作	1. 培训内容：执行工具的使用范围、目标和目的、实施背景、实施步骤、实施中需注意的事项等 2. 参训人员：执行工具实施时所涉及的相关人员
实施时注意事项	1. 由相关组织者、发起者或领导在现场提供指导和监督 2. 实施前向相关人员讲明实施目的和预期要达到的结果等，以确保员工充满热情
执行工具信息反馈	1. 建立良好的沟通反馈体系，通过面谈、邮件、办公信息系统等多种方式搜集员工的意见和建议 2. 对执行工具效果进行信度和效度分析，并形成分析报告

续表

要　点	内　容
执行工具改进	根据员工的反馈信息，反思执行工具设计和实施等方面存在的不足，制定实施工具改进方案

1.3.3　工具的操作步骤

执行工具的操作步骤指的是管理中管理者运用执行工具实施管理活动、管理流程、制度或方案的方针和程序。如果执行工具的操作步骤合理得当，就可以使各项管理活动得到有效实施，提高管理的效率，取得好的管理效果。

执行工具是为保证各种管理活动和管理方法顺利开展和实施而采取的手段。执行工具设计是执行工具实施的前提条件，其操作步骤有 5 个阶段，具体内容如图 1—13 所示。

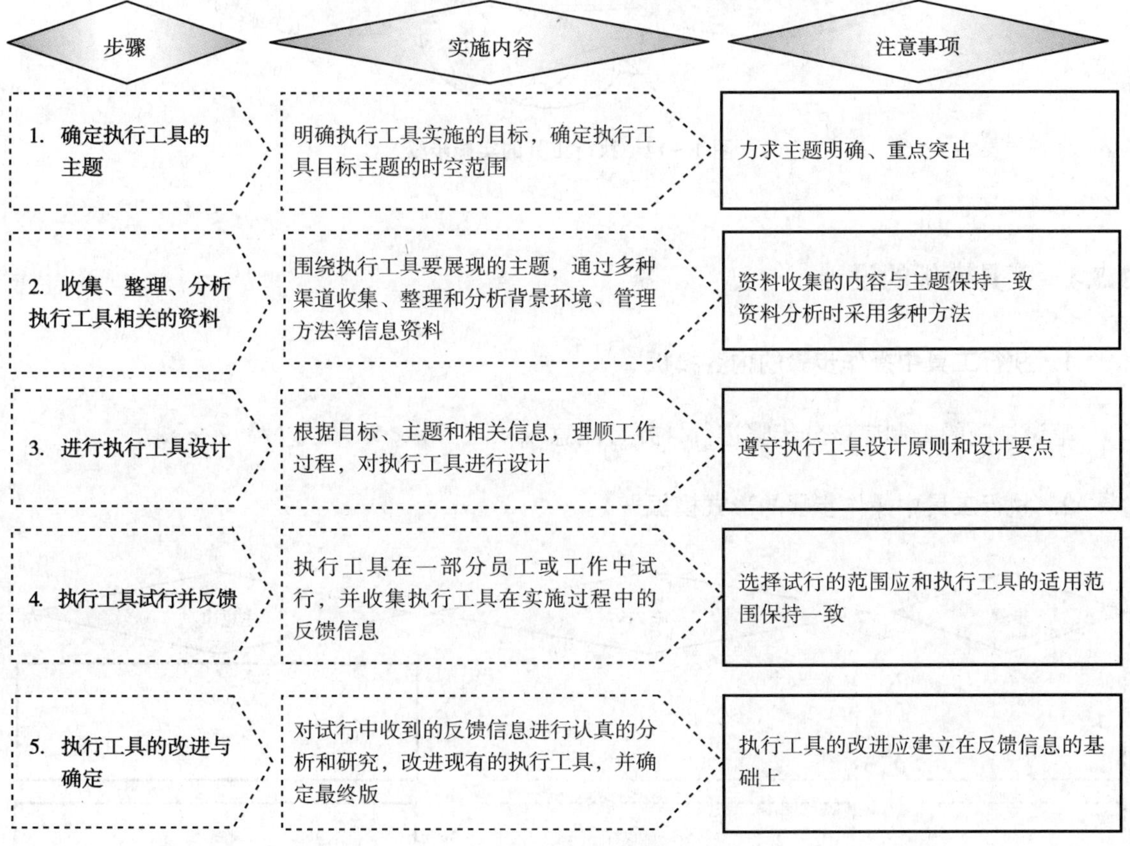

图 1—13　执行工具的设计步骤

执行工具的实施步骤如图 1—14 所示。

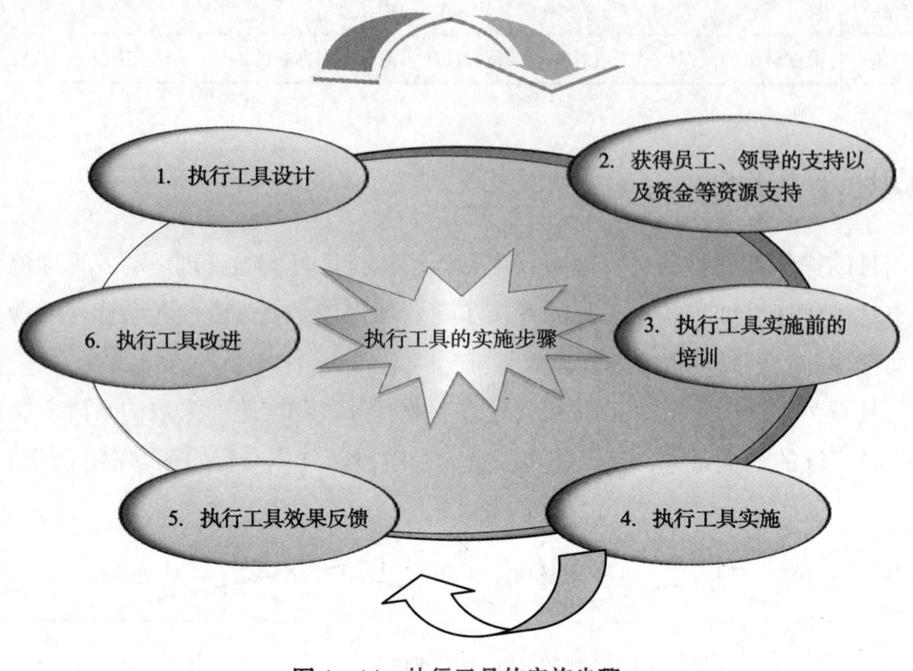

图 1—14 执行工具的实施步骤

1.3.4 工具模板的设计

1. 执行工具中操作步骤的内容模板

笔试试题的编制应该分步骤进行，并且注意 ××× 和 ×××，以及 ×××。

2. 执行工具中操作步骤的形式模板

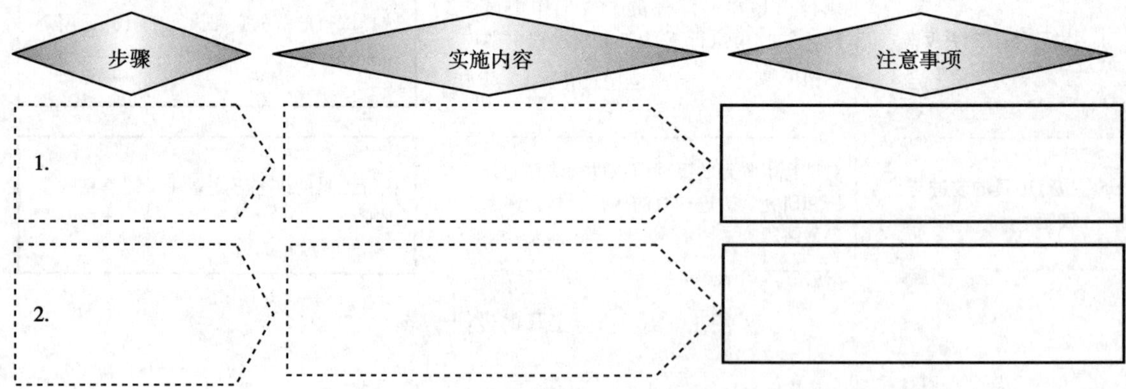

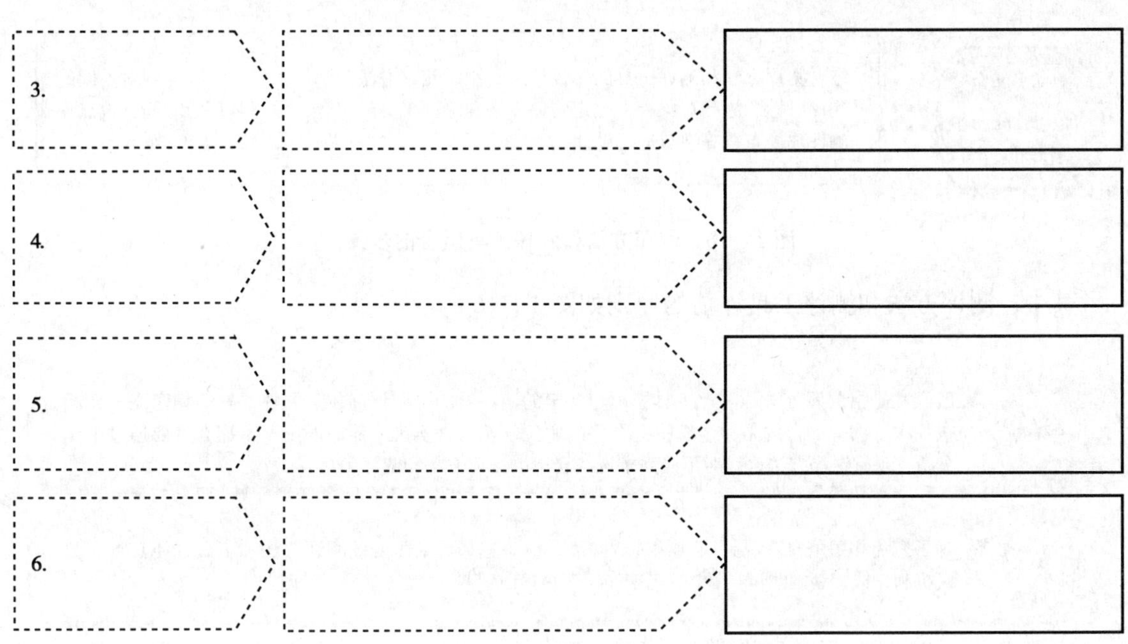

1.4　素质测评方法与工具组合

任何一种测评方法和工具都有其利弊，要提高素质测评的效度和信度，需要根据测评指标，选择有效的测评方法和工具，并对其进行合理的组合，才能达到测评目标。测评方法和测评工具组合的步骤如图 1—15 所示。

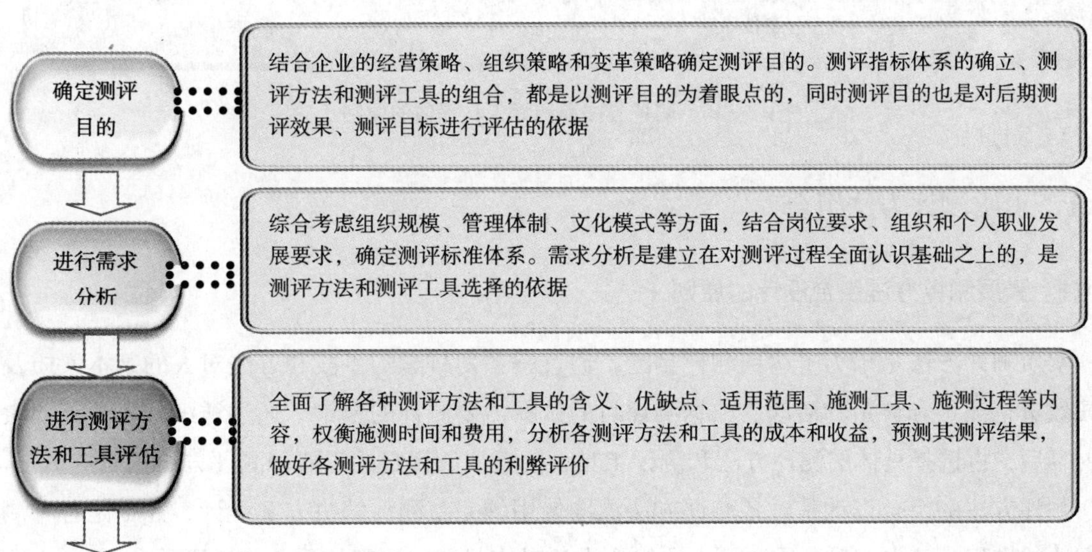

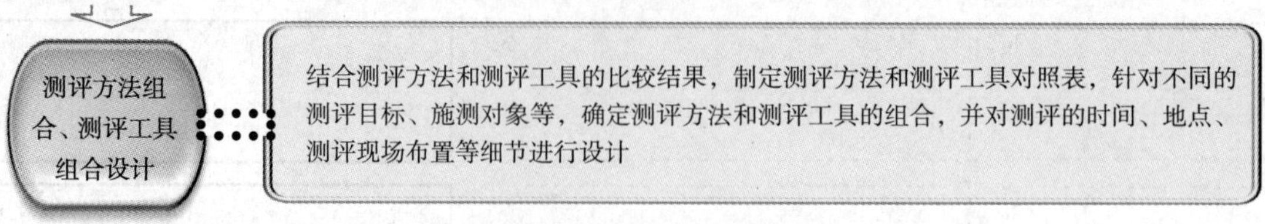

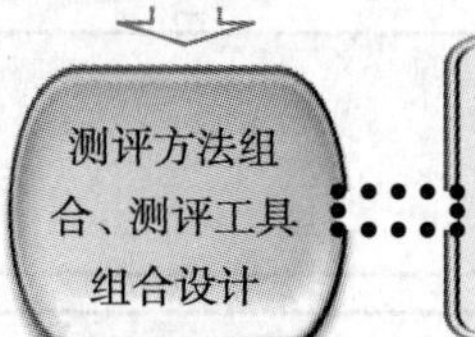

结合测评方法和测评工具的比较结果，制定测评方法和测评工具对照表，针对不同的测评目标、施测对象等，确定测评方法和测评工具的组合，并对测评的时间、地点、测评现场布置等细节进行设计

图 1—15　测评方法和测评工具组合的步骤

其中，测评方法和测评工具评估的原则如图 1—16 所示。

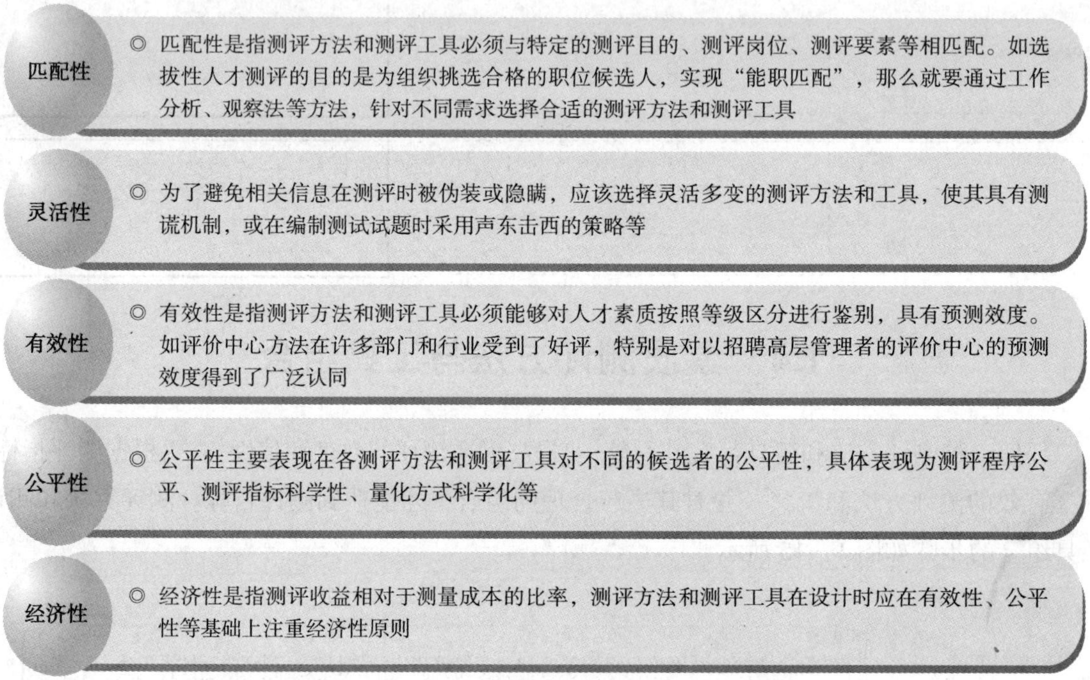

匹配性　◎ 匹配性是指测评方法和测评工具必须与特定的测评目的、测评岗位、测评要素等相匹配。如选拔性人才测评的目的是为组织挑选合格的职位候选人，实现“能职匹配”，那么就要通过工作分析、观察法等方法，针对不同需求选择合适的测评方法和测评工具

灵活性　◎ 为了避免相关信息在测评时被伪装或隐瞒，应该选择灵活多变的测评方法和工具，使其具有测谎机制，或在编制测试试题时采用声东击西的策略等

有效性　◎ 有效性是指测评方法和测评工具必须能够对人才素质按照等级区分进行鉴别，具有预测效度。如评价中心方法在许多部门和行业受到了好评，特别是对以招聘高层管理者的评价中心的预测效度得到了广泛认同

公平性　◎ 公平性主要表现在各测评方法和测评工具对不同的候选者的公平性，具体表现为测评程序公平、测评指标科学性、量化方式科学化等

经济性　◎ 经济性是指测评收益相对于测量成本的比率，测评方法和测评工具在设计时应在有效性、公平性等基础上注重经济性原则

图 1—16　测评方法和测评工具评估的原则

1.4.1　素质测评方法组合

1. 素质测评方法组合设计的原则

素质测评方法是指为了达到测评目的，通过一系列科学的手段和方法对人的基本素质及其绩效进行测量和评定的活动。根据测评目的选择需要测评的要素，通过详细分析测评要素的内容后，再选择具体的测评方法和测评工具，使素质测评目的需要和测评方法相对应。

测评方法的组合设计是对各测评方法深度使用的完整测评解决方案设计，并不是各种测评方法的堆积，其中，对素质测评方法组合设计时应坚持的原则如图 1—17 所示。

☞ 重点性：必须突出素质测评的重点，而不是面面俱到

☞ 针对性：必须针对组织测评目的和需求来设计测评方法组合

☞ 经济性：考虑测评效果、测评时间和费用的平衡

☞ 顺序性：按照一定的顺序使用组合中的测评方法，如一般将简单的测评方法放在前面，将容易产生疲劳的测评方法放在后面

图 1—17　测评方法组合的设计原则

2. 测评方法

本书所涉及的素质测评方法如图 1—18 所示。

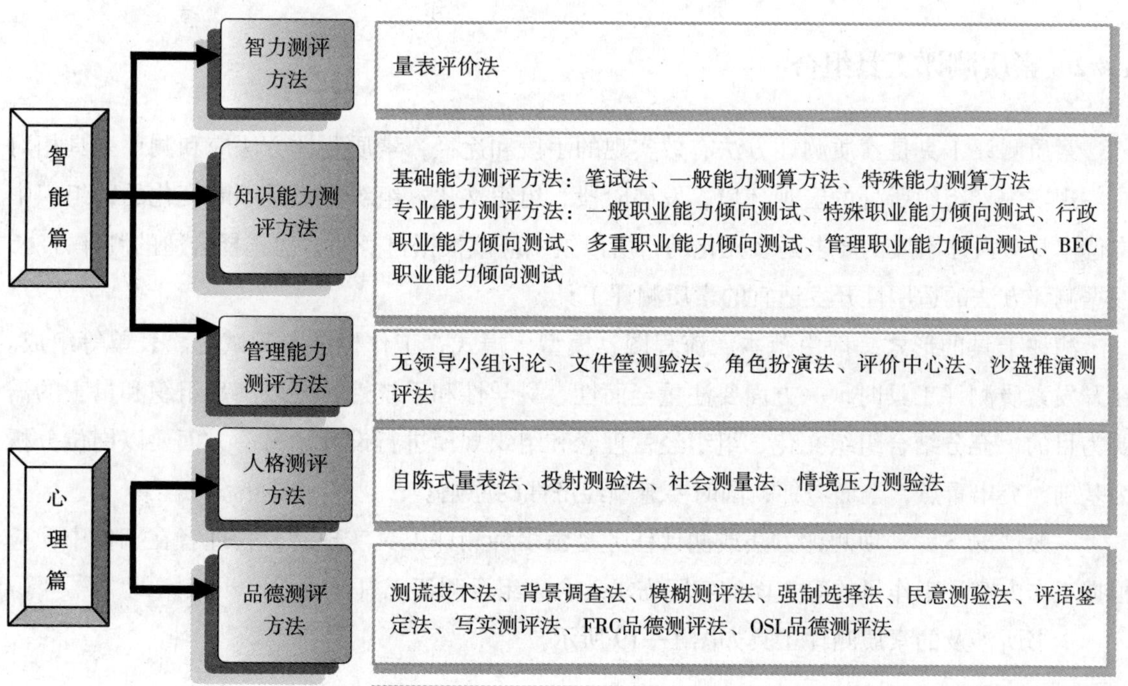

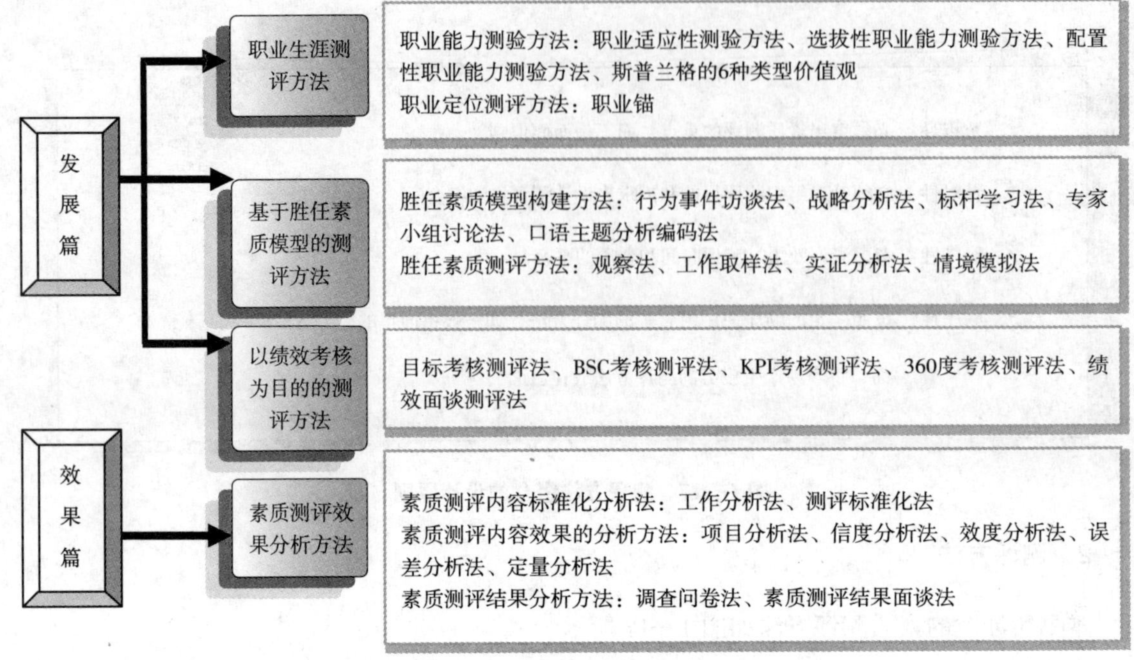

图 1—18　素质测评所涉及的方法

1.4.2　素质测评工具组合

素质测评工具是素质测评方法有效实现的手段和途径，素质测评方法应和测评工具相对应。现实中，组织所处的宏观环境、发展阶段、组织文化、组织规模是不断变化的，组织中岗位本身对人才素质的要求是多元化的，所以组织应该根据自身的情况选择合适的测评方法，根据测评方法的适用性开发适宜的素质测评工具。

测评工具的形式一般由范本、流程图、模型、模式、工作标准、测试题、表单等组成。在开发素质测评工具时，一方面要注重全面性、科学性和系统性，要以满足组织和员工的需要为目的，充分结合组织文化、组织经营理念和组织规模进行设计；另一方面要以岗位分析为基础，突出重点，全面考评，同时要兼顾经济性的原则。

一般情况下，一项测评方法或测评任务是由多种测评工具实现的，管理者在工作中，应根据工作内容、工作目的等方面的实际需求，合理组合测评工具。

本书所涉及的素质测评工具如图 1—19 所示。

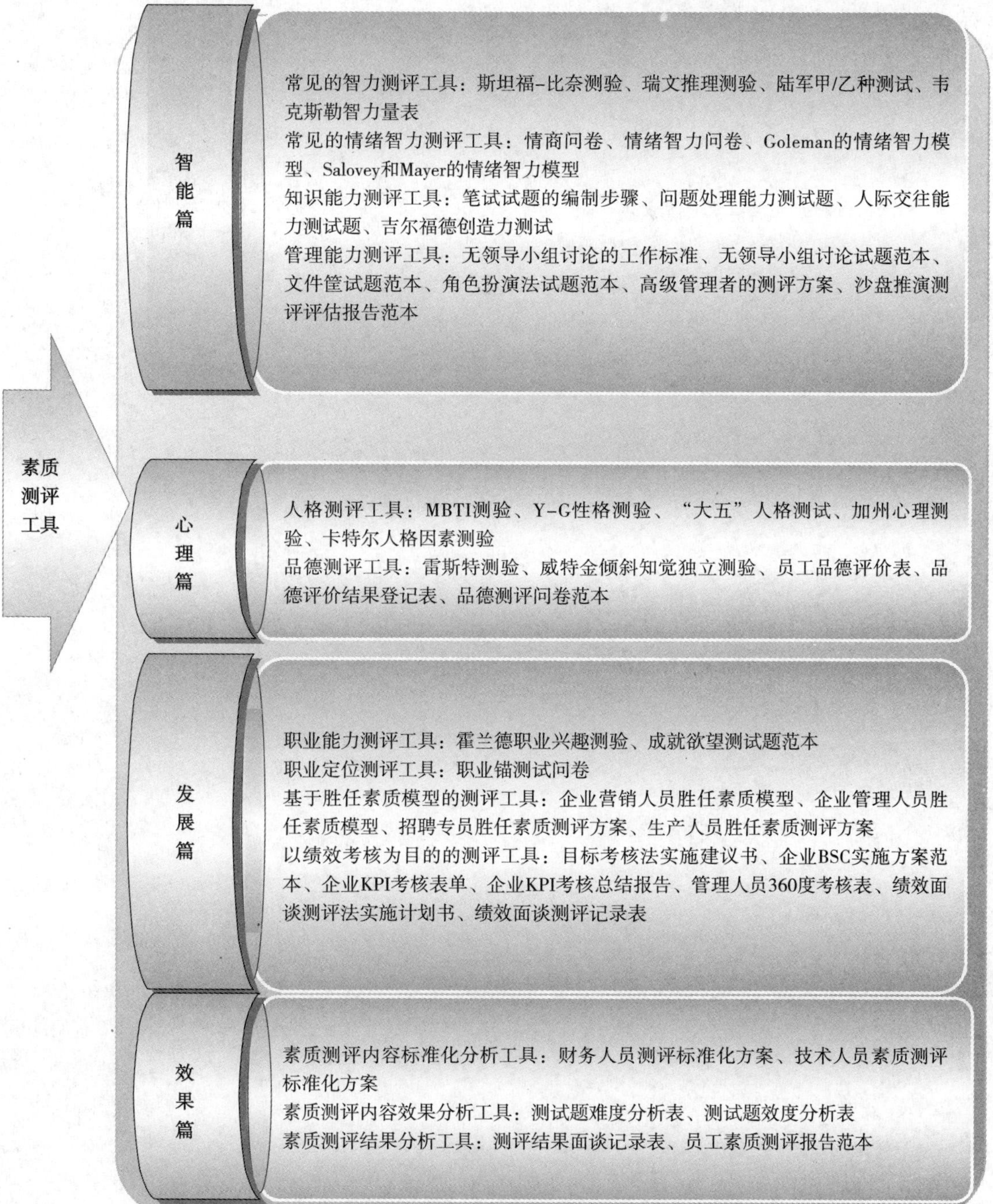

素质测评工具

智能篇

常见的智力测评工具：斯坦福-比奈测验、瑞文推理测验、陆军甲/乙种测试、韦克斯勒智力量表

常见的情绪智力测评工具：情商问卷、情绪智力问卷、Goleman的情绪智力模型、Salovey和Mayer的情绪智力模型

知识能力测评工具：笔试试题的编制步骤、问题处理能力测试题、人际交往能力测试题、吉尔福德创造力测试

管理能力测评工具：无领导小组讨论的工作标准、无领导小组讨论试题范本、文件筐试题范本、角色扮演法试题范本、高级管理者的测评方案、沙盘推演测评评估报告范本

心理篇

人格测评工具：MBTI测验、Y-G性格测验、“大五”人格测试、加州心理测验、卡特尔人格因素测验

品德测评工具：雷斯特测验、威特金倾斜知觉独立测验、员工品德评价表、品德评价结果登记表、品德测评问卷范本

发展篇

职业能力测评工具：霍兰德职业兴趣测验、成就欲望测试题范本

职业定位测评工具：职业锚测试问卷

基于胜任素质模型的测评工具：企业营销人员胜任素质模型、企业管理人员胜任素质模型、招聘专员胜任素质测评方案、生产人员胜任素质测评方案

以绩效考核为目的的测评工具：目标考核法实施建议书、企业BSC实施方案范本、企业KPI考核表单、企业KPI考核总结报告、管理人员360度考核表、绩效面谈测评法实施计划书、绩效面谈测评记录表

效果篇

素质测评内容标准化分析工具：财务人员测评标准化方案、技术人员素质测评标准化方案

素质测评内容效果分析工具：测试题难度分析表、测试题效度分析表

素质测评结果分析工具：测评结果面谈记录表、员工素质测评报告范本

图 1—19　素质测评工具

第 2 章

智力测评方法与工具

2.1 常见的智力测评方法与工具

2.1.1 量表评价法

1. 适用范围

量表评价法是根据设计的等级评价量表来对被测试者进行评价的方法。量表评价法是一种比较科学的，且应用比较广泛的智力测评方法。

量表评价法具有广泛的适用性，无论被测试者的人数是多还是少，这种测评方法都可以使用。而且量表评价法的定性定量考核较为全面，因此，许多企业都会选用这种方法进行素质测评。

2. 运用须知

（1）方法简介

量表评价法是一种比较科学的量化测评方法，在测评中，测评人员主要按照预先设计好的量表来对被测试者进行全面评价。

实际运用中的量表形式多种多样，但测评量表的基本结构主要由两大部分构成，一部分是用以规定测评内容的指标体系，另一部分是用以表示各项指标相对重要程度的权数体系。评价量表的主要形式有两种，具体见表 2—1。

表 2—1 评价量表的形式

形 式	说 明	特 点
数字等级评定量表	数字等级评定量表是用圈画数字的形式来确定所列出特征的等级。评定特性一般分3~5个等级，用数字1、2、3、4、5来表示，并对数字等级作简单的文字说明	数字等级评定量表常常用“5、4、3、2、1”分别表示评定特征“很高、较高、一般、较低、很低”这五个等级程度
图示等级评定量表	图示等级评定量表是在每个行为特性项目的下边或右边给出水平横线图尺的等级刻度。图示等级评定量表和数字等级评定量表之间有许多相同的地方	数字等级评定量表只限于整数等级，而图示等级评定量表可以在连续的水平图尺线上，任意取值

评定量表除了上述两种形式外，常用的还有图示描述评定、检选式评定和脸谱图形评定等一些方法。

（2）优缺点分析

在进行智力测评时，量表评价方法的运用能够得出较为准确的测评结果，但这一方法也存在一定的局限性。

量表评价法的优势在于，评价量表便于开发，使用成本较低，并且测评者必须根据量表上提供的各项评价指标对被测试者进行评价，评价的视角比较全面、客观、公正，不容易受测评者主观因素的影响。

量表评价法也存在一定的缺陷，这一方法的缺点在于，评价量表的评价指标有时可能过于量化，具体操作起来比较困难。而且对评价量表的设计要求较高，评价量表的设计和选择直接引导着评价方向，影响着评价的质量。

3. 运用程序

运用量表评价法进行智力测评一般应分为五个阶段进行，分别为分析测评要素、确定测评量表、确定测评程序、分析测评结果，以及提出测评建议。量表评价法运用程序如图 2—1 所示。

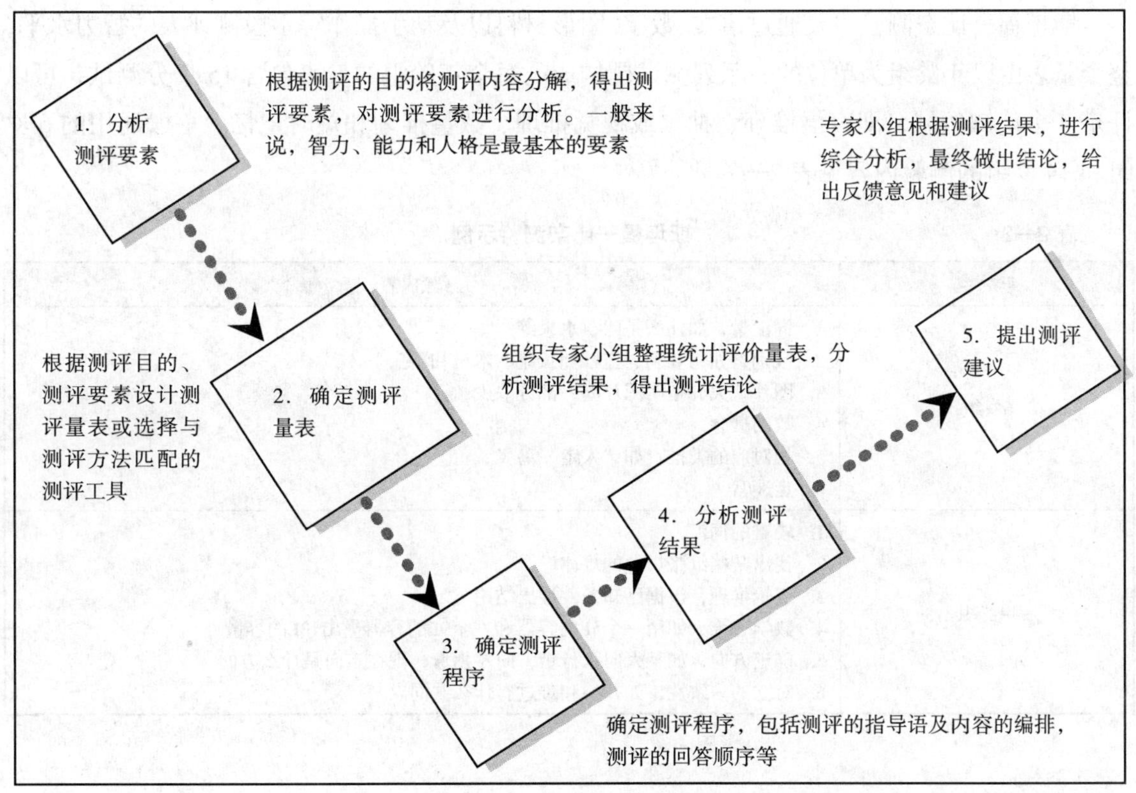

图 2—1　量表评价法运用程序

2.1.2 斯坦福—比奈测验

1. 操作要点

（1）工具简介

1905 年法国心理学家比奈和西蒙发表了世界上第一个测量人类智力的标准智力测评量表，即比奈—西蒙量表（Binet–Simon Scale）。比奈—西蒙量表发表以后，许多人陆续对其进行修订，1916 年美国斯坦福大学 L.M. 特曼教授对比奈—西蒙量表进行修订，形成了斯坦福—比奈智力量表。斯坦福—比奈智力量表的发展，开创了现代智力测验研究的领域。

斯坦福—比奈智力量表不但对每道测题的实施程序及评分方法做出了详细说明和规定，而且把智商概念运用到智力测验中，使智力分数能在不同年龄间比较，从而进一步发展和完善了比奈—西蒙量表以智龄评定智力的方法，如今斯坦福—比奈智力量表已经成为世界公认的最著名的智力测评量表之一。

（2）工具内容

斯坦福—比奈测验主要通过语文、数字、图形材料以及动手操作等手段测评人的智力水平，整个量表由以年龄组为单位的一系列测试题构成。每个年龄组的量表包含 15 个分测试，可以评定 4 个认知领域，即言语推理、抽象或视觉推理、数量推理和短时记忆。一般通用的 6 岁组和 14 岁组的测验内容见表 2—2。

表 2—2　　斯坦福—比奈测验示例

年龄组	测验内容
6岁组	1. 词汇量，如什么是门、水果等 2. 区别，如鸟和狗、拖鞋和长靴、木材和石头 3. 图片缺失，指明图片哪一部分缺少 4. 数的概念 5. 相对应的类推，如“人走、鸟飞、鱼____” 6. 走迷宫
14岁组	1. 较难的词汇 2. 找出某些纸张折叠的规律 3. 逻辑推理，根据已知条件推出结论 4. 数学思维，如用一个5L的容器和一个9L的容器量出13L的容量 5. 确定方向，如某人向东行走，向左拐弯，现在走向是什么方向 6. 对立的一致性，如开心和难过有什么共同点

2. 操作步骤

斯坦福—比奈测验是以个别方式进行的，通常儿童测试时间为 30 ~ 40 分钟，成人测试时间不多于 90 分钟。

测验程序是以稍低于被试实际年龄组的测试量表开始，如果在这组内有任何一个项目未通过则降到低一级的年龄组测试量表继续进行，直至某一组全部项目都通过，这一年龄组就作为该被试智龄分数的“基础年龄”。

测试出“基础年龄”后，再依次实施稍高于实际年龄的各年龄组测验，直至某一组的测验项目全部失败为止，则以此年龄组作为该被试的“上限年龄”。

特曼教授提出了智商的概念，并确定了智商的计算公式：

IQ=［MA（智龄）］/［CA（实龄）］×100

运用斯坦福—比奈智力量表测试，若一个 8 岁儿童完成了 10 岁组的题目，说明其智龄为 10 岁，则其智力水平可用智商计算公式衡量，即智商 IQ=10/8×100=125。

2.1.3　瑞文推理测验

1. 操作要点

（1）工具简介

瑞文推理测验（Raven’s Progressive Matrices，RPM）是由英国心理学家瑞文（J.C.Raven）于 1938 年设计的一套非文字智力测评工具。其编制的理论依据为斯皮尔曼的智力二因素论，主要测量智力的一般因素（G 因素）中的引发能力，即超越已知条件、应用敏锐的创造力和洞察力、触类旁通地解决问题的能力。

瑞文推理测验包括三个版本，一个是 1938 年出版的标准推理测验，它适用于对 5 岁半以上的儿童至成人进行测试。另外两个测验于 1947 年编制，一个是适用于年龄更小的儿童与智力落后者的彩色推理测验，另一个是适用于高智力水平者的高级推理测验。其中，标准推理测验应用最广泛。

（2）操作注意事项

瑞文推理测验又可以译为渐进性矩阵图。瑞文推理测验一共由 60 个题目组成，按逐步增加难度的顺序分成 A ~ E 五组，每一组都有一定的主题，包含 12 个题目，题目的类型略有不同，也按逐渐增加难度的方式排列，分别编号为 A_1、A_2、…、An，B_1、B_2、…、Bn 等。每个题目由一幅缺少一小部分的大图案和作为选项的 6 ~ 8 个小图案组成（A 组和 B 组有 6 个，C 组以后有 8 个），小图案分别标号为 1、2、…、8。

被测试者的任务就是根据大图案内图形的某种关系去思考、去发现，找出哪一个小图案填入大图案中缺失的部分最合适，使整个图案形成一个合理完整的整体，并把该小图案的序号填入相应的题号下面。

被测试者完成瑞文推理测验的时间平均需要半小时，测试结束后对照标准答案进行评分，统计计算出原始分数，根据常模资料进行转换，得出最后的IQ分数。根据我国1987年修订的瑞文测验联合型以及建立的中国常模，得出瑞文测验智商的分级标准，见表2—3。

表2—3　瑞文测验智商分级标准

类别	IQ分数	人群中理论分布比率（%）
极优	≥130	2.2
优秀	120~129	6.7
高于平常	110~119	16.1
平常	90~109	50
低于平常	80~89	16.1
边界	70~79	6.7
智力缺陷	<70	2.2

2. 操作步骤

瑞文推理测验的实施应分为准备测验材料、讲解测验方法、实施瑞文测验、测验分数转换、测验结果解释五个步骤进行。下面给出瑞文测验联合型的操作步骤，具体如图2—2所示。

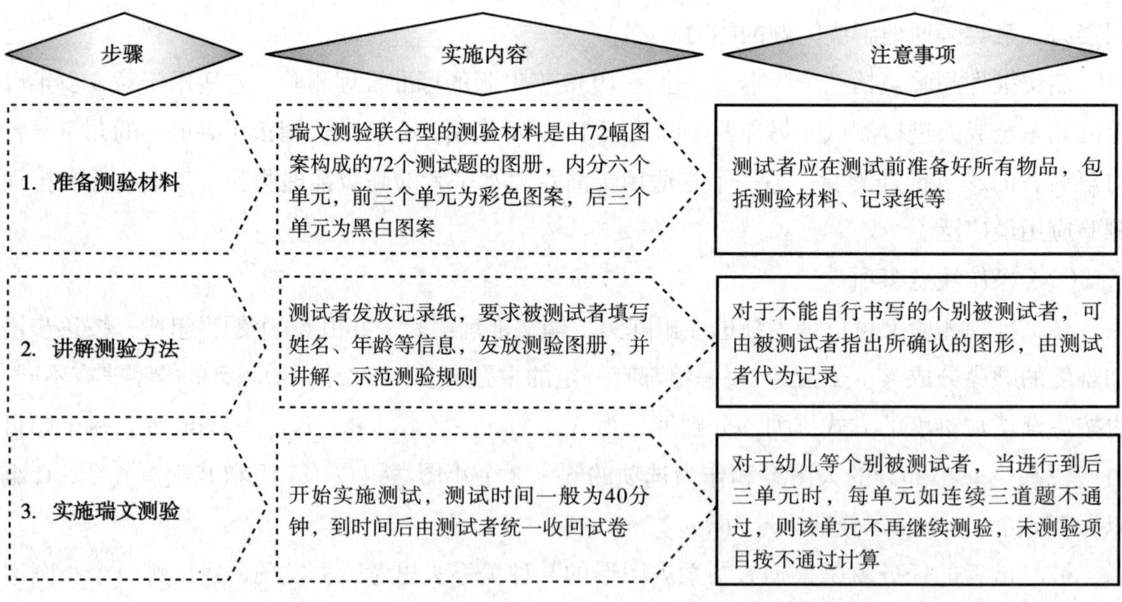

4. 测验分数转换	对测验结果进行二级评分，即答对得一分，答错不得分，计算出原始分数，再将原始分数进行转换，得出IQ分数	分数转换时，应先将原始分数转换成百分等级，再按照智商常模表得出IQ分数
5. 测验结果解释	测试者根据瑞文测验智商的分级标准对测验结果进行解释	测试者应注意的是，测验结果并不是绝对的，应根据具体情况综合测评

图 2—2　瑞文测验联合型操作步骤

2.1.4　陆军甲 / 乙种测试

陆军甲 / 乙种智力测评法最初用于美国在第一次世界大战期间陆军的士兵测评和选拔，后来企业借鉴此方法应用于人才选拔中。

陆军甲种和陆军乙种测评方法测试的项目和内容不同，用来测评员工能力的项目也不同。陆军甲种智力测试主要用来测评人的一般能力，但陆军甲种测验为文字测验，它易受被测试者知识经验的影响，只适用于文化水平较高的被测试者。陆军乙种智力测试则是在甲种测评方法的基础上加进了非文字测试项目来对被测试者进行智力测评。

陆军甲 / 乙种智力测评法的操作要点如下：

1. 陆军甲种智力测试

陆军甲种智力测试是第一个针对团体实施的智力测验。陆军甲种智力测试用来测量人的一般能力，比较适合对人的专业知识掌握程度进行测评。陆军甲种智力测试主要从 8 个方面对人进行测评，具体测试内容如图 2—3 所示。

2. 陆军乙种智力测试

陆军乙种智力测试在陆军甲种测评法的基础上加进了非文字测试项目，比较适用于测评人的学习能力、知识获取能力和知识运用能力。陆军乙种智力测试主要从 7 个方面对人进行测评，具体测试内容如图 2—4 所示。

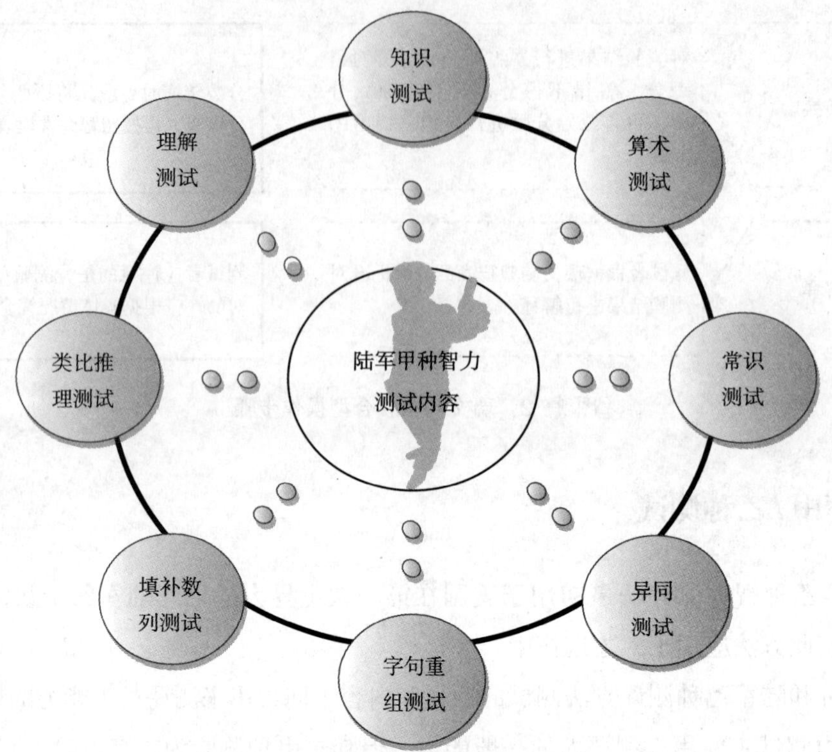

图 2—3　陆军甲种智力测试

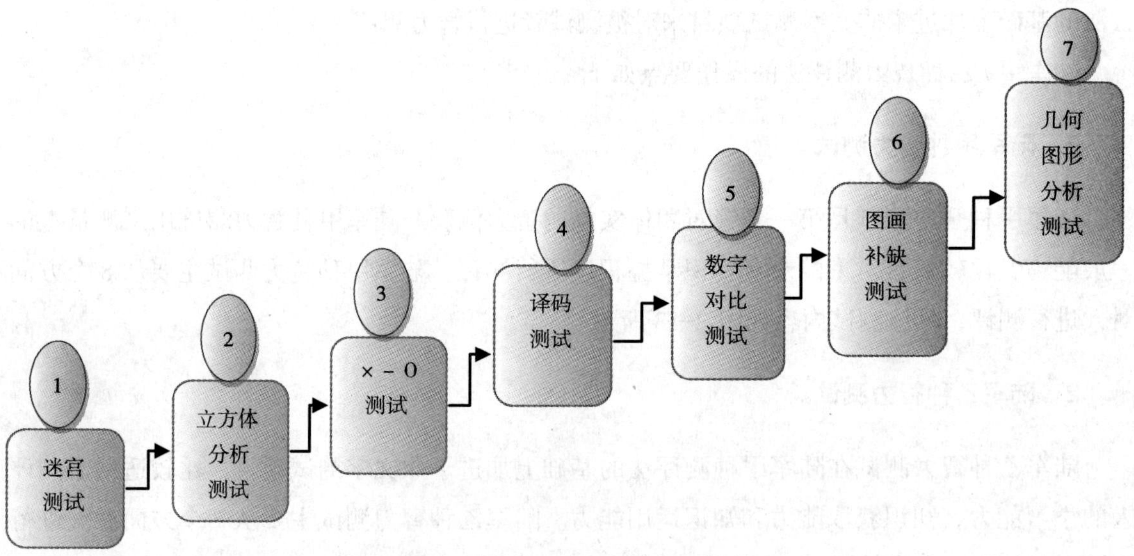

图 2—4　陆军乙种智力测试

2.1.5　韦克斯勒智力量表

1. 操作要点

（1）工具简介

韦克斯勒智力量表，是由美国心理学家大卫·韦克斯勒（David Wechsler）研制的成套智力测评工具，是世界上影响力最大、应用最为广泛的智力测评工具之一。其理论依据是韦氏独特的智力概念，即智力是人合理地思考、有目的地行动、有效地应付环境聚合成的整体能力。

韦克斯勒先后编制了三个相互衔接的智力量表，分别是韦克斯勒成人智力量表，适用于16~74 岁的人群；韦克斯勒儿童智力量表，适用于 6~16 岁的人群；韦克斯勒学龄前儿童智力量表，适用于 4~6 岁的人群。本书主要介绍的是韦克斯勒成人智力量表。

韦克斯勒成人智力量表共有 11 个分测验，其中 6 个言语量表，5 个操作量表。所有 11 个分测验分数合计成总量表分数，可以分别求得 3 个智力商数，即言语智商、操作智商和总智商。

（2）工具内容

韦克斯勒成人智力量表中，常识、背诵数字、词汇、算术、理解、类同 6 个分测试构成言语量表，画图补缺、图片排列、积木图案、拼图、数字符号 5 个测试构成操作量表。韦克斯勒成人智力量表测试内容见表 2—4。

表 2—4　　韦克斯勒成人智力量表测试内容

量表	测评项目	测评指标	测评方法
言语量表	常识	知识的广度、一般学习能力和对日常事务的认识能力	测试题目一般由易到难进行排列，要求被测试者按规定进行作答
	背诵数字	注意力和短时记忆能力	给出一系列随机组合的数字，要求被测试者顺背或倒背
	词汇	理解能力和抽象概括能力	将词汇按难易程度进行排列，要求被测试者解释每个词的含义
	算术	数学思维能力、推理和计算能力	依据题目的难易程度进行排列，要求被测试者在规定时间内用心算回答
	理解	判断能力、理解能力和组织信息的能力	要求被测试者回答在某种情况下最佳的活动方式及对常用成语的解释
	类同	逻辑思维能力、抽象思维能力、分析和概括能力	要求被测试者配对名词，并按要求说出每对词的相似性
操作量表	画图补缺	视觉敏锐性、辨别能力、视觉注意力和视觉理解能力	给出相关图片，要求被测试者在规定时间内指出图形中所缺的部分
	图片排列	组织能力、分析因果关系的能力和对情境的理解能力	给出打乱后的图片，要求被测试者将图片重新排好

续表

量表	测评项目	测评指标	测评方法
操作量表	积木图案	观察能力、综合分析能力、空间定向能力和视觉动作协调能力	给出积木图案，要求被测试者用木块将图案摆出来
	拼图	思维能力、注意力、持久力、视觉综合能力和思维习惯	提供图形板，要求被测试者将零散的图形板拼成完整的人或物体图形
	数字符号	注意力、直觉辨别速度和反应能力	给出数字符号，要求被测试者根据提供的数字符号关系，在数字下面填写相应的符号

（3）优缺点分析

韦克斯勒成人智力量表实质上是一项对多种能力的综合测验，该工具有其自身的优点，也存在一定的缺点，具体如图 2—5 所示。

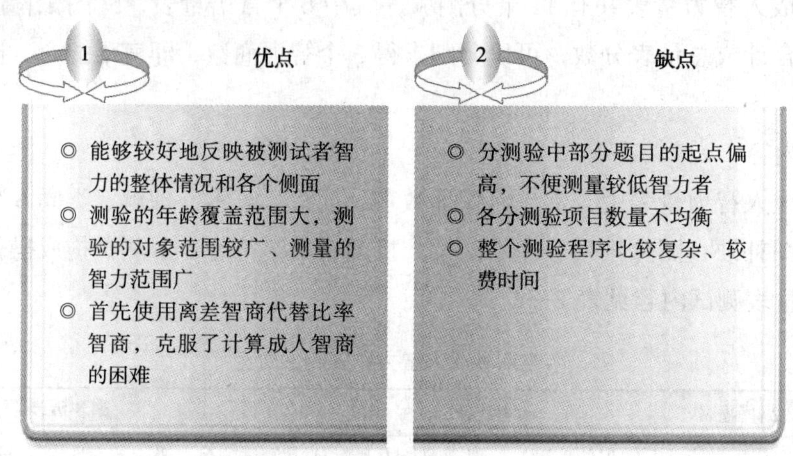

图 2—5　韦克斯勒智力量表优缺点

2. 操作步骤

韦克斯勒智力量表测试的具体实施步骤分为测试准备、测试实施、测试评分与得出结果四个阶段。具体如图 2—6 所示。

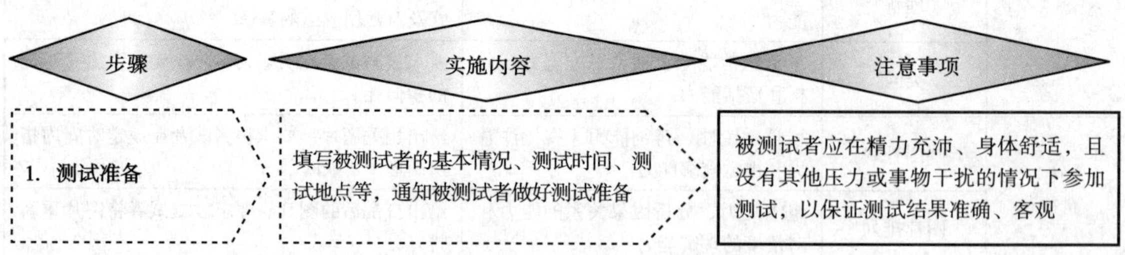

步骤	操作内容	注意事项
2. 测试实施	被测试者按照测试要求答题，一般先进行言语量表测试，后进行操作量表测试，测试者按照标准计分法得出各分量表的原始分数，做好记录	测试者必须接受过专业训练，掌握韦克斯勒智力量表的提问方法和鼓励被测试者回答的技巧，测试过程应有序，操作技术要熟练
3. 测试评分	将量表的前六个分量表标准分相加得出语言量表分数，将后五个量表标准分相加得到操作量表分数，将言语量表得分与操作量表得分相加得到总量表分	测试者的原始分数记录必须准确，评分过程应规范
4. 得出结果	查看与被测试者年龄对应的分数转换表，得到言语智商、操作智商、总量表智商的操作分数	测验的结果具有一定的客观性，但是不具有绝对性，在运用测试结果时应客观对待

图 2—6　韦克斯勒智力量表测试操作步骤

2.1.6　韦克斯勒智力量表实用范本

以下是一则某企业运用韦克斯勒智力量表的实用范本。

<table>
<tr><td rowspan="2">范本名称</td><td rowspan="2">韦克斯勒智力量表实用范本</td><td>应用范围</td><td></td></tr>
<tr><td>使用对象</td><td></td></tr>
<tr><td colspan="4">范本展示</td></tr>
<tr><td colspan="4">一、背景介绍
某企业是一家大型日用护肤品生产商，企业技术力量雄厚，拥有多项自主知识产权和专利，市场占有率较高，具有很强的市场竞争力。
二、招聘计划
根据企业发展战略规划，企业决定在本年度3月份招聘10名应届毕业生，以促进企业的发展，其中需要工商管理专业毕业生3名，法学专业毕业生1名，广告学或新闻传播专业毕业生2名，生物科学相关专业毕业生4名。
为了保证招聘人员的质量，人力资源部拟通过韦克斯勒成人智力量表测试、专业知识测试和面试来完成此次招聘。
三、招聘实施
（一）韦克斯勒智力量表测试
1. 准备工作
人力资源部准备好测试所需全套材料，包括手册、记录表格、词汇卡、填图测试图卡和木块图测试图案、图片排列测试图卡、红白两色立方体、图形拼凑碎片、图形拼凑碎片摆放位置卡、数字符号记分键等。并通知应聘人员参加测试。
2. 实施测试
（1）被测试者按照规定填好个人情况介绍、测试时间、地点等内容，然后按照测试标准流程完成测验。
（2）对于有时间限制的项目以反应的速度和正确性作为评分依据，超过规定时间即使通过也不记分，提前完成的按照提前时间的长短记奖励分。
（3）对于不限时间的项目按反应的质量给予不同的分数，知识测验等项目通过记 1 分，未通过记 0 分。领悟、相似性和词汇测验等项目按照答题的质量分别记 0 分、1 分或 2 分。
3. 测试结果
（1）将被测试者的原始分数换算成量表分，得出被测试者的最终得分。</td></tr>
</table>

(2)韦克斯勒成人智力量表测试实施结果显示,在60名毕业生中,3名应聘者未参加测验,2名应聘者得分超过130分,7名应聘者得分低于90分。

(3)因本次招聘的目的是选拔和培养企业后备人才,所以测验分数低于90分的7名毕业生被淘汰,其余50名毕业生进入专业知识测试阶段。

(二)专业知识测试(略)

(三)面试(略)

(四)录用决策(略)

范本点评

1. 韦克斯勒成人智力量表测试能够帮助企业有效筛选出智力水平低于量表所设置的平均值的应聘者,选拔出智力水平超常的应聘者。
2. 应注意的是,韦克斯勒成人智力量表测试需要耗费较大的人力、物力,并且对组织管理人员的素质要求比较高。

2.2 常见的情绪智力测评工具

2.2.1 情商量表问卷

巴昂(Baron)分别于1997年和2000年编制了EQ-i量表和EQ-i:YV量表(青少年版)。EQ-i量表适用于16岁以上的群体,包含133个题目。EQ-i:YV量表适用于7～18岁的青少年,量表分为长式量表和短式量表,长式量表有60个题目,短式量表有30个题目。本书主要介绍EQ-i量表。

情商量表EQ-i(emotional quotient inventory)是巴昂于1997年编制的,该量表是国际上著名的心理量表之一。该量表出版后,得到广泛认可和应用,目前已被应用于心理咨询与治疗,人力资源、人格、学习能力测评等多个领域,被公认为是第一个标准化的情绪智力量表问卷。其操作要点如下:

1. 工具说明

巴昂于1997年提出情绪智力的定义,他认为情绪智力是影响人应付环境需要和压力的一系列情绪的、人格的和人际能力的总和,情绪智力是决定一个人在生活中能否取得成功的重要因素,直接影响人的心理健康。

巴昂情绪智力模型的五大维度为个体内部成分、人际成分、压力管理成分、适应性成分以及一般心境成分。具体见表2—5。

表 2—5　　巴昂情绪智力模型的五大维度

维度	因素	内容
个体内部成分	自尊	知道，理解，接受，而且尊重自己的能力
	情绪的自我意识	认识和理解个人情绪的能力
	自信	表达情感，信念、思维，并以非破坏性的方式防卫个人权利的能力
	独立性	一个人在思维与活动中和避免情绪依赖中的自我指导和自我控制的能力
	自我实现	了解个人的潜能，做自己想要做的事情，喜欢做并且能够做的能力
人际成分	移情	知道、理解和评价其他人情感的能力
	社会职责	展示自己作为个体所在社会团体中的合作、贡献和建设性成员的能力
	人际关系	建立和保持相互满意关系的能力
压力管理成分	压力耐受性	承受不利事件、压力大的情境的能力，通过积极地、正面地应对压力而没有“崩溃”的强烈情绪
	冲动控制	抵抗或者延迟冲动，内驱力，或者诱惑行动的能力以及控制个人情绪的能力
适应性成分	现实检验	评价什么是内在的和主观的经验以及什么是外在的和客观存在之间的一致的能力
	灵活性	调节情感、思维和行为去改变情境和条件的能力
	问题解决	不仅识别和弄清楚个人的和社会的问题，并且产生和潜在地实施有效解决办法的能力
一般心境成分	乐观主义	面对不幸着眼于生活更明亮的方面，保持一个积极态度的能力
	幸福感	对自己生活感到满意，欣赏自己和其他人以及表达肯定情绪的能力

EQ–i 量表的内容结构与情绪智力结构模型一致，量表问卷将模型的五大维度分为 5 个成分量表，15 个因素为 15 个分量表。此外，该问卷还包括 4 个效度指标，即积极印象成分、消极印象成分、遗漏等级成分和非一致性指标。情商问卷采用自陈量表法，以 5 点计分。最后可得出 4 个效度量表分数、1 个总 EQ 分数、5 个成分量表分数和 15 个分量表分数。

EQ–i 的实用手册中没有提供整个量表问卷总分的信度，但对 15 个分量表分别提供了 0.69~0.86 的内在一致性系数，以及 0.78~0.92 的一个月后的重测信度。在效度上，EQ–i 的总分与 SCL90、抑郁量表、16PF、情绪稳定量表、个性评估量表（PAI）的支配和热情分量表之间都有高于 0.5 的相关。EQ–i 将原始分数转化为标准分数，其 EQ 分的平均数为 100，标准差为 15（与 IQ 分数相类似）。

情商问卷量表测评结果解释，EQ 得分评价标准见表 2—6。

表 2—6　　EQ 得分评价标准

EQ 分数	评价标准
≥ 130	情商极高，情绪能力发展得极好
120~129	情商很高，情绪能力得到了充分发展
110~119	情商高，情绪能力发展良好
90~109	情商一般，情绪能力得到了发展

续表

EQ 分数	评价标准
80~89	情商低，情绪能力没有得到发展，需要改善
70~79	情商很低，情绪能力发展极不完善，需要改善
<70	情商显著低下，典型的情绪能力障碍，需要改善

2. 注意事项

值得注意的是，情商量表 EQ-i 是一个过程取向而不是结果取向的模型，测评结果是与取得成功的潜能联系在一起的，而不是成功本身，测评者应客观看待测评结果。

另外，虽然情绪智力涵盖情绪、人格和社会维度，但此量表问卷模型所研究的是情绪智力结构而不是人格特质或认知结构。

2.2.2 情绪智力问卷

Gross 的情绪调节过程模型理论认为，在情绪发生过程的每一个阶段都会产生情绪调节，即情景选择（situation selection）、情景修正 (situation modification)、注意分配（attentional deployment）、认知改变（cognitive change）、反应调整（response modulation）。

情绪智力问卷是在 Gross 模型的基础上编制出的一套简短的测评工具，分别从自我情绪评价、他人情绪评价、情绪使用、情绪控制四个方面来进行情绪智力的测评。该问卷项目精简，测评操作方便，在情绪智力测评中应用比较广泛。

情绪智力问卷的内容概括、简练，一共分为四个测评项目，共16道题。具体内容见表2—7。

表 2—7　　情绪智力问卷

自我情绪评价（self-emotion appraisal，SEA）
大多数时候，我都知道为什么我会产生当时的情绪 我能很好地理解自己的情绪 我真的知道我的感受 我一直知道我是否快乐
他人情绪评价（others' emotion appraisal, OEA）
我总是能够从朋友们的举动中推断出他们当时的情绪 我能很好地观察他人的情绪 我对他人情绪和态度十分敏感 我能很好理解周围人的情绪

续表

情绪使用（use of emotion, UOE）
我总是给自己设定一个目标，然后努力达到它 我总是告诉我自己，我是一个有能力的人 我是一个自我激励的人 我总是鼓励自己做到最好
情绪控制（regulation of emotion, ROE）
我能够控制自己的脾气，理性地处理麻烦 我完全能够控制自己的情绪 当我很生气时，我能够快速冷静下来 我能够很好地控制我的情绪

2.2.3　Goleman 的情绪胜任力模型

1. 模型操作要点

（1）工具简介

1995 年，戈尔曼（Goleman）在畅销书《情绪智力》中将情绪智力定义为了解情绪、管理情绪、自我动机、认知他人情绪、处理关系的能力。他认为情绪智力在帮助个体取得成功方面起的作用比智力的作用大，并且情绪智力可以通过经验和训练得到明显的提高。

1998 年，戈尔曼在《工作中的情绪智力》（emotional intelligence at work）一书中，借鉴了 Richard Boyatzis 等人有关企业主管和员工胜任力和情绪胜任力的思想，在情绪智力定义的基础上提出了情绪胜任力结构模型。

（2）模型内容

Goleman 的情绪胜任力结构模型内容分为个人能力和社会能力两方面，包括 5 个因素、25 种能力。具体内容见表 2—8。

表 2—8　Goleman 的情绪胜任力结构模型

维度	因素	内容
个人能力	自我意识	1. 情绪的自我意识，能了解自己的情绪及可能产生的结果 2. 准确的自我评估，知晓自己的长处和弱点 3. 自信心，对自己价值和能力的肯定
个人能力	自我调节	1. 自控力，控制破坏性情绪和冲动的能力 2. 诚信，能保持诚实正派 3. 职业道德，对自己的工作负责任 4. 适应力，灵活应变的能力 5. 创新精神，乐于接受新观点、新方法和新信息的挑战

续表

维度	因素	内容
个人能力	自我激励	1. 成就内驱力，努力提高或符合优秀的标准 2. 责任感，与群体或企业机构的目标保持一致 3. 主动性，随时准备抓住机会 4. 乐观，即使经受打击、挫折，仍能始终如一地追求目标
社会能力	移情	1. 善解人意，能觉察他人感情，理解他人的观点，关注他人担心的事情 2. 服务定向，能预感、觉察、满足顾客的需要 3. 提携他人，能觉察他人的发展需要，并培养他们的能力 4. 集思广益，能通过各种各样不同的人创造机遇 5. 政治敏锐力，能觉察群体的情绪倾向和力量关系
	社交技能	1. 感召力，能卓有成效地影响或说服他人 2. 交流，能明白无误地表达信息 3. 领导能力，能鼓动和引导群体和人们 4. 促变能力，促成或控制变化 5. 控制冲突，能沟通和解决分歧 6. 凝聚力，能培养和谐的人际关系 7. 合作，能与他人齐心协力，实现共同的目标 8. 团队协调能力，能发挥群体效应，追求集体目标

2. 模型应用

后来Boyatzis、Goleman和Rhee根据情绪胜任力结构模型编制出情绪智力调查表（Emotional Intelligence Inventory，ECI），量表采取7点评分标准，通过因素分析把理论上的5种因素、25种胜任力压缩为4种因素、20种胜任力。

量表包含了 Goleman 情绪智力模型的所有内容，是一种比较完整的情绪智力评价工具，可以全方位评估个人和团体的情绪能力。ECI 的使用要求较为严格，使用者须经过专门的培训，合格后方能对施测结果给予正确解释与指导。

2.2.4 Salovey 和 Mayer 的情绪智力模型

1. 操作要点

（1）工具简介

1990 年，Salovey 和 Mayer 首次提出了将情绪智力作为一种独立的智力成分，并做出了情绪智力的全新定义，即情绪智力是一种加工情绪信息的能力，它包括准确地评价自己和他人的情绪，恰当地表达情绪，以及适应性地调控情绪的能力。同时提出了情绪智力的三因素模型，即情绪评估和表达能力、情绪调节能力、情绪运用能力。

在经过几年理论思考和学术争论后，Salovey 和 Mayer 对情绪智力模型进行了多次修订，

2000 年，他们进一步强调将情绪智力界定为一种与认知运作有关的心理能力，并在此基础上确定了情绪智力的四个维度，形成了四因素理论的情绪智力模型。

（2）模型说明

情绪智力模型包括四个维度，第一个维度是情绪知觉和情绪识别，第二个维度是情绪对思维的促进作用，第三个维度是对情绪的理解和推理，第四个维度是情绪的自我管理和管理其他人的情绪。模型具体内容见表 2—9。

表 2—9　Salovey 和 Mayer 的情绪智力模型

维　度	内　容
情绪感知和表达能力	1. 从自己的生理状态、情感体验和思想中辨认和表达情绪的能力 2. 从他人、艺术活动、语言中辨认和表达情绪的能力
情绪促进思维的能力	1. 促进认知行为，使问题解决、推理、决策和创造性行为更为有效的能力 2. 包括情绪对思维的引导 3. 情绪对信息注意方向的影响 4. 心境的起伏对思维的影响 5. 情绪状态对问题解决的影响等多方面的能力
情绪理解能力	1. 认识情绪体验与语言表达之间关系的能力 2. 理解情绪所传送意义的能力 3. 理解复杂心情的能力 4. 认识情绪转换的可能性及原因的能力 5. 使用特定的词语来命名情绪并能有效地辨别它们之间的关系
情绪管理能力	1. 根据所获得的信息，判断并恰当地进入或脱离某种情绪的能力 2. 觉察自己及他人的情绪，调节自己以及他人的情绪的能力等 3. 其最佳表现的形式是利用和调节所产生的情绪，而非消除或者控制情绪

2. 模型应用

Salovey 和 Mayer 的情绪智力模型解决了情绪智力测量的关键问题，实现了能力测验的方式，从而提高了在甄选、测评、培训以及诊断方面应用的效能。根据 Salovey 和 Mayer 修改后的情绪智力模型，学者们又开发出多因素情绪智力量表（MEIS）和 Mayer–Salovey–Caruso 情绪智力量表（MSCEIT）两种。

MEIS 量表以行为表现为基础评估人们的感知情绪、同化情绪、理解情绪和管理情绪的能力。该量表包括 4 个维度 12 项任务，共有 141 个自陈项目，适用于 17 岁以上的人群。

最新的情绪智力量表 MSCEIT 量表采取了能力测验的方法，它的计分标准有两种，即群体标准（按照大样本的反应频数为标准计分）和专家标准（以专家的反应频数为标准计分）。两种标准的一致性一般在 0.96~0.98 之间，测量结果比较准确。

第 3 章

知识能力测评方法与工具

素质测评方法与工具

3.1 基础能力测评的测算方法与工具

3.1.1 笔试法

1. 适用范围

笔试法是指要求被测试者根据试卷的内容把答案写在答题纸上，以便于了解被测试者的专业知识和技能水平、文字表达能力、思维能力以及综合分析能力等素质的一种方法。笔试具有一定的科学性和系统性。笔试试题的题目类型分为两大类，即主观试题与客观试题，具体分为选择题、是非题、匹配题、填空题、简答题和论述题等多种类型。

笔试法是一种传统的人员素质测评方法，由于其程序规范、操作方便、测评内容广泛，并可以同时对多数人进行测评，因此它在人员素质测评工作中始终占据很重要的位置。一般来说，笔试法比较适合作为初步筛选的工具，因此专业知识考试和一般知识测试可以采用笔试法。

2. 运用须知

（1）优缺点分析

笔试的内容十分丰富，既有潜能测评、性格测评等属于心理测验范畴的各种测试，也有专业知识测试、综合知识测试、英语知识测试等属于知识能力测评范畴的各种测试。

笔试法既有其自身的优势，也存在一定的缺点。笔试法的优缺点如图 3—1 所示。

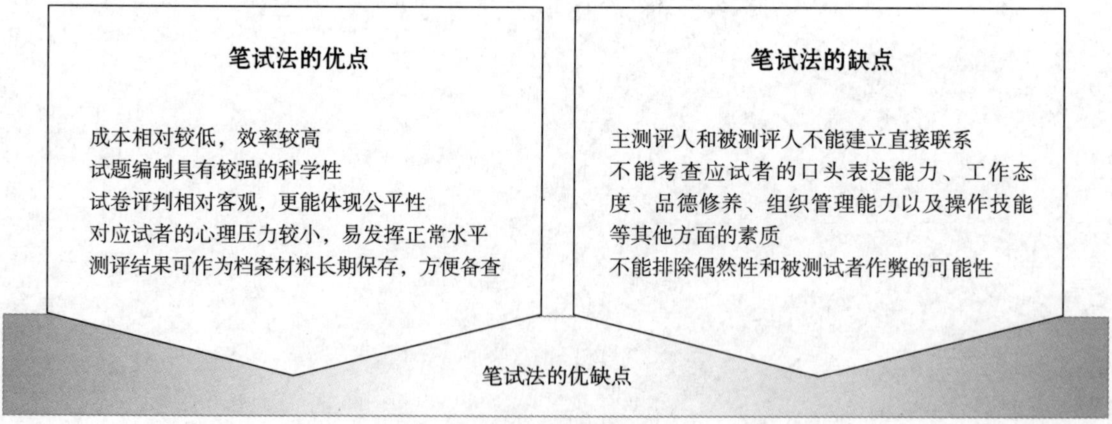

笔试法的优点

成本相对较低，效率较高
试题编制具有较强的科学性
试卷评判相对客观，更能体现公平性
对应试者的心理压力较小，易发挥正常水平
测评结果可作为档案材料长期保存，方便备查

笔试法的缺点

主测评人和被测评人不能建立直接联系
不能考查应试者的口头表达能力、工作态度、品德修养、组织管理能力以及操作技能等其他方面的素质
不能排除偶然性和被测试者作弊的可能性

笔试法的优缺点

图 3—1 笔试法的优缺点

（2）笔试试题设计原则

笔试试题的合理设计是整个笔试测评工作成功的关键。测评人员在设计笔试试题时应注意以下三个原则：

①要根据笔试测评的目的和考查知识、技能的要求，灵活采取不同的试题形式。

②要保证题目及答案的准确性以及试题结构设计、试题量与时间安排的合理性。

③试题的整体难度要适中，应尽量使笔试成绩统计数据呈正态分布。

（3）编制笔试题的注意事项

编制笔试题时，要以应聘职位为核心，不同职位所考查的专业、业务知识是有所不同的，笔试试卷应尽量包含应聘者胜任该职位所需要的专业知识、技能等内容，同时，试卷内容又不能过于专业化，为了了解应聘者各方面的水平，笔试还应对应聘者的综合素质、学习能力等有所考查。

针对不同题目类型的试题，试题编写注意事项见表3—1。

表3—1　　不同类型试题编写注意事项

题目类型	编写注意事项
选择题	选择题的题干应清晰、明确地表达题意 选项设计要简练，尽量将选项中共同的词句移至题干中，确保题意表达清楚 选项设计的长度应大致相等，并与题干紧密联系 避免给被测试者提供选择正确答案或者删除不正确答案的线索
是非题	题目应该有意义，避免无关紧要的问题或琐碎的细节 每道题目中只能包括一个重要概念，避免两个或两个以上的概念同时出现在题目中 尽量避免否定的叙述，尤其应避免双重否定的叙述，以免误导被测试者 正确题目与不正确题目的叙述长度、复杂性应尽量一致
匹配题	刺激项和反应项应分为两列，通常情况下将反应项安排在右边 最好使用不完全匹配，使反应项数目多于刺激项数目 应对匹配方法、匹配依据等做出明确的规定和说明 同一组刺激项与反应项最好印在同一页纸上，以免给被测试者造成答题困扰
填空题	编写题目时尽量将空格放在最后，并使用直接问句的形式 空格设置不宜过多，避免题意模糊不清
简答题	每题最好有一个答案，且答案简单、具体 应事先制定规范、详细的给分规则
论述题	数量不宜过多，当某一事物能用客观题考查时尽量不要用论述题考查 尽量使用清晰、明确的语言交代背景材料和问题，使被测试者了解题目要求 应事先编制答案大纲，以确保测评人员在评卷时达成理想答案的共识

3. 运用程序

运用笔试法进行知识能力测评时应分阶段进行，一般运用程序为笔试试题设计、笔试实施准备、笔试测试实施、笔试结果统计与笔试结果运用五个阶段。笔试法运用程序如图 3—2 所示。

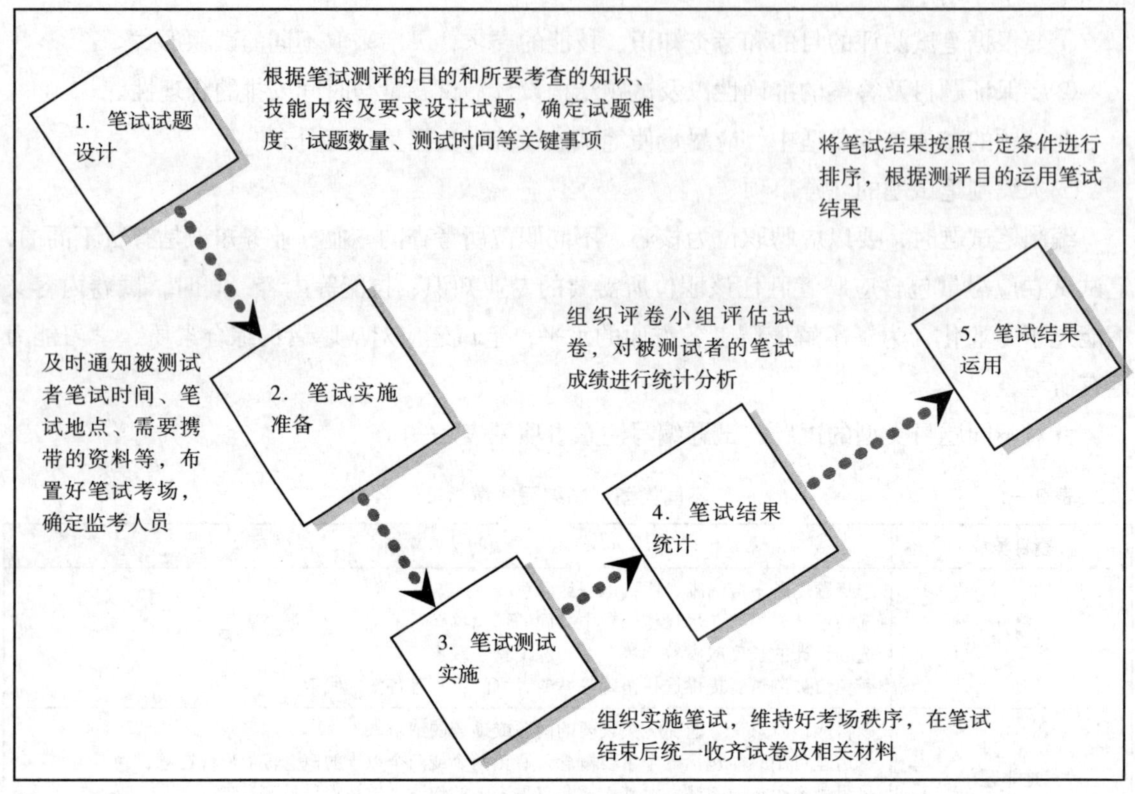

图 3—2 笔试法运用程序

3.1.2 一般能力测试方法

1. 适用范围

一般能力测试方法主要用于测试完成各种任务都必须具备的一般能力。它主要包括注意力、观察力、记忆能力、思维能力、想象能力等。一般能力的测试方法主要有纸笔测验和器具测验两种，两类测验方法常常结合使用。

2. 运用须知

（1）纸笔测验

纸笔测验所用的是文字材料，需要准备测试用纸、铅笔、备停钟等。纸笔测验实施方便，可用于个别测验，也可用于团体测验，一般团体测验多采用此种方式。在团体测验中，被测试者人数最好在50人以内，测验开始时应由测评人员讲解测验规则、时间限制及注意事项后进行测验。

纸笔测验的优点在于测试结果较为客观、测验实施方便、适用范围较广；其缺点是容易受被测试者文化程度的影响，因而对不同教育背景的人使用时，其有效性将降低，甚至无法使用。

（2）器具测验

器具测验的测验题目多属于对实物、工具、模型的辨认和操作，无须使用言语作答，一般能力的器具测验应事先准备好测试器具，如手腕作业检查盘、手指灵巧检查盘等。在实施过程中应注意操作安全。

器具测验的优点在于能够直接考查被测试者的动手操作能力及灵活程度，并且不需要文字或语言表达，不受文化程度的限制。此种测验的缺点是大都不适用于实施团体测验，在时间上不经济。

3.1.3　特殊能力测试方法

1. 适用范围

特殊能力测试方法主要用于测试那些在某些专业和职业活动中所表现出来的能力，即在职业活动中体现为职业能力、数学能力、机械操作能力等完成某些特定的职业活动所必须具备的能力。特殊能力测试主要包括文书能力测试、机械能力测试、创造力倾向测试、音乐能力测试、霍恩美术能力问卷测试等。

2. 运用须知

（1）文书能力测试

文书能力主要强调知觉反应的速度、动作的敏捷性，但实际工作除了需要这两种能力以外，言语表达能力和数字能力也很重要。其著名的测评工具主要包括明尼苏达文书测试、一般文书能力测试、计算机操作能力测试三种。

（2）机械能力测试

机械能力测试起源于工业或军事测验中的特殊能力倾向测试。经研究发现，在机械能力方面一般存在着性别差异，男性通常在空间和机械理解方面占优势，而女性则在手部灵巧度与知觉辨别方面占优势，且这种差异与年龄成正比，与文化程度也有一定的关联。

明尼苏达大学的帕特森及其同事对机械能力进行了严格的分析，编制出明尼苏达机械拼合测试、空间关系测试、书面形式拼板测验三个测试工具。

研究表明，在测量三维空间的立体视觉和操作能力方面，这个测试是有效又有用的工具之一，信度指数为 0.80 ~ 0.89。

（3）创造力倾向测试

创造力是指个人在解决问题的过程中，发散性思维的流畅程度、变通程度和独创程度，是个人具备的推陈出新的能力，是个人的一种思维方式和能力类型。创造力强的人一般具有以下特征：独立性强、不肯雷同，知识面广、逻辑性强、想象力丰富，好奇幽默；面对疑难问题时，能轻松自如，并能专心致志地去完成自己要做的工作。

用来测试创造力的工具很多，包括吉尔福特创造力测试、威廉斯创造力倾向测评量表等。

3.1.4 笔试试题的编制步骤

1. 编制说明

（1）双向细目表

双向细目表是用以表明测评内容、测评目标以及每项内容目标的相对重要程度的一种表格，它一般包括两个维度，一个维度表示所测评知识的内容或结构，另一个维度则表示测评的目标层次，表中的数字代表每一类题目的数目或所占的百分比，这些比例反映了对某一领域的相对重视程度。

双向细目表既是对所测评知识的内容或结构的反映，也是对测评的目标层次的反映，因此对知识测评的目标分类标准不同，双向细目表的结构形式和内容也有差异。

（2）复本

两套或两套以上测评目标相同、题目数量相等、难度相当、形式相同，但不重复的试卷互称复本。有时同一项测评需要在不同的情况下多次使用，或在不同时间对同一类型被测试者进行测评，在这些情况下，如果只有一份试卷，测评结果的信度就会大打折扣，解决这个问题的最有效方法就是编制多个试卷复本。

2. 操作步骤

笔试试题的编制应分为编制双向细目表、笔试题目编制、试卷编排与检查、编制试卷复本、编写答案与评分标准几个步骤，具体如图 3—3 所示。

步骤	实施内容	注意事项
1. 编制双向细目表	在计划编制测评工具之前，首先应根据所考查知识的内容和要求编制一个双向细目表，作为题目编制的指导	双向细目表用以说明测评所包含的内容、测评目标及每项内容、目标的相对重要程度
2. 笔试题目编制	按照双向细目表的要求、测评目标的层次与知识点的重要程度选择题目类型，进行试题的编制，保证测评题目具有代表性	一般来说，题目的平均难度定在0.50（即50%的人答对此题）的水平为宜
3. 试卷编排与检查	在笔试题目确定之后进行试卷的整体编排与检查，将题型相同的题目编排在一起，按照题目由易到难的顺序编排，或按照题目所测的内容编排	试题顺序一般按照先客观题、再主观题，先耗时少的题、再耗时长的题进行编排，编排完成之后检查试卷，必要时进行预测试
4. 编制试卷复本	编制两套或两套以上试卷复本，提高测评结果的信度与防止意外情况发生	复本的题目形式相同但不重复，题目数量相等，难度和区分度也应基本相同
5. 编写答案与评分标准	编写试卷的标准答案以及相应的评分标准，指出每个题目必须回答的知识点以及相应的得分点	编写标准答案可以保证评分标准的客观性，同时也是对试卷再次审查和完善的重要环节

图3—3 笔试试题编制操作步骤

3.1.5 吉尔福德创造力测试

吉尔福德的创造力测试工具是在他对智力结构因素分析的基础上得到的副产品。他在智力三维结构模型中用思维的内容、操作、产物代表智力的三个维度，并指出操作维度包含发散思维一项。他认为，发散思维在某种程度上能代表个人的创造能力，故发散思维的测量，实质上就是创造能力的测量。

他在智力三维结构模型的基础上，将发散思维这一项与内容维度与产物维度结合，便形成了30种创造力因素，并可运用一定的测试方法对创造力因素进行测评。

吉尔福德创编的创造力测试量表,共有13个部分。其中前10个部分涉及言语反应的程度，后3个部分为图形内容的非言语测验。该量表的测评年龄范围主要是初中以上水平的青少年及成人。吉尔福德创造力测试量表见表3—2。

表 3—2　　吉尔福德创造力测试表

测试项目	测试内容	举例说明
词语流畅性测试	依据所给的符号，写出或画出各种不同的词语或图形	尽可能多地写出包含字母“O”的单词
思想流畅性测试	命名所有属于特殊类别的事物	尽可能多地写出“会燃烧的液体”
联想流畅性测试	写出与所给词义相近的词或针对某对概念的关系想出各种不同的概念来	列举与“水滴—小河”关系相似的尽可能多的成对事务
表达流畅性测试	将一些字、词或短句组成不同的句子或有系统的短文	请用“老人、公德心、学生、香蕉皮”这四个词写一个简单的故事
多项用途测试	列举某种事物通常用处之外的所有可能的用途	列举报纸通常用处之外的可能用途
相似解释测试	要求填充意义相似的几个句子	这个女人的美貌已是秋天，她______
情节标题测试	写出符合某故事情节的所有合适的标题，分别按标题总数（思想的流畅性）和恰当标题的数目（独创性）进行计分	请给下面这一段话拟出标题“冬天快到了，商店新来的售货员忙着销售手套。但他忘记了手套应该配对出售，结果商店里最后剩下了100只左手的手套”
结果测试	列举某种假设事件的所有不同的结果，此测试有两种计分方式，一是直接反应的数目，二是间接反应的数目	如果人们不需要睡眠会产生什么结果
可能工作测试	列出某一个称呼所代表的所有可能的工作	列出“专家”这个称呼可能代表的工作
绘图测试	以给定的材料为蓝本，画出尽可能多的可辨认的图画	用五条直线，组成各种不同的图形
火柴问题测试	移动特定数目的火柴，形成特定数目或符合要求的图形	从由17根火柴组成的三横四竖长方形中取走三根火柴，使之形成四个正方形
装饰测试	装饰本身包括普通线条或数字的简单图案	在有阿拉伯数字的纸上画图，把数字作为图的一部分
加工物体测试	利用一些简单的图形材料，组合成有意义的图案或事物	图形材料可以重复使用，可以改变其大小、尺寸，但所组合成的图案或事物不能增加其他任何线条或图案

3.1.6　问题处理能力测试题

以下是一则问题处理能力测试题范本，供读者参考。

<table>
<tr><td rowspan="2">范本名称</td><td rowspan="2">问题处理能力测试</td><td>应用范围</td><td></td></tr>
<tr><td>使用对象</td><td></td></tr>
<tr><td colspan="4">范本展示</td></tr>
<tr><td colspan="4">一、测试说明
问题处理能力作为一项重要的基础能力，关系到个人工作能力与工作质量的高低。本测试是为测评个人的问题处理能力提供依据。</td></tr>
</table>

二、测试内容

下面是10个单项选择题，请在每一题中选择一个最符合你的答案。

1. 你书房里的书因为水管漏水被浸坏了，这时——

（1）你非常不高兴，不停地抱怨

（2）你想借此不缴物业管理费，并写了批评信

（3）你自己擦洗、清理、晒干图书，并修理水管

2. 在节假日里，你和爱人总是会为了去看望谁的父母发生争执，这时——

（1）你认为最好的办法就是谁的父母都不去看望，以减少麻烦

（2）制订一个计划，这次看望爱人的父母，下次看望你的父母，轮流看望

（3）你决定在重要的节假日里和你的家人团聚，而其他节假日里和爱人的家人共度

3. 如果你的某个朋友要结婚了，你去参加婚礼，需要送红包，你会——

（1）事先和对方说你有事不能参加，事实上你并没有什么事情，只是为了不送红包

（2）对那些你认为重要的朋友，比如可以给你带来生意上的帮助的人，你才愿意参加其婚礼并送红包

（3）你不送红包，但经常收集一些小的或比较奇特的礼物来应付朋友结婚这类事情

4. 当你感觉身体不舒服时，你会——

（1）拖延着不去就诊，认为慢慢会好的

（2）自己诊断一下，去药房买药

（3）把这种情况及时告诉家人，然后去医院检查

5. 生活中的各种压力使你和家人变得容易发怒时，你会——

（1）将想法向朋友倾诉

（2）设法避免和家人争吵

（3）和家人一起讨论，研究解决的办法

6. 你的亲友在事故中受了重伤，你得知消息时——

（1）失声痛哭，不知该如何是好

（2）叫来医生，要求服镇静剂来度过以后的几个小时

（3）控制自己的情绪，及时通知其他的亲友

7. 你的能力得到承认，并得到了承担一份重要工作的机会，这时——

（1）你会放弃这个机会，因为这项工作的要求太高

（2）你怀疑自己能否承担起这项工作

（3）你仔细分析这项工作的要求，做好准备设法把它做好

8. 一位好朋友将要结婚了，在你看来，他们的结合不会幸福，这时——

（1）你会认真规劝那位朋友，请他慎重考虑

（2）努力说服你自己，让自己相信时间还允许朋友改变计划

（3）你不着急，因为你相信一切都会好起来

9. 当你和别人发生纠纷，不得不去法庭诉讼，这时——

（1）你会因为焦虑和不安而失眠

（2）你不去想这件事，出庭时再设法应付

（3）你把这件事看得很平常，做好准备就好

10. 当你和邻居发生争执，却没有争出结果时，你会——

（1）借酒消愁，想把这件不愉快的事忘掉

（2）请教律师如何与邻居打官司

（3）外出散步或消遣，以平息心中的愤怒

测试评价

1. 计分方法

选择（1）选项计1分，选择（2）选项计2分，选择（3）选项计3分。

2. 结果分析
（1）如果 10 个题目总得分在 15 分以下，说明被测试者解决问题的能力较差。
（2）如果 10 个题目总得分在 15~25 分之间，说明被测试者解决问题的能力一般，有时稍有迟疑。
（3）如果 10 个题目总得分在 25 分以上，说明被测试者解决问题的能力很强。

3.1.7 人际交往能力测试题

以下是一则人际交往能力测试题范本。

范本名称	人际交往能力测试	应用范围	
		使用对象	
范本展示			

一、测试说明

人际交往能力是妥善处理与周围环境关系的能力，不仅是工作中一项重要的基础能力，也是社会生活中必不可少的基本能力。本测试是为测评个人的人际交往能力提供依据。

二、测试内容

下面是15个单项选择题，请在每一题中选择一个最符合你的答案。

1. 某同事向你吐露了一件私事，你会——
（1）不假思索地把它告诉别人
（2）守口如瓶
（3）根据情况决定是否要告诉别人

2. 你刚交了一个朋友，原因是——
（1）因为业务需要，或者其他不得不交的原因
（2）他（她）乐于和你做朋友
（3）你发现这个人能够使你感到愉快

3. 如果有人依赖于你，你的感觉是——
（1）想办法摆脱，避而远之
（2）没什么感觉
（3）并不介意，但你希望你的朋友有一定的独立性

4. 当你有了困难的时候，你会——
（1）通常总是感到能够自己解决
（2）向你信赖的朋友求助
（3）只是当困难确实难以克服时才向朋友求助

5. 你选择朋友时，你的做法是——
（1）将想法向朋友倾诉
（2）设法避免和家人争吵
（3）和家人一起讨论，研究解决的办法

6. 假如你应邀参加一次活动，或者应邀在聚会上唱歌，你会——
（1）当场就直率地谢绝邀请
（2）找借口不去参加
（3）饶有兴趣地去参加这次活动

7. 当你的朋友有困难时，你发现——
（1）他们不愿意麻烦你

（2）只有与你关系密切的才向你求助
（3）他们来找你寻求帮助
8. 你的朋友想向你借新买的录音机，你自己尚未好好用过，你会——
（1）借给他，但是满腹牢骚
（2）骗他说已经借给别人了
（3）告诉他你想先用一段时间，然后再借给他
9. 在电影院里，你附近的两个人旁若无人地聊天，你会——
（1）很反感，希望别人会向这两个人提意见
（2）叫工作人员来干涉他们，或者在自言自语中对他们进行指责
（3）很有礼貌地请对方别讲话
10. 你选择朋友时，你的做法是——
（1）你只能同与你兴趣相同的人友好相处
（2）你和与你兴趣、爱好不同的人偶尔也能谈谈
（3）一般说，你和任何人都能比较愉快地长时间交谈
11. 有朋友邀请你去参加生日派对，你事先就知道来宾中没有你熟悉的人，你会——
（1）借故拒绝参加
（2）非常乐意借此去认识那些人
（3）愿意早去一会儿，帮助他（她）筹备派对
12. 久别的朋友来你家了，电视上恰有一部非常精彩的节目，你会——
（1）让电视开着，与他交谈
（2）关上电视，让他看你新照的照片
（3）说服他与你一块儿看电视
13. 你的邻居外出了，托你照看一下小孩，小孩闹时你会——
（1）把小孩关在卧室里，不理他
（2）看看孩子是否需要什么东西，如果是无故哭闹，就不去管他
（3）哄小孩睡觉
14. 度假期间，你通常会——
（1）独自一人消磨时间
（2）希望认识一些新朋友，但是发现这不是一件容易的事
（3）很容易结交新朋友
15. 闲暇时，你会——
（1）待在家里听音乐
（2）到商店里买东西
（3）和朋友在一起

测试评价

1. 计分方法
选择（1）选项计1分，选择（2）选项计2分，选择（3）选项计3分。
2. 结果分析
（1）如果 15 个题目总得分在 24 分以下，说明被测试者人际交往能力较差，需要改善。
（2）如果 15 个题目总得分在 25~34 分之间，说明被测试者具备一定的人际交往能力，不喜欢独自一人待着。
（3）如果 15 个题目总得分在 35 分以上，说明被测试者非常善于人际交往。

3.2 专业能力测评方法与工具

3.2.1 一般职业能力倾向测试

1. 适用范围

能力倾向是指个人具有的潜在能力，即其能力发展的可能性。在人员素质测评中，能力倾向测试应用最为广泛。一般能力倾向测试（General Aptitude Tests Battery，GATB）是由美国劳工部就业保险局设计而成的综合性职业倾向测试。一般职业能力倾向测试由 15 个分测试构成，其中 11 种是笔试，另外 4 种是操作测试。

2. 运用须知

（1）测试内容

一般职业能力倾向测试的测试项目、测试要求以及测试目的、时间限制等内容见表 3—3。

表 3—3　　一般能力倾向测试具体内容

形式	测试项目	测试要求	测试目的	时间限制
笔试	工具匹配测试	要求判断四个图形中哪一个与所呈现的图形一致	空间判断能力（S） 形状知觉能力（P）	1分3秒
	名词比较测试	比较、判断左右一对名词或数字的异同	言语能力（V）	3分
	画纵线（H）测试	在15秒内不要碰到H两侧的线，但必须切到H的横线，尽量多地画短线	运动协调能力（K）	15秒
	计算测试	进行加减乘除的运算	数理能力（N）	3分30秒
	平面图判断测试	判断改变上（左）框中图形的位置能构成选项中的哪个图形	空间判断能力（S） 数理能力（N）	2分
	打点速度测试	在连续排列的四方框中，用铅笔在框内尽快地打3个点	运动协调能力（K）	30秒
	立体图判断测试	所打点的合计数为得分	智能（G） 数理能力（N）	1分30秒
	算术应用测试	解答算术应用题	书写知觉能力（Q） 智能（G）	3分30秒
	词义测试	对词义进行辨析	言语能力（V） 智能（G）	2分
	打记号测试	在四方形框中，尽快写入某记号	运动协调能力（K）	30秒

续表

形式	测试项目	测试要求	测试目的	时间限制
笔试	形状匹配测试	从一组图形中选出大小和形状与另一组图形一样的各个图形	空间判断能力（S） 形状知觉能力（P）	2分
操作测试	插入测试	1．使用手腕作业检查盘（上、下部各有48个小孔，盘上部插有48根圆棒） 2．要求两手同时从盘上部拔出圆棒，并插入盘下部对应的孔中	手腕灵活度（M）	15秒（3次）
	调换测试	1．使用手腕作业检查盘 2．要求单手拔出一根棒，用一只手将拔出的棒上下翻转，插入原来的孔中	手腕灵活度（M）	30秒（3次）
	组装测试	1．使用手指灵巧检查盘（50个孔，上有金属铆钉和座圈） 2．要求用一只手从盘上部的孔中拔出铆钉，同时用另一只手从旁边的圆柱中拔出座圈，将其安在铆钉上，仍用第一只手将铆钉插入与盘上部相对应的盘下部的孔中	手指灵活度（F）	1分30秒
	分解测试	使用手指灵巧检查盘	手指灵活度（F）	1分

（2）职业能力说明

通过测算结果可以测量人的 9 种职业能力，即智能、言语能力、数理能力、书写知觉能力、空间判断能力、形状知觉能力、运动协调能力、手指灵活度、手腕灵活度。具体内容见表 3—4。

表 3—4　　一般职业能力说明

9种能力	简介	测试项目
智能（G）	一般的学习能力，对测试说明、指导语以及各原理的理解能力、推理能力和迅速适应新环境的能力	词义测试 算术应用测试 立体图判断测试
言语能力（V）	理解言语的意义及与其相关联的概念，并有效加以掌握的能力，对文章、句子意义的理解能力，表达信息和自己想法的能力	词义测试 名词比较测试
数理能力（N）	在正确快速地进行计算的同时，进行推理并解决问题的能力	计算测试 立体图判断测试
书写知觉能力（Q）	对词、印刷品、票据的细微部分正确知觉的能力，直观地比较、辨别词和数字的能力，发现错误或校对的能力	计算测试 算术应用测试
空间判断能力（S）	对立体图形、平面图形与立体图形关系的理解能力	工具匹配测试 形状匹配测试
形状知觉能力（P）	1. 对实物或图形的细微部分正确知觉的能力 2. 视觉对图形形状的细微差异、长宽的细小差别进行辨别的能力	工具匹配测试 形状匹配测试
运动协调能力（K）	1. 正确迅速地协调使用眼、手并迅速完成任务的能力 2. 正确迅速地做出反应动作并进行准确控制的能力 3. 手能跟随眼睛所看到的东西迅速行动并进行准确控制的能力	打记号测试 打点速度测试 划纵线的测试

续表

9种能力	简介	测试项目
手指灵活度（F）	迅速且正确地活动手指，用手指操作细小东西的能力	组装测试 协调测试
手腕灵活度（M）	1. 灵活地活动手及手腕的能力 2. 拿取、调换、翻转物体时手的灵活运动和手腕的自由运动能力	插入测试 调换测试

（3）职业倾向说明

一般能力倾向测试在测试基础上判定了 15 种与职业能力倾向相匹配的职业类型。具体内容见表 3—5。

表 3—5　GATB 所判定的职业能力倾向与职业类型的匹配

序号	职业能力倾向	职业类型
1	G－V－N	人文系统的专业职业
2	G－V－Q	特别需要言语能力的事务职业
3	G－N－Q	自然科学系统的专门职业
4	G－N－Q	需要数理能力的一般性的事务职业
5	G－Q－K	处理机械事务的职业
6	G－Q－M	机械装置的操纵、运转及警备和保安职业
7	G－Q	需要一般性判断能力的职业
8	G－S－P	与美术专业相关的职业
9	N－S－M	设计、制图作业和电气职业
10	Q－P－F	制版职业和描图的职业
11	Q－P	检查分类的职业
12	S－P－F	造型和手指作业的职业
13	S－P－M	造型和手臂作业的职业
14	P－M	手臂作业的职业
15	K－F－M	目视作业和身体性作业的职业

3.2.2　特殊职业能力倾向测试

1. 适用范围

特殊职业能力倾向测试主要是用来测评被测试者从事某种专业领域活动所必须具有的专门技能和几种专门能力的结合体，根据职业能力以及与职业能力倾向相匹配的职业类型，测试出被测试者的职业倾向。

2. 运用须知

（1）特殊能力倾向测评

常用的特殊能力倾向测评方法有 6 种，见表 3—6。

表 3—6　特殊能力倾向测评方法

测评方法名称	含　义	使用说明
明尼苏达文书测试	1. 测评内容主要包括数字比较和姓名比较两个部分，测评被测试者对200对数字和200对姓名的匹配正误的检查，测算其判断正确题目和错误题目数量之间的差额 2. 该测评方法通过被测试者完成题目的时间和准确程度，来测评被测试者的准确能力和处理速度 3. 主要用来测评知觉广度、速度和正确性	1. 办公室人员、检验人员和其他要求知觉能力的专业人员 2. 适应于对文书工作，数字、文字的知觉能力要求高的岗位的测评
计算机操作能力测试	1. 测评内容包括再认记忆测试序列、格式检查测试和逻辑思维测试3部分 2. 主要用来测评被测试者计算机操作方面的能力	文书人员
明尼苏达机械能力测试	通过机械拼合、空间关系和书面形式拼版3个测试，测评被测试者的三维空间的立体视觉和操作能力	适用于对工业或军工企业中专业类岗位人员的测评
吉尔福特创造力测评	1. 通过思维的内容、思维的操作和思维的产物3个维度和13个分测试测评人的创造力倾向 2. 他认为发散性思维具有流畅性、变通性和独创性三个维度，是创造性的核心 3. 把创造性与发散性思维联系起来，还将发散性思维与聚合性思维相对应	适用于需要测评创造力的岗位
威廉斯创造力测评	1. 通过测验人的冒险性、好奇性、想象力和挑战性，来分析个人的创造性倾向 2. 主要用来发现有创造力的个体，以合理安排其在需要创造力的岗位上 3. 具有创造力个体的特征是：趋于冒险、好奇心强，想象力丰富，勇于挑战未知	1. 适用于所有岗位，主要用来测评人的创造能力的高低 2. 创造能力低的人适合事务性工作，比如行政人员、文员和操作人员 3. 创造能力高的人，适合做想象力丰富、压力大的工作，比如管理人员、技术推广人员
评价中心技术	1. 评价中心技术是由管理人员、监督人员及受过培训的心理学家组成的一个测评小组，让被测试者接受2～4天的测试练习，从而评价其管理能力的一种测评方法 2. 评价中心技术主要是针对特定岗位来设计和实施的测评方法与技术 3. 评价中心技术的测评强调采用多种技术和方法，强调基于工作分析的情景模拟技术，强调多方面多角度地收集与被测试者工作有关的资料和信息	1. 评价中心技术主要用于高层管理人员的招聘和选拔 2. 评价中心技术主要是对被测试者潜力发展进行的评估 3. 评价中心技术对人力、物力、财力和时间的占用要求较高，对评价者的要求也很高，因此不适合广泛使用

（2）特殊职业能力测评

现代企业中对特殊职业能力的测评主要采用5种方法，见表3—7。

表3—7　特殊职业能力测评的5种方法

测评方法	主要含义	操作难度	操作周期	操作成本	评估效果	适用范围
评价中心	1. 测评中采用多种测评方法的组合 2. 强调情景模拟方式	高	长	高	好	中高级人才岗位的测评
行为时间访谈法（BEI）	通过典型事件来分析和评估	高	中	高	好	专业人员和管理人员的测评
观察法	通过观察特定环境下被测试者的表现来进行评估	高	中	高	高	专业人员和管理人员的测评
背景调查	通过档案记录来对被测试者进行评估	低	短	低	低	初期招聘和选拔中的测评
结构化面试	运用多阶段和多种方式对被测试者进行筛选和评估	中	长	高	长	专业人员和管理人员的测评

3.2.3　多重职业能力倾向测试

1. 适用范围

能力倾向测试可以进一步区分为一般职业能力倾向测试、特殊能力倾向测试和多重职业能力倾向测试。相比较而言，特殊能力测试只能了解能力的某一特殊方面的情况，而多重职业能力倾向测试是由测评各种不同能力的分测试组成，可以一般性地了解人的潜能方向。

多重职业能力倾向测试主要是纸笔形式的测试，一般不使用仪器，因而可以用于团体测试。多重职业能力倾向测试主要用于职业生涯规划或人—岗匹配预测。在理论上，任何职业行为都可由有关因素的适当组合得到预测，但在预测不同职业行为时，每个分测验的权重应有所不同。

2. 运用须知

多重职业能力倾向测试又称多元性向测验，多重职业能力倾向测试可以说是多种能力倾向测试的复合体，包含几个不同性质的分测验。它在理论上以多因素理论为依据，以因素分析为基础。

典型的多重职业能力倾向测试，一般包含4～9种分测验，各分测验分别测试不同的能力。测验结果除总分外还有各个分测验的分数，对一个人的能力可提供多方面的说明。多重职业能力倾向测试的内容一般包括八个方面，见表3—8。

表 3—8　　多重职业能力倾向测试

能力倾向	具体说明
数理能力（N）	在正确快速进行计算的同时，能够进行推理，解决应用问题的能力。自然科学研究人员、财务人员、统计分析师、建筑师等必须具备较高的数理能力
言语能力（V）	理解言语的意义及与它关联的概念，并有效地掌握它的能力，对言语相互关系及文章和句子意义的理解能力，表达信息和自己想法的能力。教师、律师、营销人员、管理者等必须具备良好的言语能力
抽象推理能力（A）	对事物变化所反映出的内在规律的敏感性，以及对事物进行抽象、概括的逻辑分析能力
空间判断能力（S）	对立体图形以及平面与立体图形之间关系的理解能力。工程、机械、建筑等职业，以及绘画艺术、摄影艺术等相关的职业，都对空间判断能力有较高的要求
形状知觉能力（P）	对实物或图解细微部分的正确知觉的能力，根据视觉能够比较辨别的能力，对图形的形状和阴影的细微差异、长宽的细小差异进行辨别的能力。生物学家、建筑师、测绘人员、画家和无线电技师都需要较强的形状知觉能力
逻辑推理能力（L）	对信息的分析、判断能力，思维的严密性、连贯性和敏锐度，概括和归纳过去经验以及解决问题的能力。管理者、自然科学研究者都要求具备逻辑推理能力
机械推理能力（M）	考查人们对一般自然常识、物理现象的认识水平，考查人对基本的物理规律和机械规则的敏感性和掌握程度
一般学习能力（G）	对各种原理的理解能力，推理判断能力，迅速适应新环境的能力

将测试结果与各种职业所要求的能力倾向模式进行比较，可以推断被测试者在哪些职业上成功的可能性较大，在哪些职业上成功的难度较大。对于个人来说，应该选择最能运用其优势能力的职业；对于组织来说，应该注重根据被测试者优势能力分配工作，以便发挥个人的作用。

3.2.4　管理职业能力倾向测试

1. 适用范围

管理职业能力倾向测试是从人的基本能力出发，用来测评个体是否具有从事管理工作所必须具备的基本能力倾向的测评方法。该测试针对人员的潜能结构，给出是否符合从事管理职业的基本能力要求的判断，是专门职业能力倾向测验中的一种。

管理职业能力倾向测试适用于 21~55 岁的人员，多用于管理人员的选拔、管理职业能力的测试或培训需求分析等。

2. 运用须知

（1）职业能力说明

管理人员的选拔和培训是一项复杂的工作，学业成绩和专业知识都无法保证管理者的管理水平。为了使选拔程序更为有效，使管理培训计划更有针对性，管理职业能力倾向测试着重测评那些与管理工作要求密切联系的能力。

管理职业能力倾向测试的内容见表 3—9。

表 3—9　　管理职业能力倾向测试的内容

能力倾向	具体说明
数学分析能力	主要考查管理者是否善于理解、把握事物间的量化关系和解决数量关系问题的技能技巧，其中所涉及的数学知识仅限于数据关系的简单分析、判断和基本运算等
言语理解能力	理解言语的意义及与它关联的概念，并有效掌握它的能力，对言语相互关系及文章和句子意义的理解能力，表达信息和自己想法的能力。教师、律师、营销人员、管理者等必须具备良好的言语能力
观察能力	考查对事物细微差别的敏感性，知觉速度与准确性
抽象推理能力	考查对事物变化所反映出的内在规律的敏感性，以及对事物进行抽象、概括的逻辑分析能力
逻辑推理能力	考查管理者能否发现和理解各种事物之间的关系，能否利用有关信息对所面临的问题进行分析和判断的能力

（2）测评内容及工具

在实际运用管理职业能力倾向测试时，还要综合考虑行业特点、岗位要求和管理层级等多个方面。职业能力对于不同岗位的管理人员有着不同的要求，根据管理职位的不同，管理职业能力倾向测试的内容也有所不同，具体见表 3—10。

表 3—10　　管理职业能力倾向测试内容

测评对象	主要职责	测评内容及工具
高层管理人员	1. 经营决策 2. 领导与管理 3. 企业的战略规划	1. 身体状况：心理测试（投射测试） 2. 性格品质：心理测试（16PF量表） 3. 知识水平：个人档案分析 4. 一般能力：韦克斯勒成人智力量表 5. 职业倾向：心理测试（霍兰德职业兴趣与价值观测评量表） 6. 变革能力：心理测试（威廉斯创造力倾向测评量表） 7. 决策能力：心理测试（16PF量表） 8. 人际关系处理能力：评价中心技术（侧重管理技能） 9. 冲突解决能力：评价中心技术（侧重操作技能） 10. 领导与管理能力：评价中心技术（侧重管理技能与业务）
中层管理人员	1. 执行企业的决定 2. 参与员工的职业生涯规划 3. 与上级、同级和下级沟通 4. 对本部门事务进行管理 5. 与员工、同事以及领导进行交往沟通	1. 身体状况：心理测试（投射测试） 2. 性格品质：心理测试（16PF量表） 3. 知识水平：个人档案分析 4. 一般能力：韦克斯勒成人智力量表 5. 职业倾向：心理测试（霍兰德职业兴趣与价值观测评量表） 6. 专业知识：单独编制相应的试卷进行测评 7. 组织管理能力：心理测试（16PF量表） 8. 计划能力：心理测试（16PF量表）、评价中心技术（侧重管理技能） 9. 团队建设与激励能力：评价中心技术（侧重管理技能） 10. 人际沟通能力：心理测试（16PF量表）

续表

测评对象	主要职责	测评内容及工具
基层管理人员	1. 很好地执行上级的指令 2. 掌握本岗位的专业知识和专业技能，指导下级的工作 3. 根据对岗位工作的分析和判断，向上级提出改进和创新的建议	1. 身体状况：心理测试（投射测试） 2. 性格品质：心理测试（16PF量表） 3. 知识水平：个人档案分析 4. 一般能力：韦克斯勒成人智力量表 5. 职业倾向：心理测试（霍兰德职业兴趣与价值观测评量表） 6. 统筹计划能力：评价中心技术 7. 预测判断能力：评价中心技术 8. 信息沟通能力：评价中心技术 9. 执行能力：评价中心技术 10. 指导能力：评价中心技术

3.2.5 行政职业能力倾向测试

1. 适用范围

行政职业能力倾向测试简称AAT，主要用于国家行政机关招收非领导职务公务人员的考试。AAT的编制有一套严格的程序，以保证试题的质量，我国的AAT测试信度及效度已经达到了国内外优秀测验的水平。目前，许多企业也在人员的招聘与选拔中使用AAT测试法进行测评，以保证在人员选拔和录用上的准确性和有效性。

2. 运用须知

行政职业能力倾向测试主要由五大部分组成，AAT测试的试卷构成、各部分内容及具体要求见表3—11。

表3—11 行政职业能力倾向测试内容

测试项目	测试内容	测试目标	题量（道）	时限（分钟）
知觉速度与准确性	测试应试者对事物细微特征进行快速、准确地识别和判断能力，要求应试者综合运用自己的感觉、知觉、短时记忆等心理过程，并运用自己的经验进行识别比较，是一项典型的速度测试	对各种中、英文字及数字、图形、符号的直觉加工速度及准确性	60	10
数量关系	测试应试者对数量关系的理解与基本运算能力，从数字推理和数字运算两个角度测试	对基本数量关系的快速理解和计算	15	10
言语理解	测试内容涉及词语运用、句子表达、阅读理解等方面，只限汉语，不涉及古代汉语和其他民族语言，也不考查应试者对口头语言能力的理解和运用	中文词句含义理解能力，文章段落的准确理解、掌握运用程度	20	25

续表

测试项目	测试内容	测试目标	题量（道）	时限（分钟）
判断推理	考查内容主要为类比推理、等递推理和演绎推理等形式，所用材料主要有图形和语言文字两大类	对图形关系、文章段落和社会生活等常识性问题的推理判断能力	40	30
资料分析	要求应试者对统计图表和文字读懂，准确把握各项数据的含义和相互之间的关系，而且要通过简单的数学运算把握数据的规律	对较简单的图、表及文字资料的阅读和分析能力	15	15

3.2.6 BEC 职业能力倾向测试

1. BEC 职业能力倾向测试适用范围

BEC 职业能力倾向测试分为 I 型和 II 型两种，I 型是一般职业能力倾向测试，II 型是特殊职业能力测试。本书主要介绍 BEC 职业能力倾向测试 I 型。

BEC 职业能力倾向测试 I 型是北京人才评价与考试中心（BEC）于 1988 年编制的，它参照了美国的职业能力安置量表（CAPS），是结合我国实际情况开发出来的第一个成套职业能力倾向测试。

2. 运用须知

BEC 职业能力倾向测试 I 型包括 8 个分测试，主要测试被测试者的机械推理、空间关系、言语推理、数学能力、言语运用、字词知识、知觉速度和准确性、手指速度和灵活性等 8 个能力倾向因素，测试时间为 100 分钟。

在得到 8 个分测试的分数后，需要进行数据处理，按照不同的职业、不同的权重、一定的公式进行组合，得出在各个职业上获得成功的潜力分数，再给出最可能获得成功的职业类别和比较容易获得成功的职业类别。

BEC 职业能力倾向测试 I 型区分的职业类别共有 14 种，具体内容见表 3—12。

表 3—12　　BEC 职业能力倾向类别

职业倾向	职业类别
科学理论研究与组织	可以担任一定的责任，可以利用自己的系统性的知识从事物理、数学、化学、生物科学或经济学的研究，如物理学家、数学家、生物学家、统计学家、经济分析专家、系统论专家等
科学实验研究	可以从事对事实的观察和分类，在实验室中进行具体操作并从事物理科学和生物科技的研究，如化验员、实验员、医生、技师、质量检查员等
工程设计	可以在工业、建筑、运输等行业中从事工程设计，如建筑工程师、电气工程师、机械设计工程师、环保工程师等

续表

职业倾向	职业类别
熟练技术工作	可以从事动手较多的技术工作，在建筑、运输、机器制造等行业中从事熟练技术工作，如修理工、装配工、油漆工、钳工、电工、建筑工人等
服务行业	可以从事饮食、服装、美容等服务行业的工作，如厨师、美容美发师、服务员、缝纫工等
野外工作	善于从事那些户外或野外的工作，如种植农作物、放牧、管理森林公园、渔猎、勘探、远洋考察等
企事业管理工作	可以在政府部门、工厂、银行等机关或企事业组织中担任较高级别职务，善于推进管理工作，可担任经理等管理职务
商业性经营工作	可以从事与销售、采购等商业活动有关的工作，如销售人员、采购员、经济师、会计等
行政工作	可以从事记录、档案文件管理、资料分类等方面工作，善于集中注意力，迅速、准确、有条理地处理好各项办公室工作，可担任秘书、出纳、行政人员等
新闻传媒	可以从事社会传播和社会宣传工作，可以书面或口头传播信息、交流思想，如记者、编辑、作家、主持人等
艺术创作	可以从事那些需要直觉、灵感、创造性个性的艺术工作，可以在音乐、美术、表演艺术的某一方面表现出较高的才能，如音乐家、画家、演员等
工艺美术	可以从事一般性工艺美术工作，如陶瓷素描、刺绣、广告装饰等
公共管理	可以担任对社会影响较大的工作，可致力于社会的公正与进步，如政府官员、学校校长、社会学家、教育家等
社会服务	可从事与社会服务有关的具体性工作，如快递员、导游、警察等

3.2.7　区分性能力倾向测试

1. 区分性能力倾向测试适用范围

区分性能力倾向测试（differential aptitude tests，DAT）由本纳特（G.K.Bennett）等人编制，是应用最为广泛的多元成套测验。该测试初版于 1947 年，1962 年、1972 年和 1981 年分别修订、再版。1972 年的修订本包括 S 型和 T 型两个复本。1981 年版包括 V 型和 W 型两个复本。

整套测试由 8 个分测试组成，提供 9 个分数，即言语推理、数学能力、抽象推理、文书速度和准确性、机械推理、空间关系、拼写、言语运用以及言语推理加数学能力。最后一项分数，可作为学业能力的指标。

2. 运用须知

DAT 测试常模来自美国 32 个州的 64 所公立和私立学校的 6.1 万名学生。标准化样本的选取是采用分层取样以确保能代表美国初二至高三的学生母群，同时还考虑了社会地位、学校所在行政区及学校的规模。指导手册提供了初二到高三男女学生的百分位数及标准九常模，也可分别根据同性别或男女混合性别常模画出测验分数的剖面图。

DAT 的 8 个分测验是单独施测、单独评分的，这 8 个分测验内容见表 3—13。

表 3—13　　区分性能力倾向测试

测试内容	具体说明
言语推理（VR）	测量普通智能，采用文字形式的类比题目
数字能力（NA）	测量普通智力，采用计算题，一般不使用文字题，以避免受到其他无关能力的干扰
抽象推理（AR）	测量非言语推理能力，也属于普通智力
文书速度和准确性（CSA）	测量完成一件简单知觉任务的速度
机械推理（MR）	测量对表现于熟悉情境中的机械和物理原理的理解力
空间关系（SR）	测量想象和在心理上操作有形材料的能力
拼写（SP）	指出拼写正误，测量词汇水平
语言运用（LU）	找出语法或惯用法错误，测量语言运用水平

第4章

管理能力测评方法与工具

4.1 无领导小组讨论法与工具

4.1.1 无领导小组讨论的适用范围

无领导小组讨论（Leaderless Group Discussion）是一种情境模拟的测评方法，是指让一组被测试者（一般 5~7 人）在规定的时间内（一般 45~60 分钟），在没有领导、大家地位平等的情况下，围绕给定的问题或在既定的背景下展开自由讨论，并最终达成小组一致意见。测评者根据被测试者在讨论过程中的表现给予评估。

无领导小组讨论具有评价和诊断功能，既可以作为领导人才选拔的测评工具，也可以作为管理人员培训的诊断工具。其具体适用范围如图 4—1 所示。

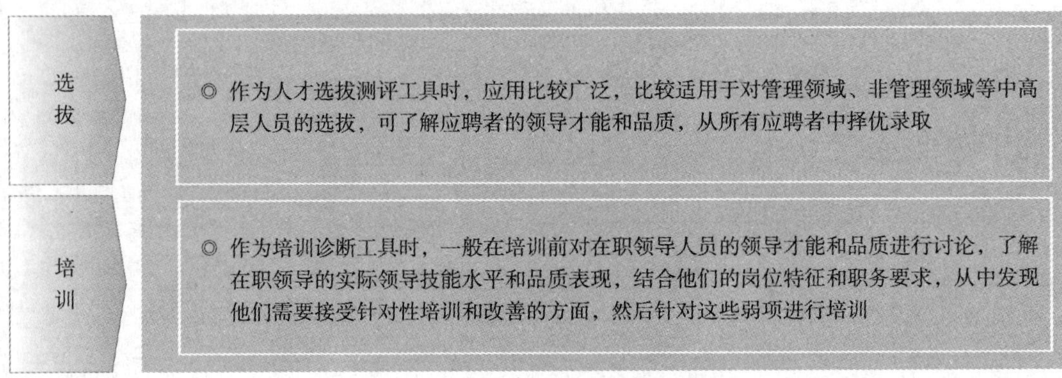

图 4—1　无领导小组讨论适用范围

4.1.2 无领导小组讨论的运用须知

1. 无领导小组讨论的类型

根据不同的划分标准，无领导小组讨论可以划分为不同的类型，具体内容见表 4—1。

表 4—1　无领导小组讨论的类型

划分依据	类　型	内　容
根据讨论背景的情景性划分	特定情境的无领导小组讨论	将应聘者放在某个特定的环境中（假设应聘者是企业的区域经理，让其制定一份年度计划书），就某个问题展开讨论
	泛情境的无领导小组讨论	没有指定某个环境，只就某个开放性的问题展开讨论。例如一个优秀的区域经理应该具备什么样的素质

续表

划分依据	类　型	内　容
根据是否给应聘者指定角色划分	指定角色的无领导小组讨论	考评者给每位应聘者指定一个角色，让他们以各自指定的身份参与小组的讨论
	没有指定角色的无领导小组讨论	应聘者在讨论过程中不扮演任何角色，可以就所讨论的问题自由地发表自己的见解
根据应聘者在讨论过程中的关系划分	竞争性的无领导小组讨论	在有些无领导小组讨论的情境中，每个成员都是代表他们各自利益或他们各自所属群体利益的，小组成员之间的目标是相互冲突的，且往往会存在对某些机会或资源的争夺，这样的无领导小组讨论方式就是竞争性的
	合作性的无领导小组讨论	在讨论情境中要求小组成员相互配合来完成某项任务，此时他们拥有共同的目标，每个小组成员的成绩依赖于通过合作后完成任务的结果，也依赖于个人在小组合作中的贡献，这样的无领导小组讨论方式就是合作性的
	竞争与合作相结合的无领导小组讨论	在情境中，小组各成员之间通过竞争与合作才能完成指定任务的一种方式
根据讨论的情境与应聘职位工作的相关性划分	与工作相关的无领导小组讨论	所讨论的问题与应聘岗位有直接关系，如企业招聘区域销售经理等，考评者要求讨论的题目是策划某地区的销售方案
	与工作无关的无领导小组讨论	所讨论的题目与应聘岗位没有直接关系，主要考查应聘者的综合素质和发展潜力

2. 无领导小组讨论的特点

无领导小组讨论主要有四个特点，见表 4—2。

表 4—2　　无领导小组讨论的特点

特　点	特点阐述
讨论角色公平	不指定领导者，没有核心人物，参与讨论的应聘者不受权威或角色的约束，可以自由地展现自身的能力
讨论过程真实	小组成员围绕一个实际问题展开讨论，通过表达自己的观点和交流，最后形成一个统一的意见。其中每个成员如何表达自己的观点、说服其他成员、获得他人支持等细节都能反映出其素质
评价过程客观	面试人员主要从可观察、可比较的行为表现评价应聘者，从而有效克服传统面试中易犯的晕轮效应、首因效应、刻板印象等错误，从而有效做出相对公平的判断
测评效率较高	面试人员可在同一时间内对多个应聘者进行观察，相比个别面试，无领导小组讨论节省时间，重复性工作量少，测评效率高

3. 无领导小组讨论的优缺点

（1）无领导小组讨论的优点

①能多角度地对应聘者进行评估，因此，评估结果也更加科学、准确。

②考评者可以在同一时间同时观察多个应聘者，节约时间。

③应用范围广泛，对管理领域、非管理领域等中高层人员的选拔都比较适用。

（2）无领导小组讨论的缺点

①在评估过程中，考评者的主观程度较强。

②对考评者的要求较高，考评者一般要经过相关的培训。

③操作成本高。

4.1.3 无领导小组讨论的运用程序

无领导小组讨论的运用可划分为四个阶段，分别是准备阶段、实施阶段、评估阶段以及总结反馈阶段。详细操作内容如图 4—2 所示。

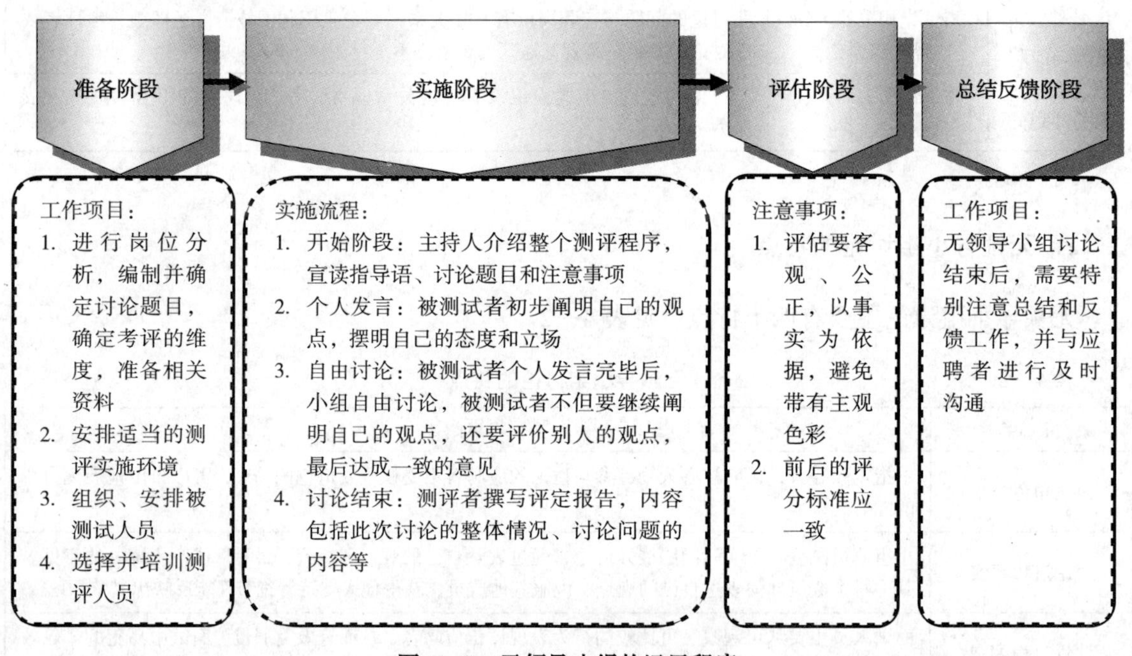

图 4—2 无领导小组的运用程序

4.1.4 无领导小组讨论的操作要点

无领导小组讨论是评价技术中经常使用的一种测评技术，为了确保其实施的信度和效度，在运用这一方法时需要注意四项操作要点，如图 4—3 所示。

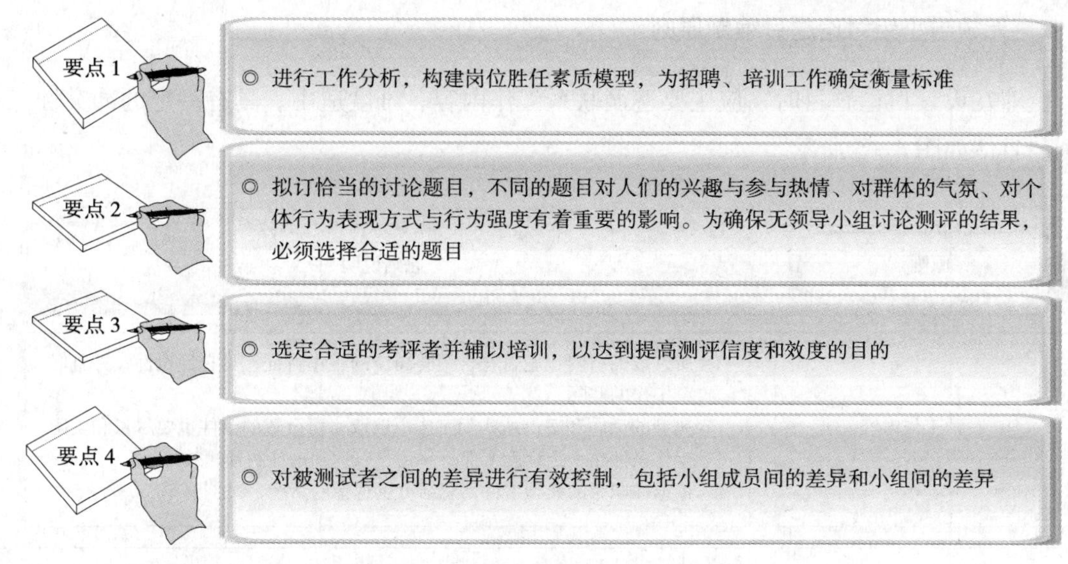

图 4—3　无领导小组讨论的操作要点

4.1.5　无领导小组讨论的工作标准

1. 无领导小组讨论评估标准

无领导小组讨论主要从以下几个方面对应聘者进行评估，如图 4—4 所示。

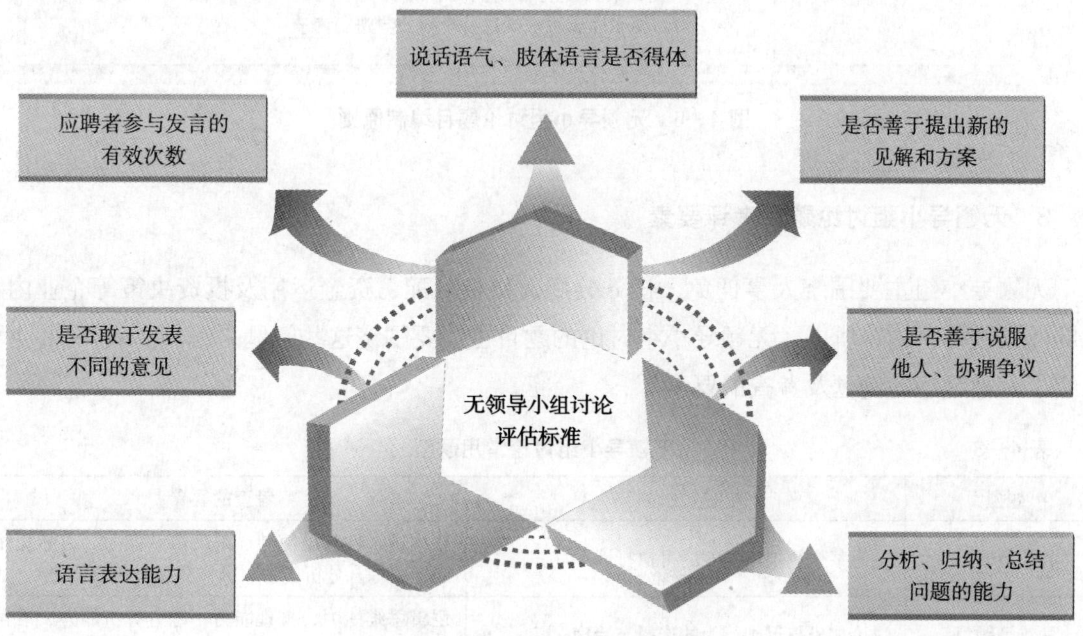

图 4—4　无领导小组讨论评估标准

2. 无领导小组讨论题目编制原则

企业在设计讨论题目时，应主要遵循联系工作内容、难度适中、具有一定的冲突性三项原则，具体如图 4—5 所示。

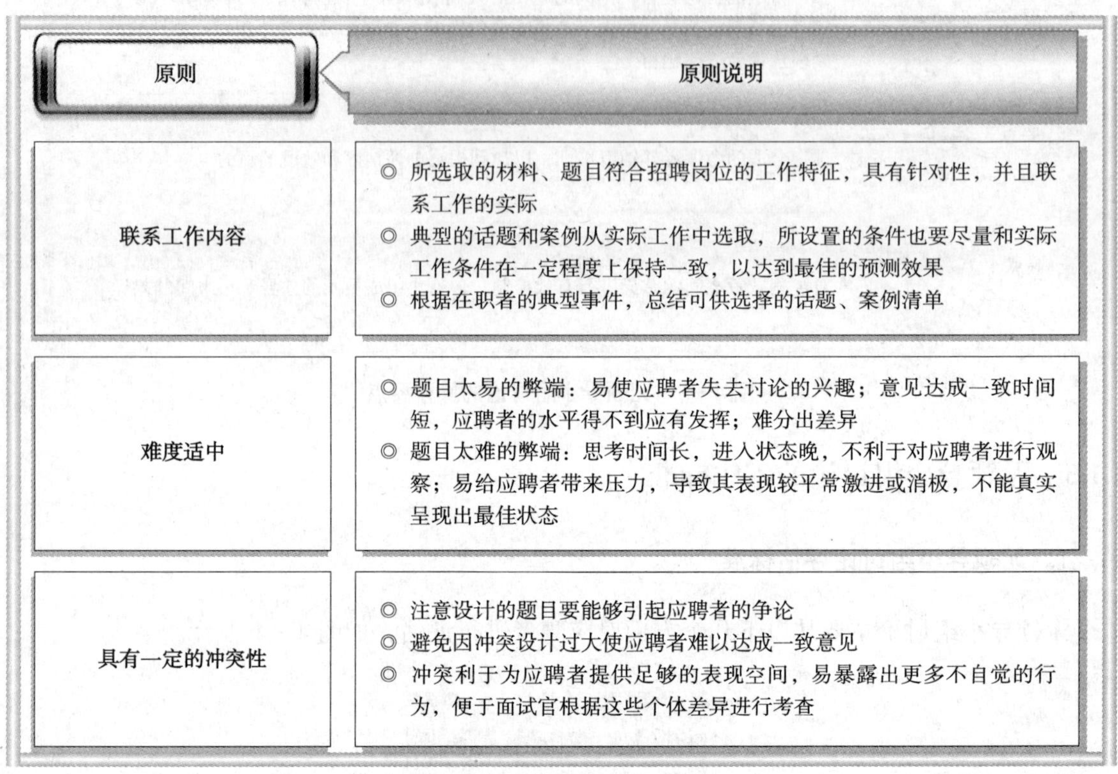

原则	原则说明
联系工作内容	◎ 所选取的材料、题目符合招聘岗位的工作特征，具有针对性，并且联系工作的实际 ◎ 典型的话题和案例从实际工作中选取，所设置的条件也要尽量和实际工作条件在一定程度上保持一致，以达到最佳的预测效果 ◎ 根据在职者的典型事件，总结可供选择的话题、案例清单
难度适中	◎ 题目太易的弊端：易使应聘者失去讨论的兴趣；意见达成一致时间短，应聘者的水平得不到应有发挥；难分出差异 ◎ 题目太难的弊端：思考时间长，进入状态晚，不利于对应聘者进行观察；易给应聘者带来压力，导致其表现较平常激进或消极，不能真实呈现出最佳状态
具有一定的冲突性	◎ 注意设计的题目要能够引起应聘者的争论 ◎ 避免因冲突设计过大使应聘者难以达成一致意见 ◎ 冲突利于为应聘者提供足够的表现空间，易暴露出更多不自觉的行为，便于面试官根据这些个体差异进行考查

图 4—5 无领导小组讨论题目编制原则

3. 无领导小组讨论题目考评要素

无领导小组主要围绕人事任免、任务分配、奖金分配、资金运用及投资决策等企业内常见的问题进行讨论，所以，无领导小组讨论的题目也需要围绕这些问题来编制。表 4—3 主要介绍了六种题型的例题及考查的要素。

表 4—3 无领导小组讨论常用题型

题型	例题（主题）	考查的要素
开放型题目	讨论某企业规章制度的可执行性	思维逻辑性与敏捷性、组织协调能力、人际交往能力、综合分析能力、合作意识、创新能力
两难型题目	讨论加班与迟到行为的选择与治理	逻辑思维能力、推理能力、综合分析能力、语言表达能力、说服辩论能力

续表

题型	例题（主题）	考查的要素
选择型题目	有限资金的分配使用	影响力、组织协调能力、决策能力、分析能力、表达能力、说服能力
资源竞争型题目	为本部门员工争取培训的机会	语言表达能力、说服辩论能力、处理问题的能力、组织协调能力、积极主动性、反应的灵敏性
操作型题目	运用现有的材料设计玩具	主动性、团队合作能力、角色认知能力、人际交往能力
排序式题目	你要去登珠穆朗玛峰，请从“登山鞋、瑞士军刀、火种、手机、背包、食物、手表、手电筒、电脑、睡袋、急救箱”中选择5样必备的工具，并按重要性排序	逻辑思维能力、综合分析能力、决策能力、预测能力、处理问题的能力

除以上考评要素外，无领导小组讨论中对被测试者的表现进行评估时，可从以下方面进行考评：被测试者参与有效发言的次数；被测试者是否善于提出新的观点或方案；是否能够缓解讨论的紧张氛围，并调解争议；是否能够大胆提出与别人不同的看法；是否能够尊重他人并有效说服别人；能否对别人的意见进行有效倾听等。

4.1.6　无领导小组讨论试题范本

<table>
<tr><td rowspan="2">范例名称</td><td rowspan="2">无领导小组讨论实施范本</td><td>应用范围</td><td></td></tr>
<tr><td>使用对象</td><td></td></tr>
<tr><td colspan="4">范本展示</td></tr>
<tr><td colspan="4">在这个测试环节里，假设你是本企业的客户服务部经理，企业的工作流程是这样的：客户下订单，客户的订单信息将传送到客户服务部，由客户服务部完成后续的送货、安装、收取剩余货款、调试、跟踪等工作。
现在，客户服务部收到一份空调订单，在后续工作中出现了如下状况：
你们的送货车在路上出现了故障，导致空调送到客户家的时间比客户要求的时间晚了半天。在空调安装的过程中，又因为客户的居室构造原因额外花费了半天的时间，安装过程中工人的一些不礼貌行为引起了客户家人的反感。空调安装完毕之后，客户发现空调的噪声太大，为此他拒绝付剩下的货款。作为生产厂商，你们认为自己的空调产品声音是可以忍受的，但客户不这样认为，他强硬地提出退货。你们的送货员百般劝说，百般解释，客户就是不付款，而且矛盾还有扩大的趋势。现企业指定你来解决此事。在你出面前，你的上级给你下达的要求如下：
1. 不能退货。
2. 最多少收______元人民币。
3. 防止事态扩大蔓延。
你会采取怎样的策略呢？请每个应聘者分别拟出一个方案，所有应聘者都有15分钟的时间做讨论准备。
一、对应聘者的要求
1. 每个应聘者对上面的问题独自考虑15分钟。
2. 5人一组，用45分钟的时间展开自由讨论，应聘者各抒己见，最后形成一个统一的小组意见交给主考官。
3. 每个小组选出两位成员进行情境模拟：一位扮演客户服务部经理，另一位扮演客户，实地表演客户服务部经理上门处理这起纠纷的过程，时间为10分钟。
4. 每个小组派一位代表向主考官及其他考评者进行理由陈述，其他小组成员可以作补充。</td></tr>
</table>

二、考评要素

结合客户服务部经理这一职位的工作内容特设置了上述工作情境，现拟订的考评要素包括沟通协调能力、关系建立能力、决策能力和应变能力等。

三、评分标准（略）

四、测试程序

1. 主考官任主持人并宣讲具体事宜。
2. 分发案例资料。
3. 应聘者阅读并思考相关的问题（约15分钟）。
4. 小组自由讨论。
5. 小组制作出统一的方案并交给主考官。
6. 小组方案陈述。

五、讨论结束

1. 主考官发言：感谢大家的积极参与和配合，非常感谢！
2. 主考官及考评者对应聘者进行综合评价。

范本点评

1. 在本案例中，该企业通过工作分析首先确定了评估指标，为选拔人才提供了衡量标准与方向。
2. 企业在准确把握测评维度和观察点的基础上细化评价指标，对胜任素质进行了操作化的定义，这样可使考评者有的放矢地观察应聘者的行为表现，提高了评价的客观性。
3. 在实施程序上，企业有效控制各个环节的进程，确保测试的有序进行。

4.2 文件筐测验法与工具

4.2.1 文件筐测验法的适用范围

文件筐测验法又称为公文处理练习，是一种情境模拟方法。文件筐测验法要求被测试者在一定时间内处理与应聘或者现任岗位相关的文件和信息，并做出处理决策。这些文件包括报告、信函、备忘录、请示等，信息内容涉及人事、财务、工作决策等。

其中，被测试者在处理这些文件时，也应向测评人员说明处理的原则和理由，测评人员根据被测试者的处理方式及处理结果，按照一定的评价标准，对被测试者进行评价。

通过这种方法，测评者可以较好地观察被测试者对公文的处理是否有轻重缓急之分，是有条不紊地处理并适当地请示上级或授权下属，还是拘泥于细节，杂乱无章地处理，由此可反映被测试者在管理方面的计划能力、组织协调能力、分析判断能力、沟通能力、决策能力、创新能力以及领导能力等。

文件筐测验法可用于不同的工作项目和对象，详细如下：

1. 文件筐测验法的应用工作项目

文件筐测验法在人员素质测评、招聘选拔、绩效考核及其他人力资源管理工作中经常得到应用。主要考查被测试者分析资料、处理信息、授权、计划、组织、控制、判断等多项素质。

2. 文件筐测验法的应用对象

文件筐测验法要求被测试者具有对多方面管理业务的整体运作能力，包括人、财、物、信息等多方面的控制和把握能力，是企业选拔和考核中、高层管理人员素质的重要工具。

4.2.2　文件筐测验法的运用须知

1. 文件筐测验法的优点

（1）表面效度高

测试中处理的文件和被测试者的现任或应聘岗位的日常工作文件相似度高，能够较为真实地模拟岗位的实际工作情况，因此该方法的表面效度较高。

（2）考察范围广

文件资料涉及日常管理、人事行政、财务、市场等各项工作，从而能够被用来对中高层管理人员进行全面的、综合的测试和评价。

（3）高度预测性

文件筐测试能够对现实中真实的经营和管理情景进行模拟，对实际操作有高度的仿真性，所以其具备高度的预测性。

2. 文件筐测验法的缺点

（1）标准化评估难度较大

不同的考评者因背景、经验、价值观等的不同，其评价标准也不同。因此，对文件处理结果的评价由于考评者不同，评估的结果可能也不同，且评分标准不易标准化。

（2）实施成本较高

考评应聘者的文件、试题等需要经过精心的设计与研究。同时，此测验对考评组成员的要求也很高，需要企业投入大量的人力、物力，只有这样才能保证测试结果的高效度。

3. 文件筐测验法的应用要求

文件筐测验法是评价担任特定职务的管理人员在典型职业环境中研究有关资料、得体处理文件、准确作出管理决策、有效开展协调和控制等工作能力及其现场行为表现的综合性测验。为了确保其实施效果，运用该工具时需要注意如下事项：

（1）文件筐测验法对评价人员的综合素质要求较高。

（2）为了便于更好地编制测试文件，通常需要给出各测评要素的简要的操作性定义。

（3）文件编制的素材不能随意杜撰，需要从岗位任职者的实际工作中去收集。

（4）需要编制一套效度较高的测试试题，同时注意试题的难易程度。

（5）对文件筐测验结果的评价应有专家指导，否则会由于评价尺度把握不准而无法取得良好的效果。

（6）文件筐测验法不一定对所有的测评要素都适合，这就需要根据各种评价方法本身的特点进行选择。

4.2.3 文件筐测验法的运用程序

文件筐测验法的运用可分为实施准备阶段、实施阶段及评定结果阶段三个阶段，每个阶段的工作都非常重要，且都直接影响着测验的有效性。文件筐测验法运用程序如图 4—6 所示。

准备阶段	实施阶段	评定结果阶段
1. 确定测评要素 2. 收集岗位工作素材 3. 编制文件筐测试题目 4. 测试、收集答案 5. 制定答案及评分标准 6. 准备文件筐测试所需的材料和场地	1. 开始阶段：测评主持人宣读指导语，介绍测评要求及注意事项，让被测试者进入情境，明确角色 2. 正式测评阶段：被测试者独立进行测试，测评者观察开展工作情况及状态并做记录 3. 初步评价阶段：文件处理完毕后，测评者与被测试者确认作答相关情况	1. 评分：评分宜在测试完毕后立即进行。由测评人员根据标准及被测试者的处理情况进行独立评分，然后交流评分结果，之后再进行下一轮评分 2. 汇总统计：将评分结果进行统计平均，可采用去掉最高、最低分再取平均分法，也可根据权数计算得分

图 4—6 文件筐测验法运用程序

4.2.4 文件筐开发设计的要点

在开发设计文件筐时应注意以下三点：

1. 测试文件应源于实际

测试文件应源于实际，即所开发设计的测试文件应来自拟招聘岗位日常工作中需要处理的各类文件。

2. 难度适中

如题目太难，超出实际工作能力许多，尽管也能满足招聘的需求，但会使应聘者大材小用，对企业、对个人都是不负责任的。如题目简单，则不具有选拔的意义。

3. 测试文件的保密性

注意对测试文件的保密，不应将公司秘密泄露出去。

4.2.5　文件筐开发设计的步骤

1. 文件筐开发设计步骤

文件筐开发设计可分为五个阶段，分别为确定测评要素、收集岗位素材、编制文件筐测试试题、测试及收集答案、制定答案及评分标准，每个阶段的实施内容及注意事项如图 4—7 所示。

步骤	实施内容	注意事项
1. 确定测评要素	测评要素主要从两个方面来确定：一是通过工作分析或胜任素质特征分析来明确拟任岗位的要求；二是与任职者或其上级领导进行访谈，以确定该岗位的关键任务指标和胜任素质特征	文件筐测试可以测评的要素包括书面沟通能力、资料分析与综合能力、获取及利用信息的能力、问题洞察能力、判断预测能力、工作独立性、计划能力、组织协调能力、决策能力、任用授权能力及岗位知识等
2. 收集岗位素材	岗位素材可来自岗位说明书、岗位工作计划、工作总结及相关人员的简述等	文件筐素材不能凭空杜撰，必须紧密结合岗位任职者的实际工作
3. 编制文件筐测试试题	对收集的素材进行筛选、编辑，一方面把无效资料筛掉，另一方面对文件的文字陈述进行加工，力保试题表述清楚，语言简明扼要，不至于使被测试者产生误解，对不完整的资料进行适当的补充使其完成	文件筐测验所包含的文件按形式分为信函、报表、备忘录、批示、报告、请示、建议书等；按性质分为法规性文件、指挥性文件、知会性文件、报请性文件、记录性文件等，并需适当地分配其各自的比率
4. 测试及收集答案	组织几十名企业内相关在职管理人员作答，以检验试题的有效性和可靠性，通过测验得出初步的参考答案	将编制好的试题用于测验，以检验其效果
5. 制定答案及评分标准	通过测试得到初步的参考答案，但这并不意味着制定参考答案的工作就此结束，还需要让有经验的高层管理者用三分制（好、中、差）对答案进行初步评定，以便进一步检查题目能否达到预期的测评目标	文件筐测验的评分标准需要明确三方面的内容：一是参考标准，即处理各个问题的较理想的方式；二是等级水平，即各种不同的处理方式所体现能力、素质或资格条件的数量水平或质量水平；三是测评规则，即一定等级水平与参考标准之间的对应关系

图 4—7　文件筐开发设计的步骤

2. 文件筐评分方法

在文件筐开发设计的步骤5中，文件筐测试有许多评分方法，它们在评分程序的客观程度与最终结论的复杂程度上存在一定的差异，所以每种评分方法的信度、效度和测评结果等在一定程度上也会有差异。常用的测评方法有行为元素评估方法、主观和总体评估方法、维度评定评分方法。

（1）行为元素评估方法

行为元素评估方法是对被测试者每一个文件的回答质量做出评定，然后对各个行为元素进行评分，它能够客观地描述行为元素，信度较高，但效度容易受到质疑。

（2）主观和总体评分方法

主观和总体测评方法是针对被测试者处理文件的方式，做出全面、主观的评定，它比行为元素评估方法有更高的效度。

（3）维度评定评分方法

维度评定评分方法是针对被测试者在每一个评价维度上的回答进行评分。该种评分方法的应用频率较高，比行为元素评估法有更高的效度。维度评定评分表按照对评价维度总体还是个别评分来分有不同的格式，见表4—4和表4—5。

表4—4　　文件筐测试维度评分表1（部分表示例）

编号：　　　　　　　　　　　　　　　　　　　　测评人员：

<table>
<tr><th>文件</th><th>评价维度</th><th>总分</th><th>评语</th><th>得分</th></tr>
<tr><td rowspan="3">1</td><td>决策能力</td><td>10</td><td></td><td></td></tr>
<tr><td>授权能力</td><td>10</td><td></td><td></td></tr>
<tr><td>控制能力</td><td>10</td><td></td><td></td></tr>
<tr><td rowspan="3">2</td><td>书面表达能力</td><td>10</td><td></td><td></td></tr>
<tr><td>组织协调能力</td><td>10</td><td></td><td></td></tr>
<tr><td>说服能力</td><td>10</td><td></td><td></td></tr>
<tr><td>……</td><td></td><td></td><td></td><td></td></tr>
</table>

表4—5　　文件筐测试维度评分表2

编号：　　　　　　　　　　　　　　　　　　　　测评人员：

<table>
<tr><th colspan="2">评价维度</th><th>评价要点</th><th>文件</th><th>评分等级</th><th>得分</th></tr>
<tr><td rowspan="5">组织协调能力</td><td rowspan="3">分工合理、任务定位准确</td><td>理解相关部门及岗位的职责及定位</td><td rowspan="3">3</td><td></td><td></td></tr>
<tr><td>理解自己的角色及职责</td><td></td><td></td></tr>
<tr><td>根据要求对任务合理分配的能力</td><td></td><td></td></tr>
<tr><td rowspan="2">协调能力</td><td>有效的沟通说服能力</td><td rowspan="2">5</td><td></td><td></td></tr>
<tr><td>处理矛盾的能力</td><td></td><td></td></tr>
</table>

续表

评价维度		评价要点	文件	评分等级	得分
	能力得分				
人力资源管理知识	基础知识	知识掌握的深度和广度	4		
		知识掌握的准确性			
	知识应用	实际与理论的结合程度	1		
		运用的灵活程度、有效程度			
	能力得分				
……					
评分等级	A. 优秀（4.5～5分） B. 良好（4～4.5分） C. 一般（3～4分） D. 及格（2.5～3分） E. 差（0～2.5分）				

4.2.6　文件筐试题范本

下面是某企业人力资源总监招聘文件筐试题。

范例名称	文件筐试题范本	应用范围	
		使用对象	
范本展示			

假设你是王总，是某企业的人力资源总监，并全权负责处理以下事务：

一、测评要求

1. 工作人员将题目送至你手中后，便可开始答题。
2. 在_____分钟内单独处理完毕下面的文件。
3. 对每份文件或信函的处理意见都必须写在答题纸上，面试人员会根据您的回答提出相应的问题。
4. 提供的相关资料：公司的组织结构图、公司部门职能表、公司规章制度。

二、考评要素

1. 决策能力。
2. 计划组织能力。
3. 协调沟通能力。
4. 分析解决问题的能力。

三、测试题目

今天是6月10日，你从集团总部开完会刚回来，此时已经是下午5：00。你的办公桌上有一堆文件，你最好在5：30之前处理完毕，因为你将去外地参加一个非常重要的会议，机票已经订好，5：30司机会来接你去机场，6月15日才能回来。

好，你现在可以开始工作了！

公文1

王总：企业近来效益有所下降，目前企业的工资水平较同行业的市场水平是偏高的，是否可以考虑适当地降低企业的工资水平，但这有可能造成企业核心员工的流失。同时，若降低工资水平，是降低固定的基本工资还是降低奖金？请批示。

人力资源部劳资处

6月8日

公文2（电子邮件）

王总：我请求离开这个部门，因为我实在无法忍受部门经理张××的专断，平常加班加点地干活不说，在作出重大决策时他还一意孤行，害得整个部门都受累，最后还把责任全部怪到我们头上，谁要是犯了一点小错误，他的言辞极为恶劣。我乐意为公司付出，但我不愿意有这样的领导。

小马

6月9日

（注：小马是企业的骨干员工之一，工作业绩一直很出色，而其所在部门的经理张××是从基层调任上来的，过去的工作表现也一直受到好评。）

公文3

王总：近来企业多次讨论到营销体系中店面的管理问题，尤其是在考核上一直没有合适的模式。企业现面临重大的战略调整，我们希望借此机会建立一套新的考核体系，我想听听您的看法和意见。

营销部：赵经理

6月10日

公文4：（邀请函）

王先生：

您好！

6月14日在北京××饭店举行关于人力资源管理高层研讨会，届时有业界著名人士和各大型企业的高层领导莅临，真诚地邀请您并希望您参加！

祝您工作愉快！

小贾

6月9日

公文5：（便签）

王总：我已经将我们中心明年的人员需求计划递交到人力资源部。近两年来，企业的产品市场情况一直不太理想，我们认为这和企业的设计能力不足有很大关系，应聘请一些业界顶尖的设计人员。经和一些国外企业的设计人员初步接触，已经有人表示出加盟的意愿，希望您能认可我们的人员需求计划，并着手招聘事宜。

研发中心：小李

6月10日

四、测试管理

1. 应聘者在规定的时间内独立完成试题。
2. 主试者对应聘者的行为进行观察并作适当的记录，为对其进行评价提供信息。
3. 主试者根据应聘者的表现得出测评结果。

范本点评

1. 文件筐是一种选拔高层管理者的测评工具。它主要针对高层管理者的胜任素质，考查其计划、授权、预测、决策、沟通等方面的能力。

2. 本测评方案完全模拟任职者现实中的经营、管理情境，因而预测效度高。

3. 文件筐测验法能从多个维度评定应聘者的管理能力，它不仅能挑选出有潜力的管理人才，还能训练他们的管理能力与增强合作意识，使选拔过程成为培训工作的开始。

4.3　角色扮演法与工具

4.3.1　角色扮演法的适用范围

角色扮演法指的是用人单位通过精心设计管理场景，让被测试者扮演其中的角色来模拟完成工作情境中的一些活动，以实现评价其胜任能力的过程。

通过角色扮演法可以对被测试者的行为特征进行评价，以测评其各方面的素质特征及各种潜在能力，所以说角色扮演具有测评功能。通过角色扮演可以发现被测试者行为上存在的问题，有助于被测试者了解自己，对存在的缺点及时做出有效修正，所以说角色扮演具有培训和完善个体素质的功能。

角色扮演法主要适用于管理潜能的预测以及管理人员的选拔，主要考核被测试者的人际沟通能力、说服能力、表达能力、应变能力、突发事件处理能力、冲突处理能力、团队合作意识、个人承受压力能力、自信心等。

4.3.2　角色扮演法的运用须知

1. 角色扮演法考查重点

角色扮演是一种情境模拟活动，在角色扮演过程中，测试者主要从以下几个方面对被测试者进行考查：

（1）角色适应性。被测试者是否能迅速地判断事件的形势并进入角色情境，按照角色规定的要求采取相应的对策。

（2）角色扮演中的表现。包括被测试者在角色扮演过程中所表现出来的行为风格、人际交往技巧、对突发事件的应变能力、思维的敏捷性等。

（3）其他。包括被测试者在扮演指定的角色处理问题的过程中所表现出来的决策、问题解决、指挥、协调、控制等管理能力。

2. 角色扮演法的优缺点

角色扮演法的优缺点见表 4—6。

表 4—6　　角色扮演法的优缺点

优点	缺点
具有高度的灵活性，特定的模拟环境和主题有利于增强测试的效果	对设计人员的设计能力要求较高。设计人员设计能力低易使设计出现简单化、表面化、虚假人工化现象
有利于增加角色之间的感情交流，培养其沟通、自我表达、相互认知等社会交往能力	在测评的过程中，可能出现被测试者参与意识不强，没有完全进入角色等情况，从而影响测试结果的准确性
为被测试者提供了广泛获取多种工作生活经验及锻炼的机会，提高其反应能力和心理素质	对某些被测试者来说，在接受角色测评时，表现出刻板的模仿行为和模式化行为，而不是反映他们自身的特征
通过模拟后的指导，可以使被测试者及时认识到自身存在的问题并进行改善	模拟环境并不代表现实工作环境的多变性，而且扮演中的问题分析仅限于个人，不具有普遍性

4.3.3　角色扮演法的运用程序

角色扮演法的运用分为准备阶段、实施阶段、结果评估及运用阶段三个阶段。其中，准备阶段是其他两个阶段的前提，实施阶段和结果评估及运用是角色扮演法的重点，而且角色扮演结果评估及运用有利于改进角色扮演法的运用效果。角色扮演法运用程序如图 4—8 所示。

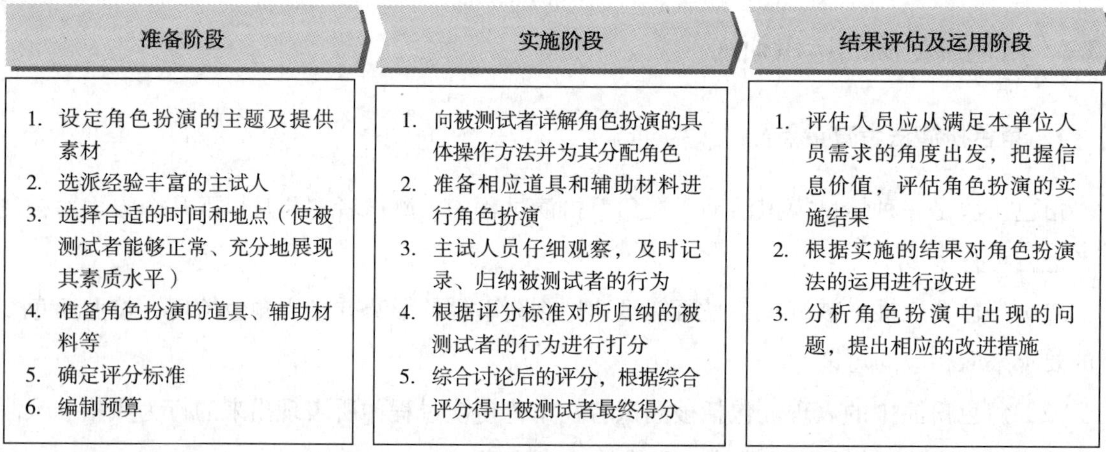

准备阶段	实施阶段	结果评估及运用阶段
1. 设定角色扮演的主题及提供素材 2. 选派经验丰富的主试人 3. 选择合适的时间和地点（使被测试者能够正常、充分地展现其素质水平） 4. 准备角色扮演的道具、辅助材料等 5. 确定评分标准 6. 编制预算	1. 向被测试者详解角色扮演的具体操作方法并为其分配角色 2. 准备相应道具和辅助材料进行角色扮演 3. 主试人员仔细观察，及时记录、归纳被测试者的行为 4. 根据评分标准对所归纳的被测试者的行为进行打分 5. 综合讨论后的评分，根据综合评分得出被测试者最终得分	1. 评估人员应从满足本单位人员需求的角度出发，把握信息价值，评估角色扮演的实施结果 2. 根据实施的结果对角色扮演法的运用进行改进 3. 分析角色扮演中出现的问题，提出相应的改进措施

图 4—8　角色扮演法运用程序

4.3.4　角色扮演法的试题范本

<table>
<tr><td rowspan="2">范例名称</td><td rowspan="2">角色扮演法试题范本</td><td>应用范围</td><td></td></tr>
<tr><td>使用对象</td><td></td></tr>
<tr><td colspan="4">北京××电子企业是一家专门生产和销售手机、充电器、变压器等电子产品的民营企业。公司成立于1997年，目前拥有员工1 500多人，设有生产部、工程部、质量部、计划部、采购部、仓储部、研发部、项目部、销售部、财务部、人力资源部、行政部等部门。</td></tr>
</table>

柯某是工程部部长，直接向总经理汇报工作，工程部下设生产工艺科和设备管理科，每个科室有员工15名，各科室均设科长一名，科长的工作直接向柯某汇报。

工程部的主要工作是生产工艺与过程控制，生产设备管理与维修、保养等，随时解决生产过程中出现的工艺问题、技术故障及设备故障等。

由于行业及市场原因，北京××电子企业面临的竞争压力正在逐渐增大，产品销售价格一再下降，利润空间越来越小。要想维持其在行业市场中的地位，又要生存发展，企业就必须进行相应的改革以提高效益。

为了提高生产效率，经公司管理层研究制定了一项精益生产计划，此计划由工程部生产工艺科具体推行。生产工艺科的科长是谷某。这一项精益生产计划需要生产工艺科和生产部密切合作，共同推行，因此生产部部长及各科科长的配合对这一计划的成功与否具有重要的意义和作用。

但根据您的了解，生产工艺科与生产部由于工作原因矛盾不断，前不久还在计划会议上因生产部几条生产线的工艺及工时计算问题，谷某和生产部孟部长发生激烈的争吵。当时，孟部长认为几条生产线的工艺及工时计算不合理，没有考虑到生产过程中发生的临时故障等情况，导致几条生产线效率很低，影响工人情绪。但谷某认为工艺及工时设定是经过严格测算的，不会有问题。孟某比谷某级别高，听后非常不高兴，双方各执己见，吵了起来。最后在别人的劝说下两人才停止了争吵，不欢而散。

因为之前就有矛盾，加之上次的争吵，可能会影响谷某和孟某的合作，甚至可能出现谷某拖延这一项目实施的问题。

现在假设您就是柯某，您要做的是向谷某布置这一工作任务，并说服他主动改善与生产部孟部长的关系，以使精益生产计划顺利推行。

4.4　评价中心法与工具

4.4.1　评价中心法的适用范围

评价中心法（Assessment Center）是第二次世界大战后迅速发展起来的一种人员素质测评方法，而不是一个场所。评价中心技术是将各种不同的素质测评方法结合在一起的一种新型的人才测评技术，由多位测评人员从心理、能力、个性和情境测试等方面对被测试者进行测评，并根据工作岗位要求及企业组织特征对被测试者进行全面的考查。

评价中心法主要适用于：管理岗位的人员选拔和晋升、管理潜能的前期鉴定、确定培训计划以提升管理能力和促进自我评价等；以研究专业评价标准（如培训标准）为目标，提供能力（如职业能力）评价模型；以设计职业发展规划为目标，提升人员的能力发展；对非监督与非管理职业（如营销师）的评价，对非传统管理职业（如风险投资者）的评价。

4.4.2　评价中心法的运用须知

1. 评价中心法的特点

评价中心法的特点如图 4—9 所示。

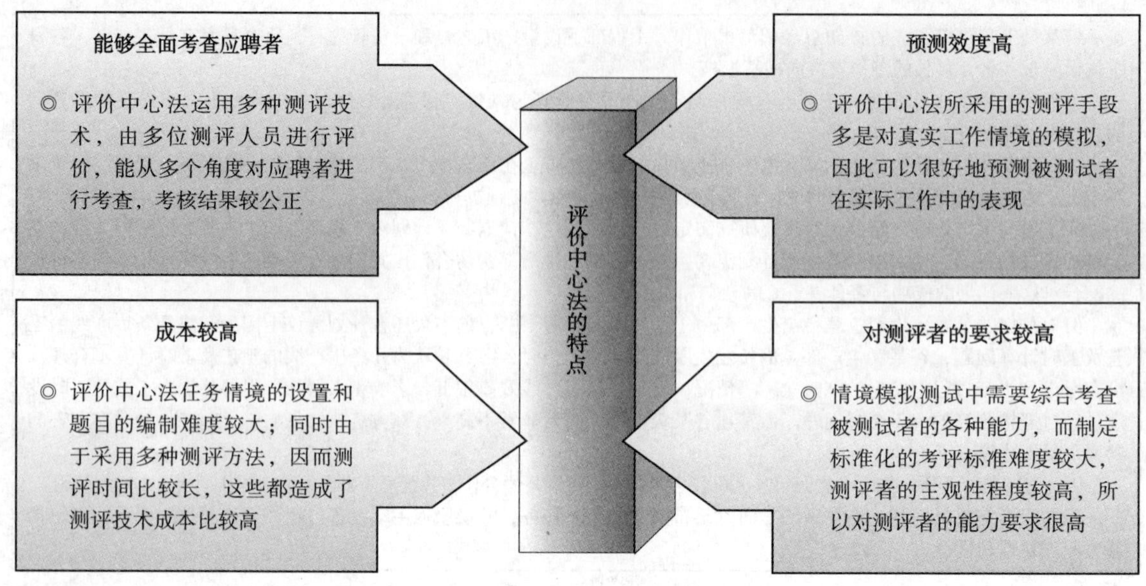

图 4—9 评价中心法的特点

2. 评价中心法常用方法

评价中心法常用方法如图 4—10 所示。

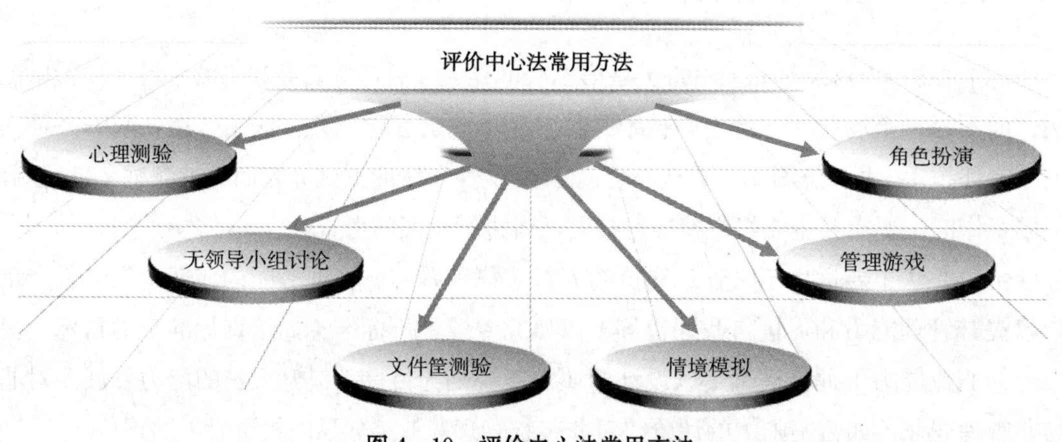

图 4—10 评价中心法常用方法

其中，无领导小组讨论、文件筐测验、角色扮演在本章其他章节已作介绍，本处仅对心理测验、情境模拟、管理游戏做简要介绍。

（1）心理测验法

①心理测验法适用范围

心理测验是指通过观察人的具有代表性的行为，对于贯穿在人的行为活动中的心理特征，依据确定的原则进行推论和数量分析的一种科学手段。它通过对被测试者进行智力测验、人格测验、职业倾向测验的判断来对被测试者的个性特点进行描述，据此来预测被测试者未来工作表现。

②心理测验法运用须知

1）通常用于人事测评的心理测验主要包括以下四类：

A. 智力测验，主要考查被测试者的逻辑思维能力、记忆力、理解力等。

B. 职业倾向测验，主要考查被测试者的感知能力、空间能力等。

C. 人格测验，其目的是了解被测试者的人格特质。

D. 其他心理素质测验，如兴趣测验、价值观测验、态度测验等。

2）心理测验法运用关键事项。心理测验法在具体应用和实施中要注意三个关键事项，见表 4—7。

表 4—7　　心理测验法运用关键事项

序号	关键事项
1	针对不同的岗位及胜任素质特点合理选择心理测验工具，工具选择的正确与否会直接影响测验的效度
2	心理测验要严格按照规定的流程和在相应的环境内进行，否则会影响被测试者从而影响测验效果
3	心理测验的结果不能作为唯一的评定依据，心理测验应结合多种方法对被测试者作出客观的评价

（2）情境模拟法

情境模拟法是将被测试者置于一个模拟的环境中对其进行考查（如假设被测试者现在是某一角色，现在面临很多现实的管理问题需要他解决）。

通过观察和分析被测试者在各种模拟情境及一定压力下的心理、行为、表现以及工作绩效，考查被测试者的管理能力和潜能。

（3）管理游戏

管理游戏是一种以完成某项实际工作任务为基础的标准化模拟活动，主要考查小组内每个被测试者的管理技巧、合作能力、团队精神等方面的素质。小组成员被分配一定的任务，他们必须合作才能较好地完成任务。测评者通过被测试者在完成任务过程中的表现来测评被测试者的素质。

3. 评价中心法中各测评方法适合考核的能力

评价中心法中各测评方法都有自己独特的特点及适合考核的能力，具体介绍见表 4—8。

表 4—8　评价中心法各测评方法及适合考核的能力

评价中心方法	适合考核的能力
心理测验	个性特征、思维的灵活性、特殊技能等
无领导小组讨论	领导能力、组织协调能力、分析决策能力、影响力、团队合作能力、语言表达能力、情绪控制能力
文件筐	计划组织能力、逻辑思维能力、决策能力、授权
情境模拟	适应能力、灵活应变能力、沟通协调能力
管理游戏	分析能力、创新能力
角色扮演	信息获取能力、人际沟通能力、处理突发事件的能力、团队协作能力

4. 评价中心法各测评方法的使用频率

评价中心法中除比较经典的情境模拟技术有无领导小组讨论、管理游戏、角色扮演、公文筐测验外，还有案例分析、模拟面谈、演讲等形式，它们在测评中使用的频率是不同的，见表 4—9。

表 4—9　评价中心法各种测评方法的使用频率

复杂程度	评价中心形式名称	实际运用频率（%）
依次递减	管理游戏	25
	文件筐测验	81
	角色扮演	没有调查
	有领导小组讨论	44
	无领导小组讨论	59
	演讲	46
	案例分析	73
	事实判断	38
	模拟面谈	47

资料来源：Gauler et. al. 评价中心，1990

4.4.3　评价中心法的运用程序

评价中心法的运用程序可分为选择评价中心要测评的素质、分析企业可用资源、设计或选择测评方法的组合、培训并协调测评项目相关人员、制定详细的实施方案、监督并评估执行的过程六个阶段，每个阶段的详细说明如图 4—11 所示。

程序	内容
1. 选择评价中心要测评的素质	1. 通过工作分析和胜任素质模型，确定评价中心选择所要测评的素质（既定岗位所需的胜任素质、运用其他测评方法未能得到彻底测评的素质等） 2. 测评要素不宜太多，以7～9项为宜。否则，会造成评价中心选择实施困难
2. 分析企业可用资源	1. 企业的可用资源包括企业能够提供的人、财、物等资源 2. 评价中心选择所需要的资源支持能否得到满足，直接影响某些素质能否得到测评以及测评结果的准确性，还会影响评价中心测评的复杂程度和测评时间的长短
3. 设计或选择测评方法的组合	1. 所选择的方法和工具适合用来测评相关素质 2. 所选择的方法和工具能够购买到或设计出来 3. 所选择的方法和工具能够被合理使用
4. 培训并协调测评项目相关人员	1. 与所有参与人员（被测试者、测评人员、其他参与人员）进行沟通 2. 培训测评人员，培训内容包括：评价中心选择的各项规定、测评方法和工具的使用、所要测评的要素及具体维度、测评及评分具体过程等
5. 制定详细的实施方案	1. 在实施评价中心选择之前，需要指派一人专门负责实施的各个细节 2. 制定详细而完备的实施方案，包括安排地点，准备资料和材料，拟定评价标准、决策规则等
6. 监督并评估执行的过程	1. 评价中心选择的正常运行，需要专人负责监督与评估，以便及时发现、解决问题 2. 在监督的过程中，需要做详细记录

图 4—11　评价中心法运用程序

4.4.4　评价中心法的操作要点

评价中心法的操作要点主要包括以下六个方面：

1. 进行岗位分析，确定考核项目

一般情况下，评价中心所要测评的能力素质包括人际沟通能力、计划组织能力、分析与决策能力等。

2. 设定考核的维度

针对每一项指标选择和设计测评工具，要确保其与测评的能力素质维度直接相关，具有合理的信度和效度。通常使用最频繁的情境模拟包括文件筐处理、角色扮演、案例分析及演讲等。

3. 确定考核标准

考核标准要根据企业的实际需要和职位的具体特征来选择。企业的发展阶段不同，同一职位对人员素质的要求也会不同。不同的职位，其工作内容、工作职责、工作环境等因素不同，对人员的要求也不同，因而，对人员的考核标准也是不同的。

4. 对测评人员进行培训

对测评人员进行培训一般包括以下几方面内容。

（1）掌握评分标准，明确如何进行评分。

（2）如何在测评过程中对被测试者的行为进行观察，以及如何将其行为归入相应的考核项目中。

（3）如何整理评估结果并撰写评估报告。

5. 测评过程管理

测评人员严格按照既定的测评流程实施测评，并严格把控测评的实施进度，密切关注每一位被测试者的行为表现并做好记录。

6. 测评结果反馈

在评价中心法运用完毕后，测评人员应根据测评具体情况给予被测试者及需要知情的管理者以适当程度的评估结果反馈。

4.4.5 高级管理者的测评方案

<table>
<tr><td rowspan="2">题库名称</td><td rowspan="2">××集团副总经理素质测评</td><td>编　号</td><td></td></tr>
<tr><td>受控状态</td><td></td></tr>
<tr><td colspan="4">××集团总裁为了了解集团内各个岗位副总经理的人、职匹配情况，特授权HR总监组织一次团体测评。HR总监接到任务后，聘请三位咨询公司的测评专家协助完成这一工作，并得到总裁的批准。
一、准备阶段
1. 成立测评小组
测评小组包括测评专家组、测评项目小组，其中专家组包括此次测评的主要负责人——HR总监、测评专家三名，主要负责建立测评指标、重点测评项目施测、汇总测评结果；测评项目小组包括总经理、培训中心经理、招聘主管三人，主要负责测评指标的评估、打分和最终测评结果的讨论。</td></tr>
</table>

2. 建立测评指标体系

测评专家查阅全体副总的工作说明书及规范，明确所有副总的工作职责及职位要求，确定副总所需具备的素质要求。

测评项目小组人员查阅全体副总的绩效考核资料，确定高绩效人员、普通绩效人员，并从这些人员中各取三名组成样本组，以备建立胜任素质模型。

（1）初步确定胜任素质

首先，由HR总监提供与副总职位相关的背景材料和素质要求；其次，由测评专家提供具体的胜任素质；再次，项目小组成员在测评专家的指导下列出各副总胜任职位的重要素质；最后，将所有资料汇总整合，确定出初步的胜任素质。

（2）开展行为事件访谈

由测评专家分别对优绩组、普绩组成员一一进行行为事件访谈（专家事先不知访谈对象属于哪个组别），专家要对谈话的内容做详细的笔记并做全程录音。

（3）筛选修订胜任素质

通过分析汇总访谈笔记和录音内容，寻找新的胜任素质，同时对原先的胜任素质进行筛选和修订，最终得出必不可少的胜任素质。通过分析优绩组成员的行为表现，对所得的胜任素质进行高分标准定义，并赋予权重。下表是最终确定的测评指标体系。

集团副总经理素质测评指标体系

测评要素			测评标准
一级指标（权重）	二级指标（权重）	三级指标（权重）	高分标准定义
个人内在能力（30%）	个性品质（10%）	诚信正直（2%）	言行一致、信任他人、平等待人，建立道德标准并能严格遵守
		自信心（2%）	知道自己的优点和局限性，在必要时能坚持自己的观点
		成就动机（2%）	对成功、个人成就有强烈的渴望，展现出充沛的精力
		适应能力（2%）	1. 能够持续学习和接受变化，寻找机会增长知识、开阔眼界，愿意接受并吸取别人的意见，愿意超越自我 2. 能够在变化的、不确定的环境下处理问题；对环境敏感，能够平衡相反的观点和不利的因素
		应变能力（2%）	善于随机应变，能够认识到应该做什么并能及时采取行动
	逻辑思维能力（10%）		1. 能够抓住复杂问题的关键要素、根本原因 2. 能根据多种信息来源做出结论，看问题深入透彻及通过对过去事件的分析做出比较
	改革创新能力（10%）		1. 预见组织需要改革，创造新的规范，倡导各项战略变革 2. 创造、支持、奖励前瞻性思考和风险意识
人际沟通能力（30%）	个人影响力（10%）		1. 向员工灌输成功理念，营造良好的、积极向上的组织氛围 2. 在组织主要战略上，能够获得并保持管理层的支持 3. 对内、对外能有效地、正确地代表组织执行任务 4. 适当放权，促进员工取得进步并适当给予表扬 5. 建立激励、奖励体系，并树立榜样或典型人物
	沟通技能（10%）		1. 有亲和力，使自己的个人沟通风格适应各种关系 2. 通过有效的沟通，影响、促进组织目标的实现 3. 倾听员工的意见，在组织内形成开放式的对话方式

续表

测评要素			测评标准
一级指标（权重）	二级指标（权重）	三级指标（权重）	高分标准定义
人际沟通能力（30%）	客户服务导向（10%）		1. 与客户建立战略性联系，获得客户的尊重与信任 2. 制定战略以满足客户现在和未来的需求 3. 与客户形成战略伙伴关系
组织管理能力（40%）	业务组织能力（8%）		1. 能够确定战略经营方向，营造内部、外部环境 2. 平衡内部、外部利益群体间发生的冲突 3. 通过对组织文化教育的理解与他人取得合作
	目标管理能力（6%）		1. 能够制定组织的战略目标、长期目标与短期目标 2. 能够很好地制定并实现自己的工作目标 3. 能够指导下属制定并实现其工作目标
	团队建设能力（8%）		1. 在组织的所有级别创建团队，形成团队互动 2. 倡导追求不断进步的高绩效团队 3. 以多方面的能力和技能形成协作的团队
	果断决策能力（10%）		1. 根据具体情况运用合适的方法，能够平衡短期目标与长期目标，做出明智的决策 2. 在充分了解和理解企业经营环境的基础上果断地做出决定
	危机应变及处理能力（8%）		1. 特殊场合应变能力强，能抓住时机，采取乐观、积极、向上的态度和平静的心态去解决问题 2. 头脑机智，冷静沉着，应对事变很有把握，面对危机或特殊场合自制力强，勇气和智慧都超过其他人，有自信心

二、确定测评方法

针对此次被测试者的特殊性，决定采用以评价中心技术为核心、以心理测试和书面资料分析等方法为辅助，分阶段施测。具体见下表。

副总经理测评要素与测评方法一览表

测评要素		测评方法（测评工具）
测评维度（一级指标）	测评内容（二级指标）	
个人内在能力	个性品质	心理测试（16PF心理测评量表、投射测试）
	分析思维能力	心理测试（韦克斯勒成人智力量表）
	改革创新能力	心理测试(威廉斯创造力倾向测评量表)
人际沟通能力	个人影响力	评价中心技术、心理测试
	沟通技能	评价中心技术
	客户服务导向	评价中心技术
组织管理能力	业务组织能力	评价中心技术
	目标管理能力	评价中心技术

续表

测评要素		测评方法（测评工具）
测评维度（一级指标）	测评内容（二级指标）	
组织管理能力	团队建设能力	评价中心技术
	果断决策能力	评价中心技术
	危机应变及处理能力	评价中心技术

三、分阶段实施测评

1. 初测阶段

首先，需要运用书面资料分析法对所有参测的高层管理人员的资格进行审查，分析职业申请表、个人履历表以及所有副总的档案，初步确定被测试者的年龄、学历、专业、从事管理工作的经验等各个方面的差异。

其次，将以上各方面的差异与副总职位胜任素质相比较，分析已得到的测评的素质和有待进一步测评的素质，确定集中施测阶段的工作重点。

2. 集中施测阶段

在明确此阶段的工作重点之后，可以运用上表中相应的测评方法和测评工具，由经过专门培训的测评小组在集中的一段时间内对所有副总进行深入测评。

在集中施测阶段，测评人员及测评专家不仅需要指导被测试者了解测评目的和测评工具的使用方法，还需要避免各种心理效应干扰，提高测评的公正性、可靠性和有效性。

四、汇总结果，得出结论

测评结束后，需要汇总、整合、分析测评结果，得出测评结论。主要有如下四项工作：

1. 评阅试卷，得出原始分数

一般由测评专家来评分，测评项目小组成员进行数据录入。

2. 转换原始分数，整合信息

为了最大限度地减少年龄、学历等各种差异对测评结果的影响，可运用测评工具的常模标准把原始分数转换成标准分数；整合各方面获得的信息，得出每位副总的实际素质水平；结合相应职位的具体要求，分析人—职匹配程度。

3. 撰写素质测评报告

一般来说，测评报告由测评专家共同撰写，需要经过撰写人员再培训、拟定初稿、共同商讨、统一标准、正式撰写、统筹定稿等阶段，从而保证测评报告格式的统一性、结论的准确性。

从内容的综合程度来分，测评报告有两种形式，一种是单个副总的素质测评报告，另一种是集团副总整体素质测评报告。提交何种形式的报告由企业实施测评的目的决定。其中，整体素质测评报告是建立在单个人员素质测评报告的基础之上，包括的内容见下表。

××集团全体副总经理素质测评报告

被测企业名称：　　　　　　　　　被测人群：全体副总经理　　　　　测评日期：___年___月___日

一、测评报告编写说明	1. 测评机构介绍
	2. 有关测评报告知识产权说明
二、测评项目背景及实施情况	1. 测评背景说明
	2. 实施情况概述
三、参测人员的基本情况统计	1. 被测副总年龄结构分析
	2. 被测副总性别结构分析
	3. 被测副总教育和培训背景结构分析

续表

四、人才测评结果单项分析	1. 被测副总个人内在能力测评分析	（某单项测评总体成绩、单项成绩）
		（某单项测评成绩与全国平均水平、某发达地区平均水平的比较）
		（测评结果与测评工具的常模进行比较、分析）
		（个人内在能力综合评价）
	2. 被测副总人际沟通能力测评分析	（某单项测评总体成绩、单项成绩）
		（某单项测评成绩与全国平均水平、某发达地区平均水平的比较）
		（测评结果与测评工具的常模进行比较、分析）
		（人际沟通能力综合评价）
	3. 被测副总组织管理能力测评分析	（某单项测评总体成绩、单项成绩）
		（某单项测评成绩与全国平均水平、某发达地区平均水平的比较）
		（测评结果与测评工具的常模进行比较、分析）
		（组织管理能力综合评价）
五、总体结论	1. 本次测评所用测评方法及测评工具概述	
	2. 该集团副总经理素质总体评价	
	3. 该集团存在的问题	
	4. 该集团副总经理发展建议	

五、跟踪素质测评结果

测评结束后，测评项目负责人HR总监继续对副总经理的工作表现进行跟踪和考核，评估此次测评结果是否符合事实，总结经验教训，以便改进素质测评技术。

4.5 沙盘推演测评法与工具

4.5.1 沙盘推演测评法的适用范围

沙盘最早应用于军事活动中，指挥员们把它作为研究作战方案的重要道具，后来在儿童心理疾病治疗过程中产生了沙盘游戏。如今沙盘游戏被广泛应用于培训活动中，同时也被赋予了新的内容和功能。

沙盘游戏除了可以应用于人力资源管理中的培训工作之外，也可作为人才素质测评的重要手段之一。沙盘推演测评法就是应沙盘游戏在人力资源管理开发领域的应用之需而产生的。

沙盘推演测评法适用于针对企业高级管理人员的测评和选拔。通过沙盘推演，可以考查被测试者的决策能力、计划能力、统筹能力、预测能力、分析能力、沟通能力、解决问题能力、团队合作能力等。

4.5.2　沙盘推演测评法的运用须知

1. 沙盘推演测评法的内容

在应用沙盘推演测评法之前，需要做好以下几项有关组织性和技术性方面的准备工作：

（1）在沙盘之上，借助图形和筹码来清晰直观地显示企业的现金流量、产品库存、生产设备、银行借贷等信息。

（2）将所有参与沙盘推演测评的人员进行分组，每 6 人一组，分别扮演企业总裁、财务总监、财务助理、运营总监、营销总监、采购总监等重要角色。

（3）面对来自其他企业（其他小组）的激烈竞争，各小组成员根据对市场需求的预测和竞争对手的动向，共同讨论决定企业的产品、市场、销售、融资及生产方面的长、中、短期策略。

（4）各企业（小组）按照规定的流程实施每一财务年度的运营。

（5）每一运用年度结束后，各企业（小组）需要编制年度会计报表，结算经营成果。

（6）各企业（小组）在总结上一年度运营情况的基础上，讨论并制定改进与发展方案，继续下一年的经营运作。

（7）在沙盘推演测评中，每个企业的运用期限一般为 6~8 年。

2. 沙盘推演测评法的特点

沙盘推演测评法将几组被测试者置于一个充满竞争的企业运营环境中，并让其担任不同的重要角色。在这个过程中能调动被测试者的积极性和主动性，使其注重知识、经验及技能的实际应用，同时被测试者不可能有所掩饰或伪装，因而能够有效地观察被测试者的实际能力。沙盘推演测评法的特点见表 4—10。

表 4—10　　沙盘推演测评法的特点

特　点	说　明
场景能激发被测试者的兴趣	与传统的人事测评技术相比，沙盘推演测评法增添了娱乐性和实战气氛，变枯燥的评价为生动有趣的游戏，可以激起参与者的竞争热情；生动的视觉感受能够有效激发被测试者的参与兴趣，充分发挥其各方面的能力。正是在这种有趣的气氛中，被测试者才能将自己真实的想法充分暴露出来，将真实能力充分发挥出来
被测试者之间可以实现互动	与传统的人事测评技术相比，沙盘推演测评法要求被测试者之间充分沟通，这有利于对被测试者在相同的情境下进行比较。这种互动的测评模式，有利于考官有效评价被测试者的沟通能力、团队合作能力等其他人事测评技术无法测评到的能力

续表

特　点	说　明
直观展示被测试者的真实水平	合理的企业经营决策需要综合运用市场营销、成本管理、库存管理、生产管理等多方面的知识。与传统的人事测评技术相比，沙盘推演测评法能更全面地观察到被测试者的知识结构与深度 由于企业（小组）结构和管理操作过程全部展示在模拟沙盘上，故可将被测试者所掌握的复杂、抽象的知识及经验管理理论以最直观的方式传达给测评者。测评者可以利用观察、倾听、查看结构等手段进行观察
能使被测试者获得身临其境的体验	这种全新的测评技术能够使被测试者身临其境，真实感受一个企业经营者所直面的市场竞争的精彩与残酷，认识企业资源的有限性，承担经营风险与责任，了解企业运作的全过程以及管理在企业中的重要地位和作用，深刻理解管理思想和管理方法 高级管理者面临的巨大挑战就是如何预知、判断和控制风险，激烈的市场竞争中往往没有“在错误中学习”的机会，而在模拟环境中则充分提供了这类机会，让被测试者全面检验自己的决策能力，也可以在模拟情境中犯错误，进而吸取经验教训，学到新理论和新方法
能考查被测试者的综合能力	将管理理论与管理沙盘相结合的沙盘推演测评法，不仅可以考查被测试者的经营管理素质与能力，还可以观察被测试者的人际沟通能力、独立思考能力、团队合作能力、开拓创新能力以及综合分析能力

4.5.3　沙盘推演测评法的运用程序

沙盘推演测评法的运用程序包括七个阶段，各阶段的相关说明如图 4—12 所示。

程序	内容
1. 被测试者热身	◎ 沙盘推演测评法强调参与和互动，要求积极参与“实践”，被测试者之间、被测试者与考官之间应有良好的沟通 ◎ 被测试者分组，小组成员共同取团队名称，确定队徽、队歌，设定企业（小组）目标，分配角色 ◎ 热身时间控制在1小时左右
2. 考官初步讲解	◎ 讲解目的：各被测试者的专业背景和基础知识不均衡 ◎ 讲解的内容：模拟企业的初始状态（包括现金流量、产品库存、生产设备、银行借贷等）、企业运行条件、市场预测情况、内外部竞争环境等 ◎ 初步讲解时间控制在半小时左右
3. 熟悉游戏规则	◎ 方法：在考官指导下，各组按照统一规定，将自己的企业运行一个生产年度 ◎ 目的：熟悉产品调研、市场分析、订单处理、生产销售、融资结算等的过程，各被测试者进入“实践”角色，各被测试者明确各自工作职责 ◎ 熟悉游戏规则的时间控制在1小时之内

4. 各组实战模拟	◎ 要求各组在相同的初始条件下开始运作 ◎ 实战模拟内容：各组被测试者分别进行分析、讨论和集体决策，目的是在记录的竞争中占领市场，获取较好的经营业绩 ◎ 实战模拟要求：被测试者要随时掌握并解析与市场竞争有关的所有信息，预测结果，同时要学会沟通，学习集体决策，成败共担 ◎ 实战模拟可选择6~8个经营年度，时间控制在5小时之内
5. 实战阶段小结	◎ 总结内容：考官带领被测试者思考并讨论企业经营成功的基本条件，教授企业战略研究、市场调研方法，订单处理、营销技巧、生产运行、财务管理及沟通技巧等相关知识，帮助被测试者领悟知识、技能并运用于下一运营年度 ◎ 每个运营年度讲解的内容呈递进状态 ◎ 阶段小结的时间在两个运营年度之间，每次时间在15~30分钟
6. 企业决战胜负	◎ 随着模拟财务年度的推进，各个企业（小组）会有越来越大的差距和变化。最后通过公平竞争，经营状况最佳的小组获胜
7. 最终评价阶段	◎ 被测试者体会如何提升企业竞争力及增加收益，体会企业运作的系统模式；认识同心协力、破除本位主义、充分沟通在目标达成中的作用 ◎ 考官：根据被测试者在游戏过程中的表现评分。获胜小组的成员将得到更高的分数。小组得分加上个人表现得分成为个人的最终得分 ◎ 考查维度：经营管理知识掌握程度、决策能力、判断能力、团队合作能力等

图 4—12　沙盘推演测评法运用程序

4.5.4　沙盘推演测评评估报告范本

<table>
<tr><td rowspan="2">文书名称</td><td rowspan="2">沙盘推演测评评估报告</td><td>编　号</td><td></td></tr>
<tr><td>受控状态</td><td></td></tr>
<tr><td colspan="4">
一、测试项目背景
此次沙盘推演测评是针对企业内部高级管理人才的选拔及培养而组织实施的。测评指标包括决策能力、计划能力、统筹能力、预测能力、分析能力、沟通能力、解决问题能力、团队合作能力等。
二、测试要求
1. 要求被测试者分组分角色完成沙盘推演测评，小组成员的角色分为公司总经理、运用总监、财务总监、营销总监、采购经理、财务助理等。
2. 要求各组将企业经营六年，根据经营过程及企业的最终经营状况为每位被测试者评分。
3. 测评人员需讲解企业的初试状况，并带领被测试者完成第一年的经营过程，剩下的五年由被测试小组成员自己分工完成，被测试小组人员要在每一年度的经营过程中总结经验并应用于下一生产经营年度。
4. 被测试小组成员自行决策、经营企业的全部业务，每年根据测试规则进行年终总结。
三、测试环境
1. 测试地点：公司第一会议室。
2. 测试时间：2013年3月21日8：30—18：00。
3. 测试环境：在沙盘之上，借助图形和筹码来清晰直观地显示企业的现金流量、产品库存、生产设备、银行借贷等信息。
</td></tr>
</table>

四、测评小组人员

测评小组人员包括甲、乙、丙、丁四人，其中甲为测评小组组长。

五、被测试者

公司经理级以上18名人员（名单略）。

六、实施操作过程

1. 被测试者热身阶段

为了鼓励被测试者积极参与和互动，更好地体验“实践”及与其他被测试者和测试人员保持良好的沟通，测试人员首先要求被测试者自行分组，分组后小组成员共同取团队名称，确定队徽、队歌，设定企业（小组）目标，分配角色。

18名人员按照座位就近原则分成3组，分别为A、B、C（具体名单略），每个小组均在规定的时间内给自己的团队取了队名，确定了队徽、队歌，并且设定了小组目标，完成角色分配。此次热身时间为55分钟。

2. 测试人员初步讲解阶段

由于参加本次测评的18名人员的专业背景和基础知识不均衡，因此测试人员就模拟企业的初始状态（包括现金流量、产品库存、生产设备、银行借贷等）、企业运行条件、市场预测情况、内外部竞争环境等进行讲解，讲解用时为30分钟。

3. 熟悉游戏规则阶段

按照沙盘推演测评法的规则要求，测试人员指导各组按照统一的规定进行了企业第一生产年度的运用，使小组成员熟悉了产品调研、市场分析、订单处理、生产销售、融资结算等的过程并进入角色，明确各自工作职责。第一年度的运营时间为50分钟。

4. 各组实战模拟阶段

在第一运营年度后，各组在相同的初始条件下开始自行运作。各小组为了占领市场，取得较好的经营业绩，小组成员在企业运营过程中进行了充分的分析、讨论和集体决策。小组成员在实战模拟中很好地进入了角色，同时也从角色中领悟了企业经营管理的重要理念和方法。

本次实战模拟除第一经营年度外，各小组独立完成了5个年度的经营，共计用时4小时20分钟。

5. 实战小结阶段

每一经营年度结束后，测评人员均带领被测试者思考并讨论企业经营成功的基本条件，教授企业战略研究、市场调研方法，订单处理、营销技巧、生产运行、库存管理、财务管理及沟通技巧等相关知识，帮助被测试者学习、领悟知识、技能并运用于下一运营年度。每次小结时间均为20分钟。

6. 企业决战胜负阶段

随着模拟财务年度的推进，3个企业（小组）产生了越来越大的差距和变化。最后通过公平竞争，经营状况最佳的A小组获胜。

7. 最终评价阶段

测评人员依据测评维度（决策能力、计划能力、统筹能力、预测能力、分析能力、沟通能力、解决问题能力、团队合作能力等），根据被测试者在测评过程中的表现进行了评分。

依据事先制定的规则，获胜小组A组的成员将得到更高的分数。

小组得分加上个人表现得分成为个人的最终得分（人员得分排序略）。

七、测评结果

根据对此次测评过程的观察及人员得分情况，初步确定了4名内部提升及培养重点对象，分别为甲、乙、丙、丁。

八、测评总结

本次沙盘推演测评法的实施，一方面为企业初步确定了后续重点培养提升对象，另一方面也使企业的这18名中高层管理人员身临其境地体验了企业真实竞争的残酷和作为一名企业经营管理者所应具备的知识和能力。

同时，通过此次沙盘推演测评法的实施让被测试者全面检验自己的决策能力，在模拟情境中犯错误，进而吸取经验教训，学到经营管理的新理论和新方法。

本次测评虽然基本按照规定流程完成，但一些环节和细节存在准备不充分的问题，通过总结实施经验，在后续的测评实施中加以改进，不断提高测评的标准化和准确性。

编制人员		审核人员		审批人员	
编制时间		审核时间		审批时间	

第5章

人格测评方法与工具

5.1 人格测评方法

5.1.1 自陈量表法

1. 自陈量表法适用范围

自陈量表法多以自我报告的形式出现。自陈量表法指的是对拟测量的个性特征编制若干测试题，被测试者逐项给出书面答案，依据其答案来衡量评价某项个性特征，是心理测试中最常用的一种自我评定问卷方法。自陈量表法不仅适用于测量外显行为（如态度倾向、职业兴趣、同情心等），同时也可以测量自我对环境的感受（如欲望的压抑、内心冲突、工作动机等）。

2. 自陈量表法运用须知

（1）自陈量表法的特点

自陈量表法是心理测试最常用的方法，它易受测试对象和测试形式的影响，多采用笔试的形式，可以测试个体，亦可测试团体。另外，自陈量表法中题目编制的数量多，大都包含多个分测量表，以同时测量多维度个性特征。

（2）自陈量表法的优缺点

自陈量表法的优缺点见表5—1。

表5—1　自陈量表法的优缺点

优　点	缺　点
1. 可操作性强 2. 采用标准化测试的形式 3. 简单易行，解释比较容易，可进行自我诊断 4. 客观、全面，应用非常广泛	1. 稳定性差 2. 被测试者容易弄虚作假 3. 大多数问卷调查表易被钻空子，导致预测效度不太理想

（3）自陈量表法的编制方法

自陈量表法的编制主要有经验法、逻辑法、因素分析法、综合法四种，具体见表5—2。

表5—2　自陈量表法的编制方法

序号	编制方法	解释说明
1	经验法	（1）依照题目和效标间的经验关系编制题目 （2）运用经验法编制量表的步骤：先选择效标组和对照组，然后编制题目，最后将题目实施于效标组和对照组 （3）经验法的局限性：原始效标对题目的效标影响较大，编制的量表缺乏理论依据

续表

序号	编制方法	解释说明
2	逻辑法	（1）根据某种理论依据或者推理选择测试题目 （2）编写时应先确定测量的个性特质，再编写理论上认为能够测定这些特质的题目 （3）逻辑法的局限性：表面效度低，直观性强，应聘者易伪装
3	因素分析法	（1）同一量表中的题目都应该有较高的相关性、较高的内部统一性 （2）采用因素分析法时，应删除与其他题目没有相关性的那些题目 （3）因素分析法的局限性：要具备大量的经验资料和大量的题目
4	综合法	（1）理想的个性测试题目的编制策略是将以上三种方法综合起来 （2）具体程序是：先采用逻辑法由推理获得大量题目，然后采用因素分析法编制出若干同质量的表，最后采用经验法删除没有区分程度的题目

5.1.2　投射测验法

1. 投射测验法适用范围

投射指的是个人把自己的思想、态度、愿望、情绪、性格等个性特征，不自觉地反映于外界事物或他人的一种心理特征。

投射测验法指的是向被测试者提供一些未经组织的刺激情境，让其在不受限制的情境下，自由地表现出自己的反应，以实现通过分析反应结果判断其人格特征的过程。

投射测验法有广义和狭义之分。广义的投射测验法是指把那些真正的测评目的加以隐蔽的一切间接测评技术。狭义的投射测验法是指把一些无意义的、模糊的、不确定的图形、句子、故事、动画片、录音、哑剧等呈现在被测试者面前，不给任何提示、说明或要求，然后问被测试者看到、听到或想到什么。

投射测验法适用于不宜直接提问或不宜直接暴露真正目的的测验，常被用于素质测评，尤其是对人格测评和深层思想品德的测评非常适用。

2. 投射测验法运用须知

（1）投射测验法的特点

投射测验法的特点如图 5—1 所示。

（2）投射测验法的优缺点

投射测验法的优缺点见表 5—3。

◎ 测评的目的隐蔽。被测试者意识到的是对故事、图形或句子等刺激的反应，而实际上他们的反应行为却把内心的一些隐蔽的东西表现出来了

◎ 内容的非结构性与开放性。在投射技术中，试题的含义是模糊不清、似是而非的，不像一般测评技术中的试题，含义非常明确

◎ 反应的自由性。在投射测验法中，一般对被测试者的回答不做任何限制，完全是自由性的反应

◎ 人格测评的整体性。投射测验法是针对人格整体进行评价测验的

图 5—1　投射测验法的特点

表 5—3　投射测验法的优缺点

优　点	缺　点
1. 弹性大，被测试者不受限制，可以任意做出反应 2. 投射测验的形式有多种，可以根据不同被测试者的个人情况进行选择	1. 评分缺乏客观标准，测验的结果难以解释 2. 对特定行为不能提供较好的预测。如测验上发现某人有侵犯欲望，但是实际上这个人却很少出现侵犯行为 3. 需要花费大量的时间

（3）投射测验法的形式

根据其刺激的内容和形式不同，投射测验法可分为三种形式，见表 5—4。

表 5—4　投射测验法的形式

投射形式	包含内容
图形投射	墨迹投射、主题投射、视觉图投射等
动作投射	娱乐投射、玩具投射、游戏投射等
语言投射	逆境对话投射、词语联想投射、句子完成投射、创作投射、故事投射、问题投射等

（4）投射测验法的类型

投射测验法主要包括联想法（如罗夏克墨迹测验法）、表露法（如画人测验、画树测验、逆境对话测验等）、完成法、主题统觉测验法、构造投射、选择排列投射、逆境对话投射、他人动机态度描述投射、幽默投射等，具体见表 5—5。

表 5—5　投射测验法的类型

类　型	相关说明
联想法	1. 由被测试者说出某种刺激所引起的联想，如荣格的文字联想测验、罗夏克的墨迹测验等 2. 罗夏克墨迹测验实施的两个阶段： 一是自由联想，即要求被测试者根据所看到的说出所想，并根据其反应记录 二是询问阶段，即由测评人员按图片的顺序逐一询问被测试者
表露法	要求被测试者以某种方式（如绘画、游戏等）自由表露自己的心理状态，通过这些表现来探测人格特征
完成法	向被测试者提供一些不完整的句子、故事或辩论等材料，要求被测试者自由补充，使之完整，根据被测试者完成的倾向，探测被测试者的人格特征
主题统觉测验法	要求被测试者根据所看到的图画，编出一套含有过去、现在、将来等发展过程的故事，通过故事内容，探测被测试者的人格特征
构造投射	指被测试者看过或听过有关试题后，立即要他们编出或创造一些东西，如故事、诗歌、论文、图画等，从中获取素质测评的信息
选择排列投射	这种投射一般要求被测试者进行挑选、归类或排列。例如，给被测试者一些玩具，让他们对玩具进行自由排列、归类，然后从其行为中获取品德测评的信息
逆境对话投射	这种投射一般是设计出各种假定的令人欲望得不到满足的场面，然后要求被测试者进入扮演角色，帮助身处逆境的人做出反应，从中获取品德测评的信息
他人动机态度描述投射	这种投射方法是指要求被测试者描述其他人员的动机或态度，从中可以了解其动机与态度，因为人们常常会将自己喜欢的但又被社会反对的东西，说成是其他人如同学、邻居、同事喜欢的东西
幽默投射	不和谐性是产生幽默感的基本因素，人们对于幽默中的不和谐性做出的反应有助于显示出内心的适应性和非适应性的范围，人们感觉有趣的东西正好表明其思想或信仰体系的适应范围

5.1.3　社会测量法

1. 社会测量法适用范围

社会测量法是 1930 年美国心理学家 J. L. 莫雷诺提出的一种测定团体人际关系的理论和方法。社会测量法就是向团体中的成员提出针对某项活动的问题，让他们选择自己喜欢或不喜欢的团体成员，然后根据选择结果用数字和图形来表示团体人际关系。

社会测量法已在社会中广泛应用，主要体现在三个方面，如图 5—2 所示。

2. 社会测量法运用须知

（1）社会测量法的基本假设是团体内部存在不同程度的相互作用，使得各个成员在不同程度的积极与消极人际情感的基础上形成了一种非正式组织，这种相互偏爱和疏远的关系会对团体的士气和效率产生显著的影响。

◎ 社会测量法适用于测量团体（特别是小团体）内成员之间的人际关系和人际相互作用。社会测量法要求团体成员根据研究者所提供的某种标准，选择一位或多位同伴

◎ 社会测量法被广泛运用于工厂、机关、学校等团体的各个方面的人际关系测查和人员选拔、人事推荐等

◎ 社会测量法也被广泛运用到儿童群体人际关系测量的“同伴提名法”，用于测查团体成员选择动机和被成员所重视的人员范围的“参照测量法”和“关系测量法”等

图 5—2　社会测量法的适用范围

（2）社会测量法的理论认为，人与人之间的情感性联系是最基本的社会关系，情感性联系的基本类型有吸引（喜欢）、拒斥（反感）和中性（漠视）。通过对人们之间情感性联系的测定，可以了解到社会的各种人际关系。

（3）社会测量法对于研究团体内的人际关系是一种有用的工具，但是该理论不能正确认识社会发展的基本矛盾及其对人际关系的影响，并用团体中揭示出来的社会心理规律来解释各种社会现象，不符合历史唯物主义观点。

（4）社会测量法的测量方法是向团体中的成员提出一些问题，要求他们按照一定的标准选择自己的朋友，再根据这些选择来分析团体的人际关系。

（5）在进行社会测量时必须明确以下 3 个问题：向被测试者提出什么样的选择标准的问题、允许被测试者有多少个选择、一次测量可以提多少个问题。

（6）被测试者的选择标准有如下强弱之分：

①强标准。此类问题对被测试者的生活较持久地起作用。例如，“毕业分配时你喜欢和班上的哪位同学分到一起工作？”

②弱标准。此类问题可能是临时性、情境性的、短期的行为。例如，“你喜欢和班上的谁一起去郊游？”

③拒斥标准。测试问题也可以以拒斥的方式提出。例如，“你不愿意和班上的谁一起去郊游？”

一般情况下，在使用强标准进行社会测量时，其结果比弱标准的测量结果稳定。随着团体成员年龄的增长，测量的稳定性会逐步提高。当保密程度较高并且不记名时，测量可靠性比较高。

（7）测量结果的表示方法。社会测量法测量所得的结果通常用以下几种方法加以处理，具体方法及内容说明见表 5—6。

表 5—6　　社会测量法的结果表示方法

表示方法	使用说明
图示法	以小三角形或圆形代表团体中的个体，它们之间相互吸引或相互拒斥的关系用实线或虚线连接起来，这种图称为社会关系图
矩阵法	做一个□×□的方形表格（□表示一个团体的人数），表格的首行和首列填上被测试者的编号，以数值或符号在表格内记入团体各成员之间的吸引或拒斥关系
指数法	根据每个人被选择数或被拒斥数计算出如地位指数、凝聚力指数等，比较其数值的大小
统计法	用统计的方法处理团体成员的被选择数或被拒斥数，如求等级相关、机遇比率等
等级排列法	将团体其他成员按喜爱程度排出等级顺序，然后对等级顺序进行加权记分。例如，给“最好”的同伴记3分，给“第二好”的同伴记2分，给“第三好”的人记1分。再以这些分数乘以被选次数，得出每个人的等级分数
靶式社会图	这种方式以靶图方式标出被选频次，靶心为频次最高的人，越向外被人选择的次数越少
“猜测”技术	这种方法给被测试者呈现一些有关积极或消极特征的简短描述，让他们列出与这一系列描述相匹配的人，然后根据这些选择做出分析

（8）社会测量法的优缺点。社会测量法是涉及社会性的变量，是对人的某种评价，它主要研究人际关系及人际结构特征，强调人与人之间的相互作用。通过社会测量法可以了解团体中最受欢迎的人，了解团体中有无非正式小群体，了解团体内部的人际关系整体状况。社会测量法的优缺点见表 5—7。

表 5—7　　社会测量法的优缺点

优缺点	内　容
优点	简便易行，能直观地以数量化的形式表明团体的内部结构和人际间的吸引和拒斥关系
缺点	1. 其信度和效度有时较低，难以查明人际吸引或拒斥的原因 2. 在社会测量实施中，选择模式并不能说明选择的理由与原因，选择数据只表明表面性的关系，不能解释其中的因果关系 3. 在社会测量实施中，选择同样的人，可能出于十分不同的考虑，选择某成员，并不一定表示偏爱或者吸引。因为人际间的相互作用关系非常复杂，它还受到许多其他因素的影响，如群体压力、个人的人格特征等

3. 运用程序

（1）社会测量法的运用程序

社会测量法在实际应用时应遵循的程序，如图 5—3 所示。

（2）运用社会测量法的注意事项

①设计测量标准时的注意事项

在设计测量标准时，需要考虑标准的性质、数目以及可以选择的数目。标准的多少根据

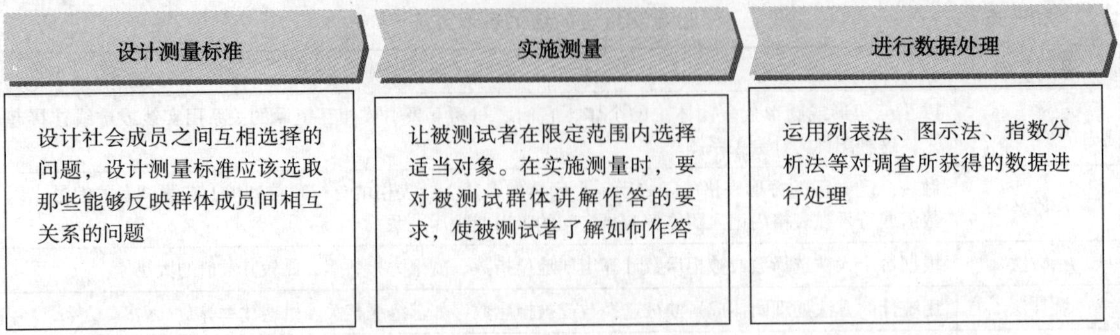

设计测量标准	实施测量	进行数据处理
设计社会成员之间互相选择的问题，设计测量标准应该选取那些能够反映群体成员间相互关系的问题	让被测试者在限定范围内选择适当对象。在实施测量时，要对被测试群体讲解作答的要求，使被测试者了解如何作答	运用列表法、图示法、指数分析法等对调查所获得的数据进行处理

图 5—3　社会测量法的运用程序

研究的要求而定，一般情况下不宜太多。

为提高社会测量的效度和信度，设计的标准应有强标准、弱标准、消极方式的标准和积极方式的标准等。

设计标准时，应注意使标准尽可能具体，让被测试者充分了解标准的内容，如说明一起参加什么工作或活动，避免由于理解不同而导致的偏差。

②实施测量时的注意事项

实施测量时应指出测量目的，应有明确的指导语。同时，要注意避免被测试者之间互相查对答案，以保证作答的诚实性。

实施测量时应让受测试者在自愿基础上参加测量，并向他们说明将不公开测量结果，使他们无拘束地参加测量，避免影响正常团体气氛和成员之间的关系。

5.1.4　情境压力测验法

1. 情境压力测验法适用范围

情境压力测验法是根据被测试者担任的职务和测试目的，编制一套与实际情况相似的测试项目，将被测试者安排在模拟情境中去处理可能出现的各种问题，它是用多种测评方法来测评被测试者在压力环境下的反应，以判断其综合能力和心理特征的方法。

情境压力测验法适用于人格测验，还适用于选拔军事或领导人才。

2. 情境压力测验法运用须知

（1）情境压力测验法的优缺点

情境压力测验法有其自身的优缺点，见表 5—8。

表 5—8　　情境压力测验法的优缺点

优缺点	内　容
优点	高度的针对性和仿真性使情境模拟能够有效避免高分低能现象，它能够更直观地观察到被测试者处理问题的合理性、人际沟通的技巧性、决策的科学性及组织协调能力等，它为人力资源活动提供了管理依据
缺点	1. 费时、昂贵，且必须由受过训练的测评人员进行观察评价，因此很不方便 2. 被测试者在不同的压力情境下会有不同的反应，因此仅在一个情境下观察被测试者得到的结论并不一定可靠 3. 情境压力测验法测评的结果具有可比性，但设置的情境必须自然、真实，对每个被测试者都有相等的刺激性，否则效果不太好。而且这种测试结果只能作为参考依据，不能作为唯一依据

（2）情境压力测验法的实施条件

测试人员要具备较高的场面控制能力，能合理控制测试局面。

被测试者今后的工作或学习环境必须充满压力，情境压力测验法要结合其他的测试形式才能取得良好的效果。

3. 情境压力测验法运用程序

（1）情境压力测验法运用程序概述

情境压力测验法的主要目的是通过对被测试者制造心理恐惧来解除其事前的准备，观察其在压力下的反应，从而发现被测试者真实的一面。其日常运用应遵循的程序如图 5—4 所示。

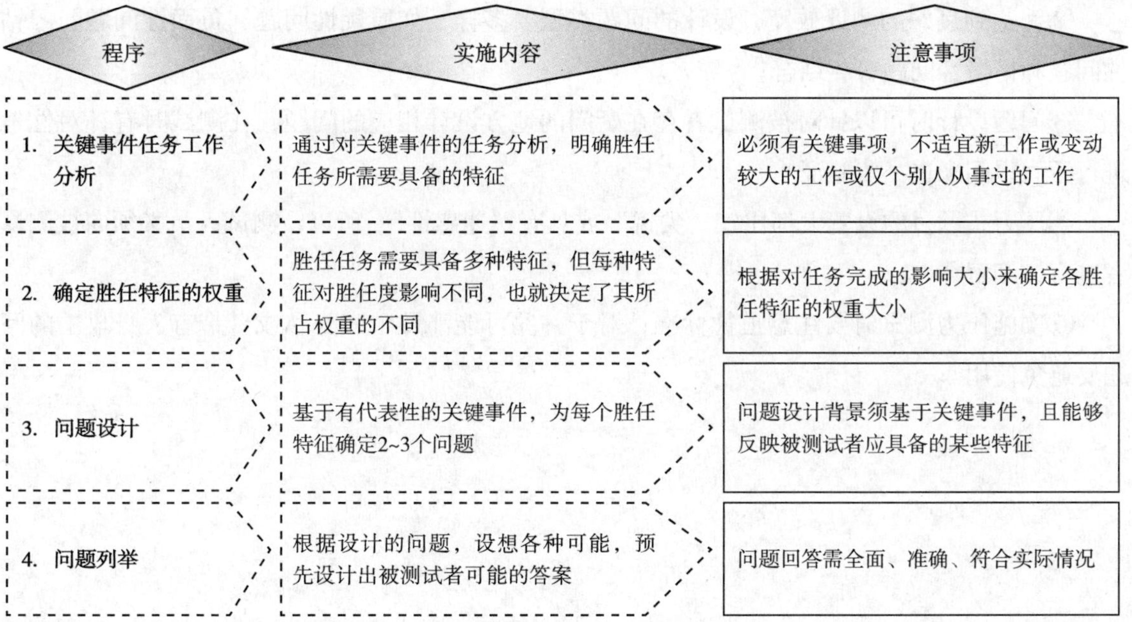

程序	实施内容	注意事项
1. 关键事件任务工作分析	通过对关键事件的任务分析，明确胜任任务所需要具备的特征	必须有关键事项，不适宜新工作或变动较大的工作或仅个别人从事过的工作
2. 确定胜任特征的权重	胜任任务需要具备多种特征，但每种特征对胜任度影响不同，也就决定了其所占权重的不同	根据对任务完成的影响大小来确定各胜任特征的权重大小
3. 问题设计	基于有代表性的关键事件，为每个胜任特征确定2~3个问题	问题设计背景须基于关键事件，且能够反映被测试者应具备的某些特征
4. 问题列举	根据设计的问题，设想各种可能，预先设计出被测试者可能的答案	问题回答需全面、准确、符合实际情况

图 5—4 情境压力测试法运用程序

（2）运用情境压力测试法时的注意事项

①问题设计时要考虑被测试者的文化水准和可承受能力，做到提问的内容既要在被测试者的“意料之外”，又要使其“无法回避”。

②为达到良好的测评效度，设计的问题类型要多样，如质疑性问题、负面性问题、刁钻性问题和情境性问题等相结合。

③问题设计时可以针对被测试者存在疑问的地方设计相应的问题，在测试时有针对性地进行压力提问来进一步验证。

④压力式题目的设置大都比较“尖锐”或具有“迷惑性”，所以，测试人员必须向被测试者进行详细解释。

⑤实施压力测试时要注意道德标准，对于一些可能涉及个人隐私或者带有人身攻击的问题要避免使用。

5.2　人格测评工具

5.2.1　MBTI 测验

1. MBTI 测验操作要点

MBTI 测验是一种迫选型、自我报告式的性格评估测试，用以衡量和描述人们在获取信息、做出决策、对待生活等方面的心理活动规律和性格类型。MBTI 测验是由美国心理学家 Katherine Cook Bringgs 和他的女儿心理学家 Isabel Briggs Myers 根据瑞士著名的心理分析学家 Carl G. Jung（荣格）的心理类型理论以及她们对于人类性格差异的长期观察和研究而形成的。

MBTI 测验是近 20 年来世界上广为使用的一个性格测验工具，可用来帮助员工和管理人员自我发展，人员甄别，增进沟通和团队合作，发展领导力，提升企业决策质量，解决组织变革中的负面影响以及婚姻教育等，是目前信度较高的研究工作。

MBTI 测验从 4 个维度分析性格，每个维度包含相互对立的两种偏好，见表 5—9。

表 5—9　MBTI 测验性格划分的 4 个维度

性格4个维度	解释说明
外向E—内向I	代表着个人不同的精力（Energy）来源
实感S—直觉N	分别表示人们在进行认知（Perception）和判断（Judgement）时不同的用脑偏好
思考T—情感F	
判断J—认知P	针对人们的生活方式（Life Style）而言，它表明我们如何适应外部环境——在我们适应外部环境的活动中，究竟是感知还是判断发挥了主导作用

以上 4 个维度的特定偏好组合就构成一种特定的性格，譬如 ISTJ 代表“内向—实感—思考—判断”型性格，ENFP 则代表“外向—直觉—情感—认知”型性格。

2. MBTI 测验操作步骤

MBTI 测验在实际操作中遵循以下步骤，如图 5—5 所示。

3. MBTI 测验的操作注意事项

（1）测试人员的第一要务是要对 MBTI 测验做较充分介绍，须确保被测试者在没有现实中工作、生活的压力，始终处于轻松自如的状态下施测，也要避免被测试者受到量表本身可能含有的设计倾向的诱导，以确保被测试者展现自我的本来面目。

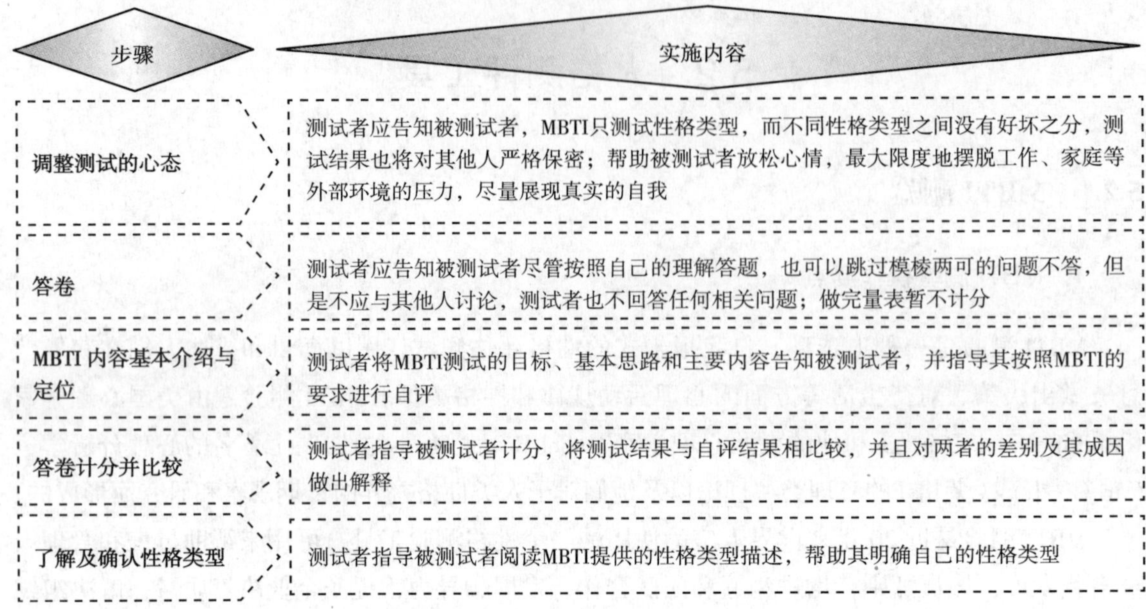

图 5—5　MBTI 测验操作步骤

（2）测试者须指导被测试者正确实施每一个步骤，准确理解 MBTI 的测试结果。MBTI 量表的分值代表了被测试者对自身性格类型的清楚程度，而非其占有某种性格特征的完全程度或者表现强度。

（3）MBTI 测验提供的性格类型描述仅供被测试者确定自己的性格类型之用，其中描述的各种行为表现应该从性格动力学或者气质理论的角度予以理解。

（4）MBTI 测验的有效性取决于施测过程中规范、有序地执行的每一个环节，更离不开测试者的专业指导。

（5）测试者最重要的一点就是引导被测试者确定自己的性格类型。

（6）MBTI 测验旨在帮助人们了解自我的本来面目，即个人与生俱来的性格。

（7）后天的种种环境压力和客观条件可能会影响甚至彻底逆转个人的行为表现，对自己的性格最有发言权的只有被测试者自己。

5.2.2　Y-G 性格测验

1. Y-G 性格测验操作要点

Y-G 性格测验的量表测定了 12 种人格特质：抑郁性、情绪性、自卑感、神经质、主客观性、协调性、攻击性、活动性、细致性、思维向性、支配性和社会性。每个人格特质有 10 个题目，共 120 道题。

华东师范大学心理学系孔克勤副教授等，取样 2 000 多人，对 Y–G 性格测验进行了修订。Y–G 性格测验法通常适用于性格检查、心理健康的判断以及人员招聘筛选等。

（1）根据测验结果将性格划分成五种类型及特征，如图 5—6 所示。

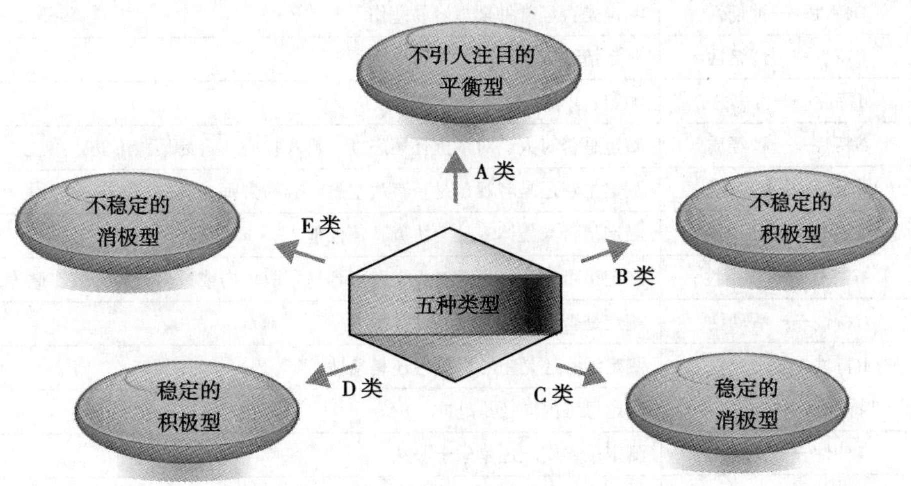

图 5—6 Y–G 性格测验的五种类型

A 类（平衡型），这种类型的人各种特性都处于团体的平均状态，情绪比较稳定，对人、对事较随和，对社会适应能力一般。向性适中，不容易冲动，活动性一般。对于 A 类型的人要参与其他系统值得分来加以分析。

B 类（不稳定不适应积极型），这种类型的人情绪不稳定，对社会、现实不够适应，活动性强，反应快，外向。个性变化多端，表现在外，容易冲动。具有这种性格的青少年在不良环境的影响下容易受感染。这类型中 AB 型的人由于具有较多的 A 系统值或 D 系统值，以上特点较弱。

C 类（稳定的消极型），该类型的人情绪稳定，适应性强，随遇而安，活动性差，服从性强，内向，比较老实。典型的 C 类型人可能缺少作为。其中 AC 型的人可根据他的其他系统值进行具体分析。

D 类（稳定适应积极型），该类型的人情绪稳定，适应性强，活跃，外向，善于与人相处，有抱负，组织能力强，在学习与工作中都可能取得较好的成绩。但如果剖面图的曲线过于接近右下界，则冲动性过强，极端外向，驾驭人的欲望过甚，会从另一极端导致对社会的不适应。AD 型的人以上特点表现较弱。

E 类（不稳定适应消极型），该类型的人与 D 类型人相反，情绪波动较大，对现实、环境难以适应，活动面小，内向，心胸狭窄，神经质，多愁善感又不易表露。往往会促使其发生意外问题，值得注意。该类的 AE 型人由于具有较多 A 系统值，以上特点较弱。

（2）Y–G 性格测验量表包括 12 种特性，每个特性构成一个分量表，这 12 种特性的主要内容见表 5—10。

表 5—10　　Y-G 性格测验量表 12 种特性主要内容

序号	12种特性	内容描述
1	D特性——抑郁性	测定是否经常抑郁、容易悲伤
2	C特性——情绪性	测定情绪变化大小，是否动荡不安
3	I特性——自卑感	测定自卑感的大小
4	N特性——神经质	测定是否对人、对事抱怀疑态度，喜欢担心，容易烦躁不安
5	O特性——主客观性	测定主观还是客观，是否喜欢空想，容易失眠
6	Co特性——协调性	测定是否与集体、社会协调，信任他人
7	Ag特性——攻击性	测定是否对人和悦，对人、对事容易采取攻击或过激行为，敢作敢为
8	G特性——活动性	测定是否开朗、爱动、动作敏捷
9	R特性——细致性	测定细心还是粗心，慢性还是急性
10	T特性——思维向性	测定思考内向还是外向
11	A特性——支配性	测定乐于支配还是乐于服从
12	S特性——社会向性	测定是否善于交际

其中，情绪稳定性、社会适应性和社会向性三个方面与 12 种特性之间的关系如图 5—7 所示。

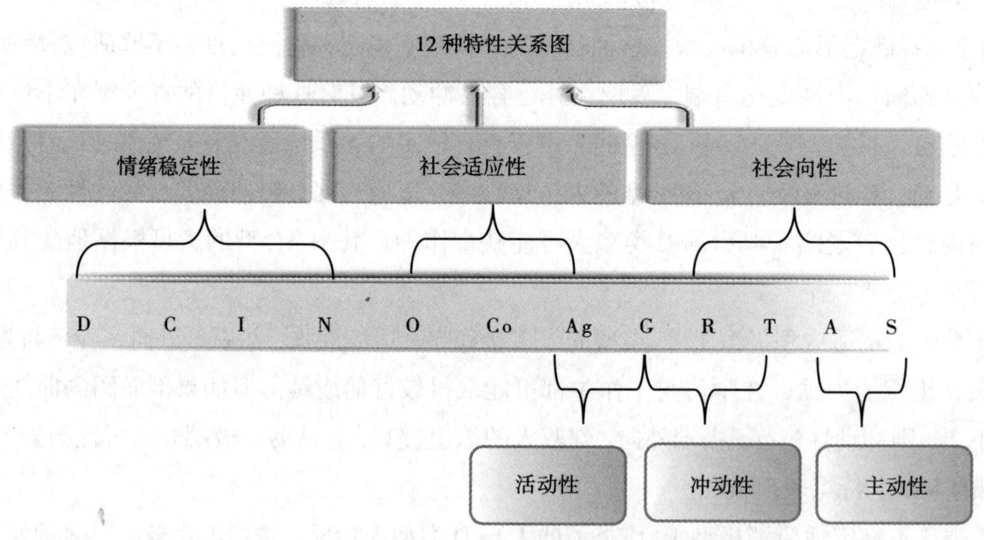

图 5—7　情绪稳定性、社会适应性和社会向性三个方面与 12 种特性之间的关系

上述 12 种特性，每个特性有 10 道测试题。测试后根据被测试者答题的情况分别记 2 分、

1 分和 0 分，得分在常模中位于概率 69.1% 以上者（即标准分为 4 或 5）为高分，位于 30.9% 以下者（即标准分为 1 或 2）为低分。

2. 操作结果

各种特性高低分的典型行为特征见表 5—11。

表 5—11　　Y–G 性格测验各种特性高低分的典型行为特征

序号	类型	高分特征	低分特征
1	抑郁性	郁郁寡欢、缄默、孤独，对人冷漠，缺乏自信，容易悲伤，好独自沉思	开朗，沉着，有自信心
2	情绪性	情绪不稳定，常因小事导致情绪变坏，易生烦恼，易受惊吓，感情丰富，容易激动	情绪稳定，遇事沉着、果断，能够应付生活中的各种问题，有的可能比较固执，待人冷淡
3	自卑感	轻视自己，自觉不如人，在人群中常有羞愧感，遇事畏惧退缩不前，不敢大胆与人交往	相信自己的能力，镇定，有勇气，愿意做别人不敢做的事，学习能力强，思维敏捷，在人群中显得活跃
4	神经质	经常为某些事情焦虑、担心，显得烦躁不安，敏感，好猜疑，有时会出现不够理智的行为	能够理智地对待现实，对事物有一定的分析能力，比较合群，在学习和工作中不容易受干扰，不计较别人的评论
5	主客观性	主观，刚愎自用，自以为是，固执己见，喜欢空想，不易入睡	对事物的看法比较符合实际，较少空想，所做的事多半是自己能做到的
6	协调性	偏激，易猜想，不信任人，好发牢骚，遇事常常不满，在集体活动中，常因有不切实际的看法而降低集体工作的效率，宁愿独自工作	信任人，乐群，能与人和睦相处，喜欢和别人共同工作，但也可能对事物缺乏分析能力
7	攻击性	对人不够和悦，感情容易激动，不安于现状，直率，敢作敢为，活动力强，喜欢干预他人，对人、对事容易采取过激或攻击性行为	能够让人，对人和悦，谦虚有礼，但也可能墨守成规，缺乏作为
8	活动性	活泼、开朗、愉快，健谈，爱活动，精力充沛，动作敏捷，但也可能因过分冲动而表现轻率	反应迟钝，动作缓慢，不开朗，不喜欢参加集体活动
9	细致性	性急，粗心大意，喜欢热闹场合，总想寻求新的刺激，心情开朗，什么事都想去干一下，常常出错，但对错误不掩饰	谨慎小心，先思考后行动，做事认真，喜欢安静，不喜欢热闹
10	思维向性	外向、热情、愉快，不善于深思熟虑，不隐瞒内心的想法和情感	内向、沉着、安静，好思考问题，不容易表露内心的想法和情感
11	支配性	在集体活动中积极、主动、活跃，好出主意，有组织能力，好支配人，也可能自高自大，武断，喜欢控制和驾驭能力不如自己的人	在集体活动中表现依赖性，缺乏主见，附和众议，受人支配，也可能容易与人相处，善于合作，善于关心人
12	社会向性	外向、热情，能够与各种人交朋友，积极参与各种交往活动，喜欢在大庭广众中抛头露面，对初次见面的人一见如故，也可能好出风头，好表现自己	内向、沉静，不善于交朋友，在集体活动中有拘束感，容易害羞，有时会产生孤独感

5.2.3 “大五”人格测验

“大五”人格测验是建立于五大因素模型上的性格量表，它结合了人格心理学和组织行为学的最新研究成果，建立在因素分析基础上，后经戈德堡、迪格曼、约翰、安格雷纳和奥斯滕多夫、麦克雷及其他心理学家将它推广。“大五”人格测验目前已被广泛应用于性格研究领域，对职场中人员的性格问题进行阐述，了解被测试者五个方面的人格特质。

“大五”人格测验的操作要点即需要明确人格的五个维度和明确“大五”人格特点。

1. 明确人格的五个维度

“大五”是指人的个性可以从以下五个维度进行评估，即情绪稳定性（N）、外向型（E）、开放性（O）、宜人性（A）、责任感（C）。

情绪稳定性（N）：冷静、忧郁、镇定、消极情绪、神经过敏等。

外向型（E）：健谈、果断、有活力、热情、活跃等。

开放性（O）：富有想象力、有洞察力、聪明、有修养、直率、创造性、思路开阔等。

宜人性（A）：友好、合作、真诚、愉快、利他、有感染力等。

责任感（C）：有责任心、有条理、坚忍不拔、公正、拘谨、克制等。

2. 明确“大五”人格特点

“大五”人格特点如图5—8所示。

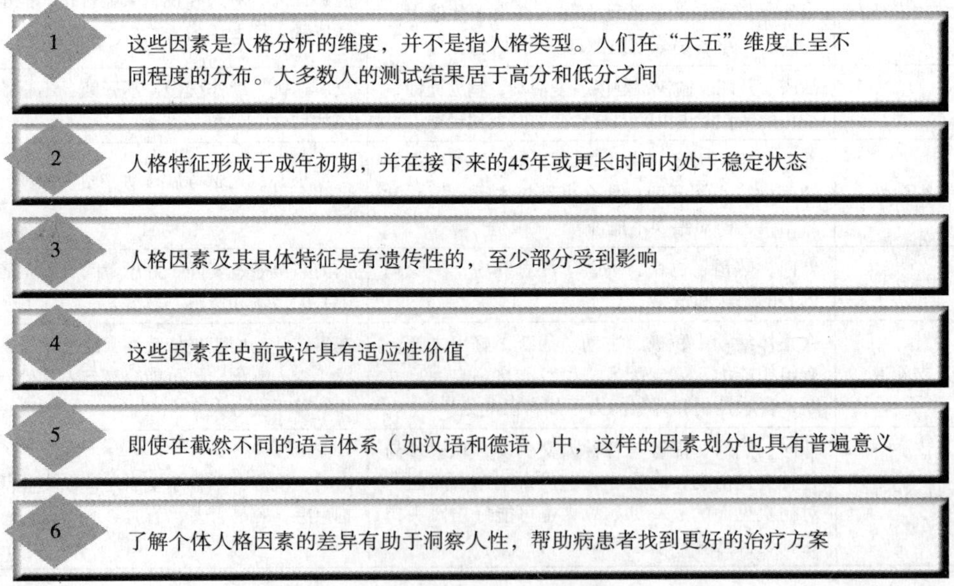

图5—8 “大五”人格特点

5.2.4　加州心理测验（CPI）

1. 加州心理测验（CPI）工具概述

加州心理测验（California Psychological Inventory，CPI），由美国心理学家高夫 (H. G. Gough) 编制，于 1951 年正式出版，当时只有 15 个分量表。

CPI 编制的目的是要发展一套能够反映人类正常社会行为方式或常态人格特征并能预测个人在特定场合下的社会行为的人格量表。

加州心理测验（CPI）目前已被广泛用于以下几个方面：

（1）13 岁以上正常人的人格评估，预测和了解在任何背景文化或环境中的人际行为。

（2）适用于少年违法、社会行为和职业选择等方面的信息获取。

（3）用于教育心理学方面对学业有创造性潜能的预测。

（4）适用于管理心理学方面对应聘者的管理潜能、工作效率的预测。

2. 加州心理测验（CPI）操作要点

（1）加州心理测验（CPI）包含四个量表群，480 个项目，18 个分量表。

第一量表群为自我确认和人际适应，包括如下 6 个分量表：支配性、进取心、社交性、自在性、自我接纳和幸福感。具体内容见表 5—12。

表 5—12　　加州心理测验第一量表群主要内容及特征

内　容	测量内容	高分者特征	低分者特征
支配性	测量领导能力、支配性、坚持性和社会主动性	自信、有攻击性倾向、有说服力、有坚持性、有独立自主性、有领导能力	羞怯、压抑、胆小、退缩、缺乏自信、紧张、寡言、思维和行动迟缓，避免有压力和需要做决定的情境
进取心	测量个人争取达到某种社会地位的能力	自尊、积极主动、精力充沛、多才、个人兴趣广泛，有活动性和洞察力	守旧、因循惯例和习俗，迟钝、温和、内向
社交性	测量个人参与社交和人际关系的程度	善于交际、喜欢冒险和竞争、独立思考、机敏灵巧、思维独特、外向	不善于交际、服从、容易受别人影响、内向
自在性	测量在社交中的自在性、自尊性和自信度	主动、敏捷、活泼、聪明、热情、富有想象力、善于自我表现	社交中压制、节制、谨慎、中庸、优柔寡断、有耐性、缺乏想象力
自我接纳	测量自我价值、自我接纳、独立思考和行动的程度	自信、自我中心、理智、聪慧、坦率直言、有攻击性	自卑、保守、有条不紊、依赖、兴趣狭窄、有罪恶感
幸福感	测量身心健康和自我满意度	多才、在工作中实现价值和得到幸福、精力充沛、有野心、灵活	多疑、自我防卫、思维和行动迟缓、无野心

第二量表群测量社会化、成熟度、责任心和价值观，包括如下 6 个分量表：责任心、社会化、自控性、容忍性、好印象、同众性，具体内容见表 5—13。

表 5—13　　加州心理测验第二量表群主要内容及特征

内 容	测量内容	高分者特征	低分者特征
责任心	测量责任心和忠诚度	责任心强、诚实可靠、有计划、有效率、有高度的道德观念	责任心差、情绪不稳定、无计划、不信任他人、有偏见、懒惰、笨拙、行为易冲动
社会化	测量社会成熟度和正直性程度	适应社会、有责任心、正直、热心	心理防卫、顽固、反抗、易怒、不可靠
自控性	测量自我控制程度	自制力很强、有耐性、沉着、实际、正直、有良心，对自己和别人期待很严格	自制力弱、冲动、性急、易怒、有攻击性，过分强调个人享受与利益
容忍性	测量对人对自己的宽容程度	心胸宽广、对人宽容、不拘于形式、说话流利、兴趣广泛等	心胸狭窄、多疑、冷淡，对别人不信任、被动
好印象	测量社会认可程度和可靠程度	善良、助人、合作、喜欢社交、外向，关心给别人留下的印象	冷淡、多疑、易怒、内向、压抑、谨慎、机警小心、冷漠疏远
同众性	测量个人与一般人符合的程度	节制、可靠、中庸、机敏、圆滑、有耐性、具备常识判断力	易怒、多变、不稳定、神经质、紧张不安，有内在冲突和问题

其中，好印象和同众性均是效度量表。好印象得分过高或同众性得分过低，均有可能出现虚假问题。

第三量表群测量成就潜能，包括遵从成就、独立成就和智力效率 3 个分量表。具体内容见表 5—14。

表 5—14　　加州心理测验第三量表群主要内容及特征

内 容	测量内容	高分者特征	低分者特征
遵从成就	把遵从行为看成是正面行为，考查对成就的关心和要求的程度	勤劳、重视智力活动和成就，合作、负责、有效率、坚持不懈	固执、冷漠、疏远，在有压力或要求遵从的情况下对职业前途感到悲观
独立成就	测量将独立行为看成正面行为时，对社会自主性及促进其成就的关心程度	自主、支配、判断力强、社会成熟度高	盲从、多疑、不安、抑制、服从权威，缺乏自我洞察力和自我了解
智力效率	测量智能效率所达到的程度	有效率、头脑清楚、有上进心、有计划性、随机应变、见闻广博	思维呆板、多疑、心慌、工作效率低下

第四量表群测量个人生活态度和倾向，包括心理性、灵活性和女性化 3 个分量表，具体内容见表 5—15。这些概念存在于各种文化背景人类社会中，是在人际交往过程中自然形成的。

表 5—15　加州心理测验第四量表群主要内容及特征

内 容	测量内容	高分者特征	低分者特征
心理性	评价一个人对别人内心的需要和情感的敏感程度	观察敏锐、自发、机敏，对规则和束缚具有反抗心	冷淡、谨慎、严肃、谦逊、步调缓慢、因循守旧
灵活性	测量思考与行为的伸缩性、适应性和心理弹性	有洞察力、不拘泥于形式、喜欢冒险、自信、幽默、具有反抗性、理想主义	刻板化、优柔寡断、勤勉、有条理、缺乏弹性，过分服从权威、习俗、传统
女性化	测量一个人的女性化程度	女性化、柔和、细致、耐性、尊重和宽容、富有同情心	男性化、不安静、外向、实事求是、有野心，与别人交往具有操纵性、投机性

（2）该测验采用是—否型选答，团体或个别均可施测，文化水平最好在初中以上。

（3）18 个分量表，每个都包含人际关系或社会适应的某一重要方面。

（4）每个量表得到原始分后可以根据相应常模转换为平均数为 50、标准差为 10 的 T 分数（男性和女性的常模是不同的），并可描绘在测验剖析图上，以便对被测试者的人格及社会适应性进行合理的评价和预测。

5.2.5　卡特尔人格因素测验（16PF）

1. 卡特尔人格因素测验操作要点

（1）卡特尔人格因素测验（16PF）工具概述

卡特尔人格因素测验（Cattell’s 16 Personality Factor，16PF）是经典心理测评工具量表之一，由美国利诺伊州立大学人格及能力研究所雷蒙德·卡特尔（Raymond Bernard Cattell）教授编制。

卡特尔认为人格是由 16 种各自独立的因素组成的，16 种因素的不同组合就构成了一个人不同于其他人员的独特的个性。

该工具主要是用来确定和测量 16 周岁以上正常人群的基本人格特征，并进一步评估某些次级人格因素。主要用于教育及教育辅导，心理障碍、心理疾病的预防、诊断、治疗，以及人才的选拔和培养。

（2）卡特尔人格因素测验（16PF）操作注意事项

①卡特尔人格因素测验通常以问卷的形式来操作，问卷包括 187 道问题，每道问题仅有三种可供选择的答案。

②问卷测验法行为样本数量较多，范围较广，规模较大。

③问卷测验法测评的是被测试者的潜在行为，测量结果可靠性更强。

④问卷测验法在操作时间上耗费较少，且经济实用。

⑤问卷测验法受认知能力的影响，文化水平较低、理解能力较差的人回答结果往往不尽如人意。

⑥操作时测验者须设法取得被测试者的信任与合作，使被测试者觉得测验对他本人有益而无害，否则测验结果不真实。

2. 卡特尔人格因素测验（16PF）操作步骤

卡特尔人格因素测验应遵循以下步骤，如图 5—9 所示。

步骤	实施内容
1	测试人员在测试前与被测试者进行简短的沟通，说明坦诚回答对被测试者的好处，防止被测试者因某种动机的驱使故意曲解题意，鼓励其据实回答
2	引导被测试者理解问卷说明，保证被测试者对说明有深刻的认识，对测试持合作态度，从而实现测验的真正价值
3	引导被测试者做几个例题，通过例题使被测试者掌握答题的方法和要求，使被测试者对测验感到轻松、胜任，并进一步解除被测试者对测验题目的戒备心理
4	测验前由被测试者在答卷上填好姓名、年龄、文化程度、测验日期等栏目后开始答卷，并在规定的时间内完成
5	被测试者按说明认真迅速地完成答卷，并在规定的时间内提交问卷
6	被测试者答完卷后，测试人员要检查问卷有无漏答或一题多个答案的情况，如有不合乎要求或情理之处，要立即对问卷进行补充作答
7	对符合要求的问卷进行计分，得出测验所需的各项数据
8	全面分析测验数据，并根据测验的目的写出有针对性的报告

图 5—9　卡特尔人格因素测验操作步骤

第6章

品德测评方法与工具

6.1 品德测评方法

品德测评指的是一种建立在对品德特征信息“测”与“量”的基础上的分析与判断活动。在这种活动过程中，测评者通过“测”与“量”的活动，获得所要搜索的品德特征信息，然后对它们进行分析、评判、解释。

6.1.1 测谎技术法

1. 测谎技术法适用范围

仪器测量法指的是企业招聘人员运用各种生理仪器，对应聘者的应聘信息进行综合测定的过程。测谎仪实际上是通过皮肤电阻、呼吸波和脉搏波（血压）等参量来测量人们的心理变化的技术。

在面试中，招聘人员常用的测量仪器是测谎仪。测谎仪的英文是 Polygraph，直译为“多项记录仪”，是一种记录多项生理反应的仪器，可以协助企业在招聘人员时对应聘者进行提问，以了解应聘者的心理状况，从而判断其所提供信息的真实性。测谎技术适用于企业人才品德测评及招聘面试中所有关键问题的回答。

2. 测谎技术的运用须知

（1）企业在利用测谎技术进行测评时，应掌握测谎技术操作两个要点，如图 6—1 所示，以确保测评的效果。

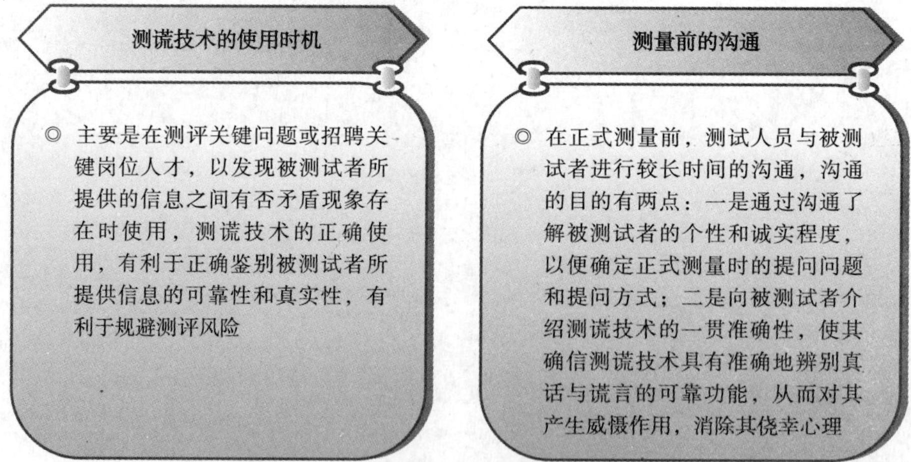

图 6—1 测谎技术操作的两个要点

（2）测谎技术的工作原理。测谎技术的原理是人的心理反应将会被人体内的生理变化所显示，测谎技术即是通过行为线索识别谎言，从生理线索觉察欺骗。

测谎技术的工作原理是检验被测试者的皮肤对电脉冲刺激的反应（即电导率）或呼吸次数（脉搏）的变化，以判断他们是否有恐惧或焦虑的情绪。

（3）测谎技术对操作者的要求很高，测试人员如果能力不过关，测验结果会受到影响。

6.1.2　背景调查法

1. 背景调查法适用范围

背景调查是指通过被测试者认识的人或被测试者以前工作过的单位收集资料获取被测试者信息，来核实被测试者的个人资料的行为，是一种能直接证明被测试者情况的有效方法。这一方法将花费一定的时间和财力，但一般仍值得去做。通过调查可以证实被测试者的教育和工作经历、人品、交往能力、工作能力等信息。

由于背景调查技术的成本较高，操作难度较大，企业一般在确定了目标职位候选人之后才使用，较适用于企业中高层管理人员和核心、关键岗位的人员。另外，对领导班子的品德测评，采用背景调查法，特别是不记名的调查问卷方式非常合适，常常可以获得真实的内隐品德信息。

2. 背景调查法运用须知

企业在运用背景调查法时应明确以下事项：

（1）调查前要与被调查者上级沟通，参考目标职位的素质模型确定背景调查的内容。

（2）调查时应注意方式方法，尽量取得调查对象的合作。

（3）调查要针对一些可复查或主观影响较少的事实行为，否则泛泛调查不但无益而且有害。

（4）运用一定的方法或技巧解决调查中较棘手的问题。

（5）背景调查结束后及时编写背景调查报告。

3. 背景调查法运用程序

背景调查法运用程序如图 6—2 所示。

程序	实施内容
1	调查前要与被调查者上级沟通，参考目标职位的素质模型确定背景调查的内容
2	确定调查的对象和调查范围
3	确定调查方法
4	设计相应的调查问卷或提纲
5	调查实施
6	调查结果汇总、分析
7	编写背景调查报告及结果运用

图 6—2 背景调查法运用程序

6.1.3 模糊测评法

1. 模糊测评法适用范围

模糊测评法是指吸取与应用模糊数学中综合评判的思想，全面合理地考虑所有影响测评对象的因素与所有有助于准确评定测评对象的因素，采取模糊计量和综合评判的方法，使它们在测评过程中发挥一定的作用。

2. 模糊测评法运用须知

模糊计量是指采用模糊集合元素进行测评计量，包括两种形式，即一型模糊集标记测评结果和二型模糊集标记测评结果，如图 6—3 所示。

一型模糊集标记测评结果实例

对热爱本职工作做出具体标准，然后用0~1之间（0和1除外）的任何一个数值恰当地表示我们对某位被测试者的模糊评判结果

二型模糊集标记测评结果实例

对热爱本职工作，划分成“优”“良”“中”“差”四个等级，并具体规定每个等级的标准，然后用0~1之间（0和1除外）的任何一个数值，恰当地表示我们对某位被测试者分别符合“优”“良”“中”“差”四个等级标准的程度（比如，符合优的程度为0.55，符合良的程度为0.30，符合中的程度为0.10，符合差的程度为0.05）。这种做法即为二型模糊集标记测评结果

图 6—3 模糊集测评结果实例

一型模糊集标记测评结果可以连续在 0~1 之间取任何一个值。其不同的取值个数是无限的，表达我们的评判结果的方式是充分的。

采用一型模糊集标记测评结果是对非等级标准评分的一种改进。在非等级标准评分测评中，当每项满分值为 1 时，评分结果或者为满分 1 分或者为 0 分，当每项满分值为 5 分时，也最多在 0、1、2、3、4、5 中取值。从理论上讲，这种有限的间断式取值往往难以确切地表示我们的评判结果。

二型模糊集标记测评结果，则是对等级标准评分的一种改进。在等级评分中，我们一般要求测评者根据所规定的等级标准，只能把某人评判为“优”“良”“中”“差”中的一个，而且要尽可能准确。被测试者的特征不明显时就会使测评者左右为难。

采用二型模糊集标记测评结果,则允许测评者同时把他（她）评判为“优”“良”“中”“差”中的几个，允许评判模糊地进行。

3. 模糊测评法运用程序

模糊测评法运用程序如图 6—4 所示。

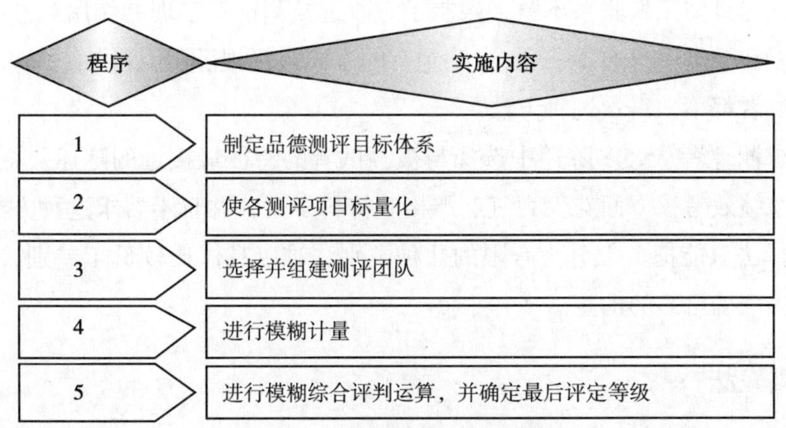

图 6—4　模糊测评法运用程序

6.1.4　强制选择法

1. 强制选择法适用范围

强制选择法亦称强迫分配法、硬性分布法。强制选择法就是按照一定的百分比，将被测试者强制分配到各类别中，各类别一般从最优到最差分为五类。

假设被测试者的品德水平整体呈正态分布，那么按照状态分布的归类，被测试者的品德水平分布存在一定的比例关系，在中间的被测试者应该最多，好的和差的居少数。

强制选择法只能把被测试者分为有限的几种类别，如果有员工的品德水平分布呈偏态，该方法就不合适了。

2. 强制选择法运用须知

强制选择法的优缺点如下：

（1）优点

①用强制选择法评估时，测评者对每个被测试者必须像对其他被测试者一样做出选择，所以可以减少偏见。

②这种方法也便于管理，广泛适用于不同的工作，且容易标准化。

③采用此方法，测评者不知道每一组描述句哪些会最终导致较高（或较低）的测评，所以无法对某个人的测评表示偏袒或贬低。

④这种方法可以避免测评人员过分严厉或过分宽容的情况发生，克服平均主义。

（2）缺点

①这种方法与具体工作联系不紧，限制了它改进被测试者表现的作用。

②被测试者在一组中只选择一项，会感到有的方面被轻视。因为提供不了许多有益的反馈，测评者和被测试者都不太喜欢这种方法。

③该法要求测评者从许多陈述中选择与被测试者的特征最接近的陈述。企业要想使用这种方法，必须在绩效考核方面花大力气、严格坚持科学性，并且不要求这种方法简单易懂。

④强制选择法只能把员工分为有限的几种类别，难以具体比较员工差别，也不能在诊断工作问题时提供准确可靠的信息。

6.1.5 民意测验法

1. 民意测验法适用范围

民意测验法是指运用问卷调查和民主测评等方式判断人员品德优劣的一种测评方法。

该方法是将品德的外延细化为几个方面，制成考核的表格，每项后面空出五格：优、良、中、及格、差，然后将其放入适当的范围，由参加测评人员填好表格后，算出每个被测试者的得分平均值，借以确认被测试者工作的档次。

民意测验结果往往起到引导社会舆论的作用，同时，成为公众了解社会或组织的最好窗口。对于政策制定者而言，民意测验结果可提供很有价值的信息。所以民意测验已成为一种受各团体组织重视、为大众欢迎的社会调查方式。

2. 民意测验法运用须知

（1）有效的民意测验需要三个条件，如图 6—5 所示。

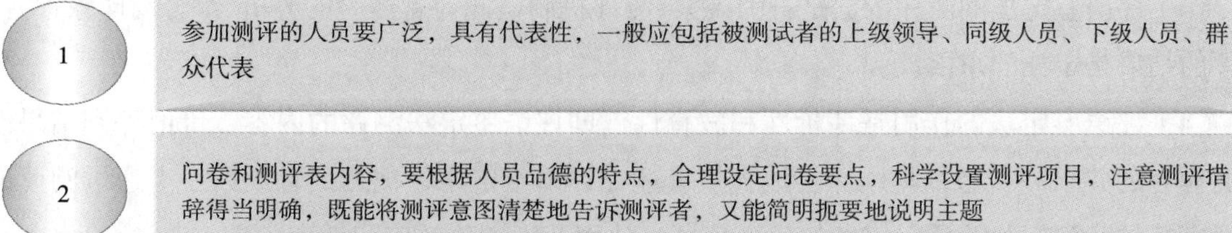

图 6—5　民意测验法的三个条件

（2）在实际操作中，常用的方法有民主推荐、群众评议、信任投票等

民意测验法一般由上级领导机关、组织部门或本部门的职代会主持进行，由被测试者定期向所在单位或部门的群众"报告"，汇报工作中的实际表现，听取群众的意见。

（3）民意测验法的特点。民意测验法所提的问题少，内容集中，速度快，能直接获取大众化民意反映，所以其群众性和民主性较好，但由于其主要是自下而上测评被测试者，缺乏自上而下的考查，受测评者的局限，在掌握测评标准的基础上会带有偏差或非科学因素。

6.1.6　评语鉴定法

1. 评语鉴定法适用范围

评语鉴定法又称为操行评语法、品德评语法、思想品德鉴定法、思想政治表现鉴定、操行评定、定性描述法、评语法。该方法一般是指品德测评者根据自己对测评对象长期的观察与了解，参照有关标准内容用陈述句的形式，对被测试者某一时期中的品德水平与状况概括地提出个人鉴定意见。

评语鉴定法适用于对员工的品德测评，较多地与其他测评方法相结合使用，以其他形式出现，如附言、补充意见、希望、特殊说明、意见等。

2. 评语鉴定法运用须知

（1）评语鉴定者须受过专门的训练，或者具有一定的专业素养与观察鉴定经验，测评结果具有一定的准确性与可靠性。

（2）评语鉴定法的测评者，应事先明确自己的身份与职责，对测评对象进行比较系统的观察和了解，减少测评信息收集过程中的主观随意性。

（3）评语鉴定法的测评依据是行为观察，测评机制是测评者经验的分析、综合与印象评判，测评的结果是定性的东西。

（4）评语鉴定法的作用是评价性和教育性。即评语鉴定法测评的内容、价值评判结果以及测评者的要求和希望，具体综合地直接表述在评语鉴定中，被测试者或第三者通过阅读即可以直接领略到有关的评定信息与教育信息，从而产生评价效应和教育意义。

（5）评语鉴定法的优缺点。评语鉴定法在实际操作中也有一定的优缺点，具体内容见表6—1。

表 6—1　　评语鉴定法的优缺点

优缺点	内　容
优点	1. 评语鉴定法是针对一定的规范标准作出鉴定，因此测评结果有一定的针对性和规范性 2. 测评结果是由一系列观点明确的语句表述，而且一般对测评对象在各个主要活动领域中的行为表现都有鉴定，比较全面，能使第三者对被测试者有比较全面的了解 3. 测评者可以对被测试者的个性特点或详或略地评定
缺点	1. 鉴定时测评者会存在主观随意和凭印象的现象，缺乏客观性 2. 对被测试者评语容易出现复制、套用，千篇一律，评语含混不清，重点不突出等现象

3. 评语鉴定法运用程序

评语鉴定法运用程序如图 6—6 所示。

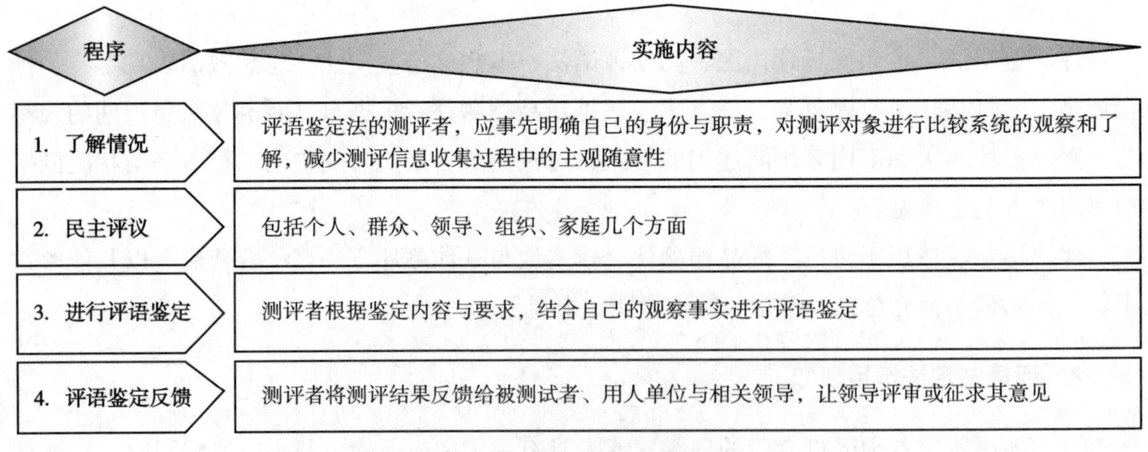

图 6—6　评语鉴定法运用程序

6.1.7 写实测评法

1. 写实测评法运用须知

写实测评法是 1989 年在高校兴起的一种品德测评方法，它是针对评语鉴定法的不足而提出来的。写实测评法指的是实事求是地把被测对象的品德行为表现记录下来，客观地反映事情的本来面目，以作为品德测评的依据。它基本是对被测对象品德表现的一些主要事件或关键行为进行“复写”性的记述。

很多企业运用写实测评法对员工进行测评，有的企业则设置“奖惩情况及突出事例”档案、“突出事迹和等级升降栏”“典型特征及典型事实记录表”等。写实测评法的优缺点见表 6—2。

表 6—2　写实测评法的优缺点

优缺点	内　容
优点	1. 写实测评法在一定程度上具备客观、实事求是的特点，因此其具备永久存档的价值 2. 写实测评法对于管理学、心理学等试验研究具有很高的参考价值 3. 写实测评法具有反馈信息、服务于管理与评价的作用
缺点	写实测评法并非绝对客观，在其记录过程中，会不可避免地涉及记录者个人的价值观、思想感情、写作风格等主观因素的影响

2. 写实测评法运用程序

写实测评法的运用程序是，明确写实对象、写实内容及要求，捕捉搜寻纪实的有关事实与行为，选择其中一些有代表性的或关键事件进行详细的记录，在期末整理后，概要地记入有关栏目或档案中，作为人力资源测评的依据之一。

6.1.8 FRC 品德测评法

1. FRC 品德测评法适用范围

FRC 品德测评法指的是事实报告计算机辅助分析的考核性品德测评方法。该方法的主要思想是借助计算机分析技术从个体品德结构要素中确定一些基本要素，再从基本要素中选择一些表征行为或事实，然后要求被测试者就是否具备这些表征行为与事实予以报告。报告的方式可以是个别谈话，也可以是集体问卷。

每个人员所表征的行为经过光电信息处理后，即储存于个人品行信息库中，计算机根据专家仿真系统对被测试者报告的表征行为进行分析，作出定性或定量的评定。

2. FRC 品德测评法运用须知

（1）为了控制被测试者表征事实的虚假性，主管人员检查时应认真调查分析被测试者的报告内容。

（2）为消除被测试者不必要的顾虑，应给予及时、透彻的指导说明，帮助其诊断问题。

（3）所问的问题没有明显的价值取向与对错标准。

（4）设置了一些监察问题量表，由此能看出一些被测试者回答的虚假度。

（5）所问的问题大都是别人能看到的，或者是可复检验证的事实与行为。

（6）行为事实的关键性。为了品德测评的准确性，所有的问题都是取自一些关键点与区分点上的行为事实。

3. FRC 品德测评法运用程序

FRC 品德测评法在实际运用中遵循的程序，如图 6—7 所示。

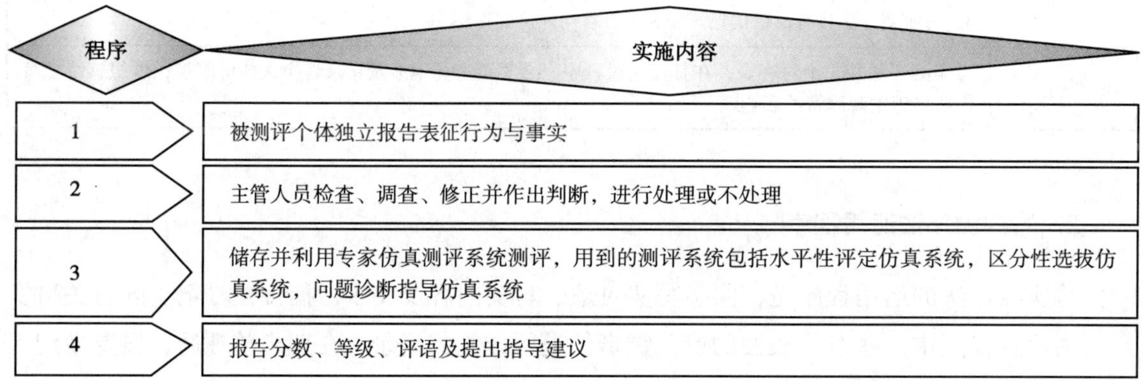

图 6—7 FRC 品德测评法运用程序

6.1.9 OSL 品德测评法

1. OSL 品德测评法适用范围

OSL 品德测评法是一种以品德素质开发为目的的行为测评方法，或者称为开发性品德测评，是一种表现为品德测评的素质开发方法，是发挥测评开发作用的一种实体建构模式。

在 OSL 品德测试法实际执行过程中，为了避免实际打分或评语给被测试者带来的刺激，这里使用折中的方法，将测评结果划分为“做到”“稍差”“需努力”三种情况，并代之以 O、S、L 的符号，使记录简便，又避免了刺激。

通常会以下列公式进行计算：

$$P=(3/2)\times m_1+m_2+(1/2))\times m_3=(1/2)\times(3m_1+2m_2+m_3)$$

其中，m_1为O的个数，m_2为S的个数，m_3为L的个数，P为总分

分数仅作比较使用，报告时采用优秀、良好、中等、尚可、需努力等词语，当 $P \geqslant 85$ 为优秀，$85 > P \geqslant 75$ 为良好，$75 > P \geqslant 65$ 为中等，$65 > P \geqslant 55$ 尚可，$P<55$ 为需要努力，对于被测试者的个性特征、突出事例，还要辅以文字描述。

2. OSL 品德测评法运用须知

OSL 品德测评法在实际运用中须明确以下事项，如图 6—8 所示。

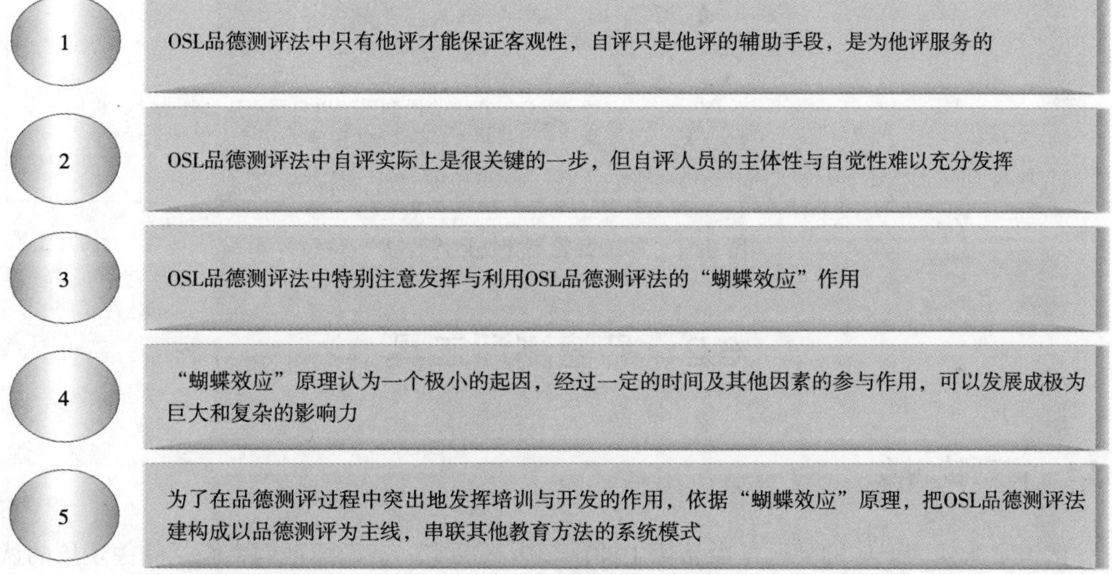

图 6—8 OSL 品德测评法运用须知

3. OSL 品德测评法运用程序

OSL 品德测评法的程序包括目标导向、内化与自我模拟、信息反馈、行为调节、巩固与品德形成五个阶段，如图 6—9 所示。

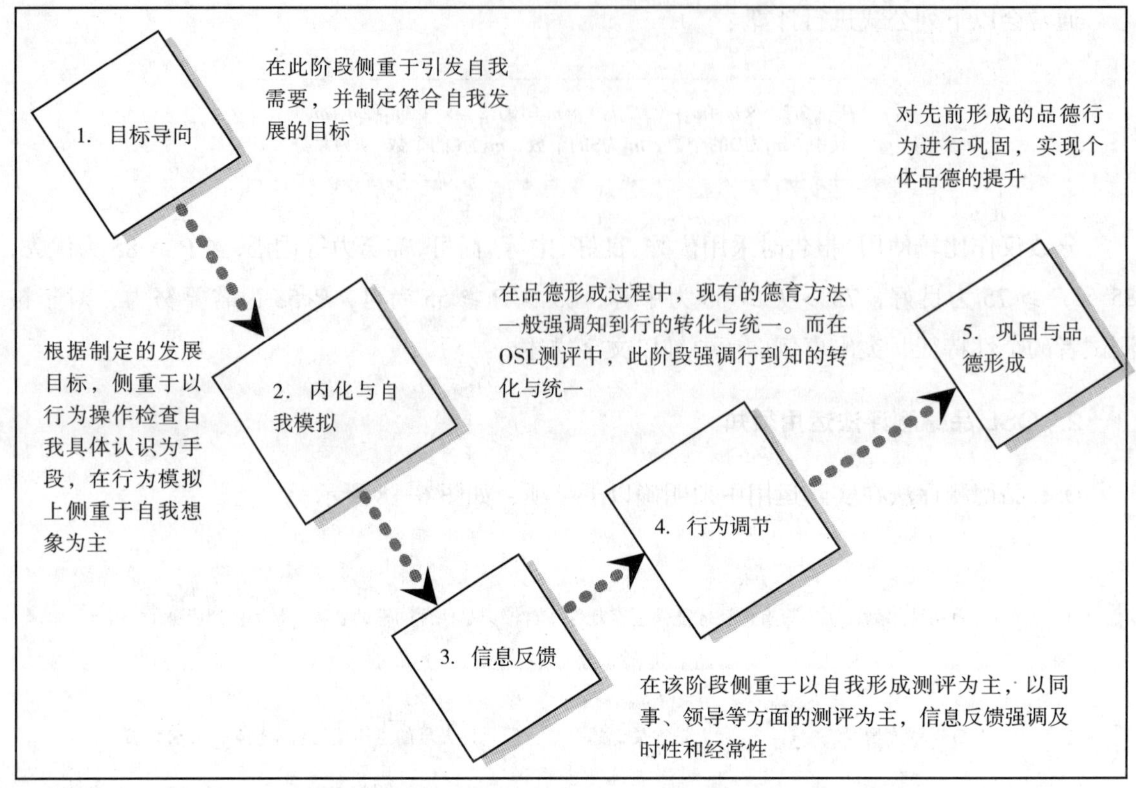

图 6—9 OSL 品德测评法运用程序

6.2 品德测评工具

6.2.1 雷斯特测验

认识学派认为个体的品德是由品德中的认知因素决定的，因而他们主张从品德现象的认知方面测评品德水平，雷斯特测验适用于对个体的品德测验。

1. 雷斯特测验的操作要点

（1）雷斯特测验由 1 ~ 6 个两难故事组成，每个故事由三部分构成：故事内容、问题、重要性排列。

（2）雷斯特测验的评分依据是被测试者在重要性排列部分的解答，经过加权而进行的。

2. 雷斯特测验的操作步骤

雷斯特测验在实际操作中应遵循的步骤，如图 6—10 所示。

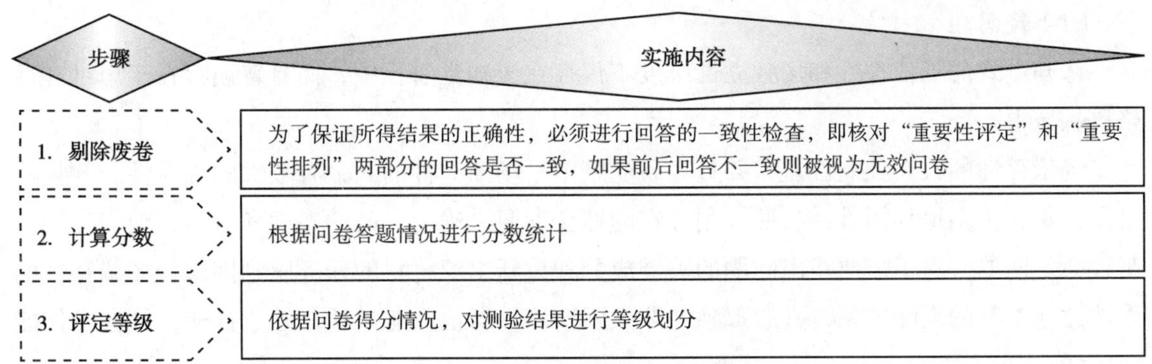

图 6—10　雷斯特测验的操作步骤

雷斯特认为，凡是在第一、第二两个重要性排列部分的题目，有两个（含）以上故事，或 6 则故事合计有 8 个题目（含）以上有倒错现象时，此一问卷作废，不予计分。

凡是被测试者在任何两则故事中,有 9 个（含）以上的问题评定在同一等级,亦视为废卷。

6.2.2　威特金倾斜知觉独立测验

1. 威特金测验操作要点

美国心理学家威特金（H. A. Witkin）等人根据场的理论，将人类划分成场依存性和场独立性两种类型。

场依存性的人比较容易受当时环境中其他事物（包括知觉者本身的状况）的影响，很难离析出知觉单元。场独立性的人比较少受知觉当时情境的影响，比较容易离析出知觉单元。许多研究表明，大多数人处于场依存性和场独立性之间，或多或少地处于中间状态。

因此，大多数人是相对场依存性的人或相对场独立性的人，但为表述上的简明，也称之为场依存性的人或场独立性的人。

场依存性和场独立性是认知方式中的一个主要的方面，也是研究得最多的方面。威特金指出场依存性的人和场独立性的人，是按照两种对立的信息加工方式工作的，场依存性的人倾向于以外在参照物（客观事物）作为信息加工的依据；场独立性的人倾向于利用内在参照物（主体感觉）作为信息加工的依据。

威特金认为，品德与认知有一定关系，原则性强的人比一般人更警惕，对疼痛更敏感，更容易厌烦，但这种测验只是一种辅助性测评方法。

2. 场依存性和场独立性的特点

场依存性和场独立性具有普遍性和稳定性的特点。

（1）普遍性

认知方式的场依存性和场独立性维度不仅存在于知觉过程中，而且普遍存在于思维和性格等领域中。

场依存性的人，独立性差，并且容易受暗示；场独立性的人，有较大的独立性，并且不易受暗示，更多地利用外在参照，用外在的社会参照来确定自己的态度和行为，他们的行为是社会定向的，对于需要找出问题的关键成分和重新组织材料的任务感到困难。场依存性的人注意他参与的人际关系，喜欢孤独的非人际情境，对他人有兴趣，善于社交，社会工作能力较强。

场独立性的人，更多地利用内在参照，他们的行为是非社会定向的。具体地说，场依存性的人，社会敏感性强，容易注意他人提供的社会线索，并且容易受他人的影响；比较容易完成要找出问题的关键成分和重新组织材料的任务。场独立性的人，社会敏感性差，不大注意他人提供的社会线索，比较独立、自信、自尊心强，关心抽象的概念和理论，不善于社交。

（2）稳定性

个人在场依存性和场独立性连续维度上的相对位置是相对稳定的，人类的认知方式和性格特征在发展上具有一致性。场独立性的人比较一贯地偏爱需要认知改组技能的、与人联系较少的知识。场依存性的人比较一贯地对认知改组不感兴趣，偏爱人际关系知识。

3. 威特金测验的构成

威特金测验由三个分测验构成，具体内容如图 6—11 所示。

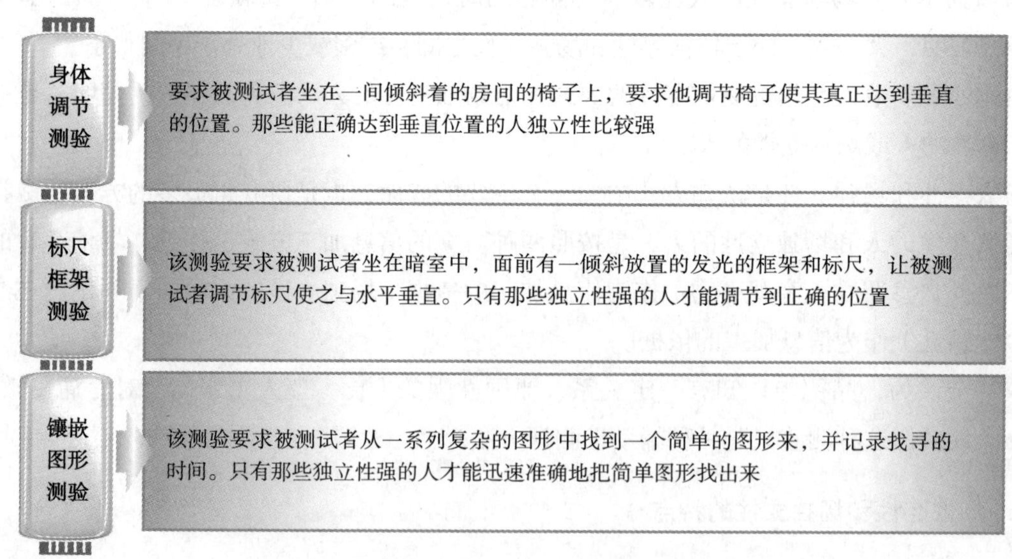

图 6—11　威特金测验的三个分测验构成及其内容

6.2.3　员工品德评价表

员工品德评价表见表 6—3。

表 6—3　　员工品德评价表

员工姓名		入职日期		所在部门		担任岗位	

评价项目及权重	评价标准	赋分	评分
责任心（20%）	对工作高度负责，可放心地交付工作	20	
	勤勤恳恳，可交付工作	18	
	较负责任，能完成本职工作，偶尔需要督促	15	
	工作欠缺责任心	10	
基本行为准则（10%）	处处维护公司和个人形象，举止文明	10	
	自觉维护公司利益，爱护财产，节约成本	7	
	不太注意小事，需更严格地要求自己	5	
主动性（15%）	自觉主动积极分担和完成工作	15	
	对本职工作自觉积极完成	12	
	对已安排的工作能自觉完成	10	
	工作较被动，有时需要上级督促	8	
协作性（15%）	积极配合他人，团队意识强	15	
	能较好地配合他人，有协作精神	12	
	可以配合他人，偶尔较被动	10	
纪律性（10%）	严守规章纪律，具有监督表率作用	10	
	能自觉遵守纪律和规章制度，有安全意识	7	
	纪律一般，自我要求放松	5	
工作服从性（10%）	服从集体安排，积极配合	10	
	能服从领导安排，有反馈	7	
	被动服从，回避工作安排	5	
奉献精神（20%）	不计较个人得失，主动奉献时间、精力等	20	
	在确实需要的情况下可以奉献	18	
	在愿意时奉献，对个人得失斤斤计较	12	
得分统计			
得分合计			

6.2.4 品德评价结果登记表

品德评价结果登记表见表6—4。

表6—4 品德评价结果登记表

填表日期： 品德测评日期： 制表人：

成绩名次	员工姓名	品德评价成绩	综合点评及建议	测评结论（可否）
备注：				

6.2.5 品德测评问卷范本

范本名称	品德测评问卷范本	应用范围	
		使用对象	
范 例 展 示			

本问卷共包括三部分，第一部分为故事内容，第二部分为问题，第三部分为重要性排序。

某人犯罪后被判刑10年，服刑1年后逃了出来，以假名张颖在另一个小镇上居住。他辛苦工作了8年，渐渐有了自己的积蓄，开了一个小店。他对顾客热情、公道，对店员也非常好，待遇也不低，并把赚的大部分钱捐给了社会福利机构。不料，有一天，一个昔日的老朋友王达认出了他就是8年前越狱的罪犯，公安局现在还在通缉他。

王达是否应该向公安局报告而将他重新捉拿归案？（在选择的答案中打“√”）。

应该报告（ ） 不能决定（ ） 不应该报告（ ）

同时，请对下表中每个问题的重要性（相对答案的选择）作出评价，每个问题只评定一个等级。

问题重要性评价表

问题	非常重要	比较重要	一般性	不太重要	很不重要
张颖这么多年来的良好行为不是证明了他不是个坏人吗？					
每次都容许罪犯逍遥法外，不是会鼓励更多的人犯罪吗？					

续表

问题	非常重要	比较重要	一般性	不太重要	很不重要
如果没有监狱和法律制度，我们会过得更好吗？					
张颖是否已经真正偿还了以前对社会所欠下的一切？					
社会将使张颖的愿望落空吗？					
尤其是对一个行善的人来说，监狱脱离了社会，会有什么好处呢？					
谁能这样残酷无情，把张颖送进监狱呢？					
假如让张颖逃脱法网，对于其他必须服满刑期的囚犯来说是否公平？					
王达是不是张颖的好朋友？					
无论在什么情况下，报告一个逃犯不是每个公民应有的责任吗？					
大众的意愿和公共的利益，如何能得到最适当的照顾？					
将张颖送进监狱，对他本人是否有好处，或者是否保护了其他人？					

问题重要性排序表

重要性	第一重要	第二重要	第三重要	第四重要
题　号				

注：请对以上12道题进行全面比较，按照它们在决策中的重要性排出前4个，将题号填入上表中。

范　例　点　评

1. 本问卷为涉及一个两难故事的员工品德测评问卷，企业也可以根据该故事另加4~5个类似的两难问卷组合在一起对员工进行品德测评。

2. 问卷的评分将依据被测试者在重要性排列部分的解答，经过加权而得到。

3. 根据雷斯特测验工具标准，凡是在第一、第二两个重要性排列部分的题目，有两个或以上故事，或6则故事合计有8个或以上题目有倒错现象时，此一问卷作废，不予计分。

4. 凡是被测试者在任何两则故事中，有9个（含）以上的问题评定在同一等级，亦视为废卷。

第 7 章

职业生涯测评方法与工具

7.1 职业能力测验方法与工具

7.1.1 职业适应性测验方法

在进行职业适应性测验时，从个人的职业兴趣、需求测验和动机测验等方面来测试个体的职业适应性。

1. 职业兴趣测验

职业兴趣指的是人们对某类职业或工作所抱的积极态度。对于个人来说，若选择到与自己兴趣相符合的职业，有利于充分调动自己的潜能，使自己的主动性得到更大的发挥。

对于职业兴趣的测评方法一般有兴趣表达、行为观察、知识测验、兴趣测验四种。

（1）兴趣表达

询问被测试者自己所感兴趣的事情是什么是评估兴趣最直接、最简单的方法。但是这种方法往往不够准确。因为被测试者个人有时可能不清楚自己的兴趣是什么，或者由于被测试者接触事物的范围有限，而对许多事情不可能表示出是否有兴趣。

（2）行为观察

行为观察指的是测评人员通过观察被测试者各种情境与各种活动时的行为表现，从而推测出其兴趣所在。

（3）知识测验

知识测验是通过测评被测试者在有关特殊职业中所掌握的特殊词汇和其他信息，根据测验分数推论其兴趣。

（4）兴趣测验

兴趣测验指的是向被测试者提出一系列的问题，要求其指出对诸如学习、娱乐、业务活动等是否喜欢或喜欢的程度，再根据测试结果进行分析，最后确定被测试者的兴趣类型或兴趣倾向。

兴趣测验法更倾向于认为，具有一定兴趣模式的个体更倾向于寻找特定的职业类型，并且如果其选择从事这种职业，会表现得比其他人有更好的适应性和能动性。

2. 需求测验

不同学者对需求理论有不同的研究，其中较著名的是马斯洛的需求层次理论，如图 7—1

所示。美国心理学家马斯洛于 1943 年提出了需求层次理论。该理论将需求分为五种，像阶梯一样从低到高，按层次逐级递升，分别为生理需求、安全需求、情感和归属需求、尊重需求、自我实现需求。

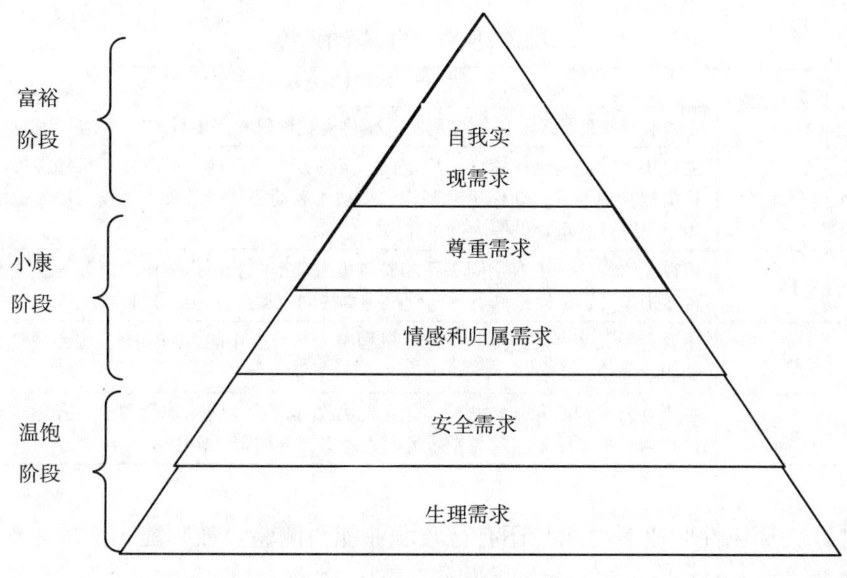

图 7—1　马斯洛需求五层次

对个人的需求测验可以通过马斯洛提出的 5 种需求层次，来测试被测试者对 5 种需求的程度。

3. 动机测验

动机测验指的是运用具有针对性的测验方法来测验被测试者从事某职业或做某件事情时的动机及其动机的强弱程度。

其中麦克利兰认为，个体在工作情境中主要有三种重要的动机或需要：成就需要，即争取成功并希望做到最好的需要；权力需要，即影响或控制他人且不受他人控制的需要；亲和需要，即希望建立友好亲密的人际关系的需要。

7.1.2　选拔性职业能力测评方法

1. 选拔性职业能力测评的适用范围

选拔性职业能力测评是一种以选拔优秀人才为目的的测评，是根据岗位或工作的具体要求，通过一定的测评指标，从众多的候选人中选择合适的人员的方法。

选拔性职业能力测评适用于企业招聘、竞聘、晋升考核等环节。

2. 选拔性职业能力测评运用须知

（1）选拔性职业能力测评的种类

选拔性职业能力测评的种类见表 7—1。

表 7—1　　选拔性职业能力测评的种类

种　类	具体内容
感知觉测验	主要有视敏度测验、听敏度测验，颜色视觉测验和多重目的感知觉能力测验等
心理运动能力测验	主要用于检测运动的速度、稳定性、灵活性、协调性、敏锐性、精确性等心理运动指标。这类测验主要有大动作运动测验、小动作运动测验以及大小动作运动测验等。该测验主要用于飞行员、运动员等的选拔和训练
机械能力测验	机械能力测验主要有空间关系测验、机械理解测验、机械概念测验等。这类测验主要用于机械操作员、机器维修员、驾驶员等直接同机器打交道的职业的选拔
文书能力测验	主要有一般文书能力测验、计算机程序编制与操作能力测验等。这类测验主要用于文秘类的职业选拔
艺术与音乐能力测验	主要有艺术判断和知觉测验、艺术能力操作测验、音乐才能测验、音乐能力倾向测验等。这类测验主要用于艺术与音乐类的人才选拔与招聘工作中

除此之外，选拔性职业能力测验还有行政职业能力测验、教师能力测验、医生能力测验、管理与经营能力测验等。

（2）选拔性测评的特点与要求

选拔性职业能力测评有其独特的特点与要求，企业在运用选拔性测评时应遵循其特点及要求，具体内容如图 7—2 所示。

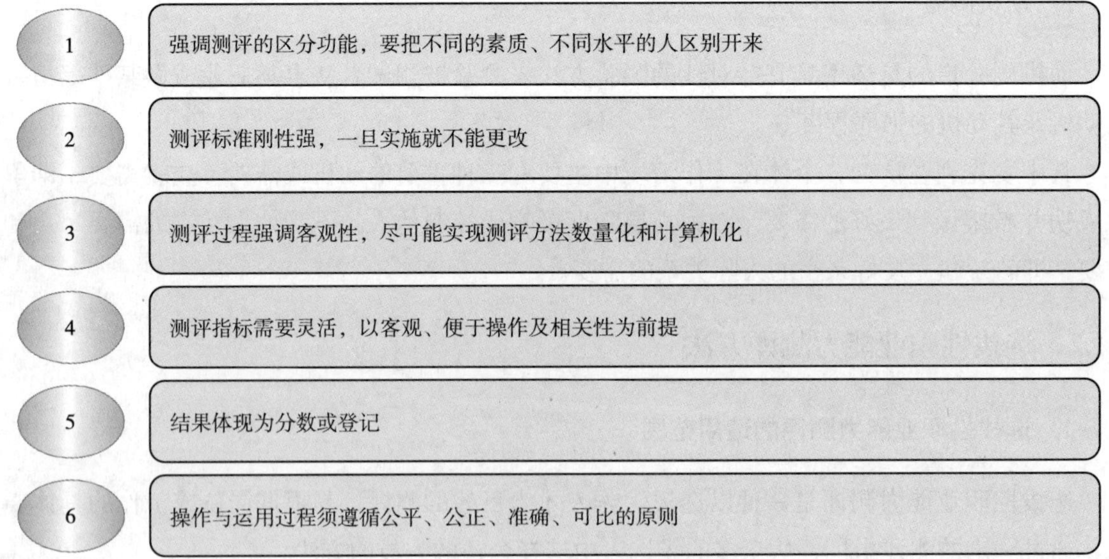

图 7—2　选拔性测评的特点与要求

3. 选拔性职业测评的前提条件

分析被测试者的素质差异及其特征是进行选拔性职业测评的前提条件。职业能力因职业不同而变化，不同的职业所要考查的能力可能有某些共同的要素，但更多的是一些不同的要素，即使是那些共同的要素，在各自职业能力结构中的权重也可能是不同的。

职业能力确定建立在待聘职业特点的基础上。职业能力确定必须建立在调查研究的基础上，其中，最有效的方法是工作分析。工作分析法的主要内容将在第 10 章进行具体介绍。

4. 选拔性职业能力测评运用程序

选拔性职业能力测评运用程序如图 7—3 所示。

程序	实施内容
1	分析被测试者的素质差异及其特征
2	从所有能揭示被测试者素质差异的特征与标志中选择几个最主要的特征与标志
3	以具体指标界定所选定的主要特征与标志
4	选择适当的方法测评每个被测试者在每个被测指标上的取值
5	按测评规则区分被测试者
6	调整数据控制误差
7	根据调整确认后的误差编写素质测评报告，为选拔优秀者提供依据

图 7—3　选拔性职业能力测评运用程序

7.1.3　配置性职业能力测验方法

1. 配置性职业能力测评运用须知

现代人力资源管理强调以人为中心，人事相匹配，人适其事，事得其人，人尽其才，根据配置岗位的具体要求选择合适的人才，才能使人力资源得到最佳发挥，创造出最佳的业绩水平。

配置性职业能力测评的宗旨是人事相匹配、事得其人、人尽其才，具有针对性、客观性、严格性、准备性等特点。

配置性职业能力测评用于了解被测试者具备哪些职业能力，适合从事何种职业。该方法适用于企业内部岗位调动管理等工作。

2. 配置性职业能力测评运用程序

配置性职业能力测评运用程序如图 7—4 所示。

程序	实施内容
1	进行工作分析，确定任职资格要求
2	分析任职资格要求，制定录用标准（包括测评目标与测评指标）
3	选取适当的方法测评每个被测试者在每个测评指标上的得分
4	选择适当的方法测评每个被测试者在每个被测指标上的取值
5	按测评结果筛选合格者
6	对测评结果进行满意度确定及调整
7	将测评合格的人数与职位数相比较，根据合格人数多少进一步确定人员选拔与配置情况

图 7—4　配置性职业能力测评运用程序

7.1.4　斯普兰格 6 类型价值观

德国教育学家和哲学家斯普兰格（E. Spranger）认为，人以固有的气质为基础，同时也受文化的影响。他提出，人会对理论、经济、审美、社会、权力和宗教这六个基本领域中的某一领域产生特殊的兴趣和价值观。据此，斯普兰格将人的性格分为理论型、经济型、审美型、社会型、权力型和宗教型六种类型。

（1）理论型：表现为乐于发现真理，凭借观察和推理发现事物之间的一致性和差异性，具有实验的批判和理性的爱好。

（2）经济型：强调事物的实用性，凡事以有效与实惠为尺度。

（3）审美型：这类人总是从形式与和谐中寻找最高价值，以文雅、优美、对称和恰当的标准去判断每一种经验。

（4）社会型：这类人的特征是利他与仁慈。他们在社会实际生活中往往表现出宽容、富于同情心、无私等品德。

（5）权力型：这类人热衷于个人影响力和声望。他们在政治以外的领域中活动，也希望通过竞争、奋斗而获得名誉与地位。

（6）宗教型：这是一种理想信念主义者。工作与生活总是以自己的信仰与理想为准则。

7.1.5　霍兰德职业兴趣测验

1. 霍兰德职业兴趣测验工具操作要点

霍兰德职业兴趣测验是由美国著名职业指导专家霍兰德（Holland）经过长期实践研究编制而成的。该测验具有较高的准确性，大量应用在指导求学、求职和工作转换等方面，用于帮助被测试者确定职业兴趣倾向，指导被测试者选择适合自身职业兴趣的专业发展方向和职业发展方向。

霍兰德认为，兴趣是人们活动的巨大动力，人们凡是对有兴趣的职业，都可以提高其积极性，促使其积极、愉快地从事该职业，并有助于在该职业上取得成功。

（1）霍兰德职业兴趣的六种类型

霍兰德将职业兴趣划分成六种类型，根据每种职业兴趣类型的特点不同，对应地选择较适宜的职业内容。霍兰德六种职业兴趣的类型特点及典型职业见表 7—2。

表 7—2　　霍兰德职业兴趣六种类型特点及典型职业

类型	个性特点	典型职业
实际型（R）	这种类型的人通常身体强健，动作灵活敏捷，具有较好的身体技能。他们可能在自我表达和向他人表达方面遇到麻烦或感到困难。他们喜欢从事户外活动，喜欢操作和使用大型工具，尤其是大型器械，更乐于与机器打交道，政治经济思想较保守，对激进的新观点兴趣不大。热衷于用自己的双手创造新事物	机械制造、建筑、渔业、野外工作、实验技师、工程安装以及某些军事职业等
调研型（I）	这种类型的人对科学研究和科学探索有热情，对工作感兴趣，对人较不感兴趣。习惯于思考如何解决遇到的困难，但并不一定实现具体的操作。喜欢挑战及创新，不喜欢循规蹈矩的固定程序式的任务	工程设计、生物学、社会科学、实验研究、物理学、气象学等
艺术型（A）	这种类型的人兴趣在于从事艺术性工作。喜欢具有较多自我表现机会的艺术环境。不喜欢粗重的体力活及高度规范化、程序化的任务，喜欢单独活动并有强烈的自我表现欲，非常自信。独立、自主性、自发性、非传统性都比较强，好表现	艺术家、画家、作家、作曲家、歌唱家、戏剧导演、诗人、演员、音乐演奏家等
社会型（S）	这种类型的人关心社会的公正和正义，责任感强，具有较强的人道主义倾向，社会适应能力强。善于表达，善于与人相处，喜欢处于集体中心的地位，喜欢通过与他人讨论来解决存在的问题，善于通过调整与他人的关系来解决存在的问题。不喜欢需要剧烈的身体运动的工作，不喜欢与机器打交道	校长、临床心理学家、大学教师、就业指导顾问等
企业型（E）	这种类型的人通常善于辞令，适合做推销工作和领导工作。通常精力充沛、热情洋溢，富于冒险精神，自信、支配欲强，喜欢担任有领导责任的社会工作。喜欢与人争辩，力求使别人接受自己的观点，缺乏从事精细工作的耐心，不喜欢需要长期智力劳动的工作。他们通常追求权力、财富、地位	经理、推销员、电影电视节目制作人、政治家、社会活动家等

续表

类型	个性特点	典型职业
传统型（C）	这种类型的人喜欢从事高度有序性的工作，包括言语方面和数量方面那些规范性较强的工作	办公室工作人员、会计、打字员等

霍兰德划分的6种职业兴趣之间的关系可用一个六边形来表示，如图7—5所示。六边形每两个相邻的职业之间具有较高的相关性，而对角线两边的职业兴趣相关性较低。

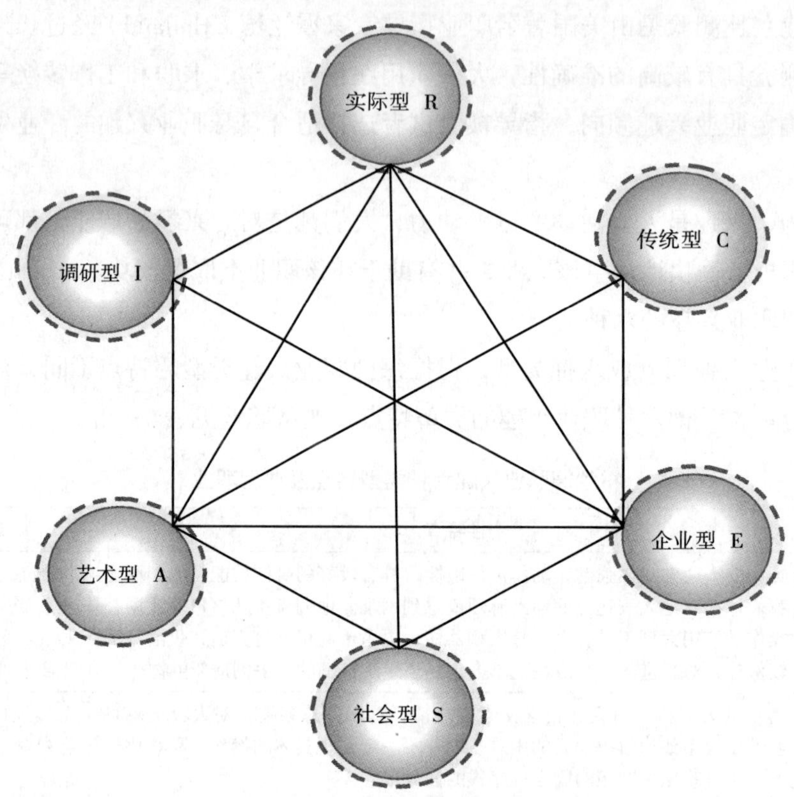

图7—5 霍兰德六种职业基本类型

（2）霍兰德职业兴趣测验的组成部分

霍兰德职业兴趣测验由七部分组成，具体内容见表7—3。

表7—3 霍兰德职业兴趣测验组成部分

组成部分	标题	内容说明
第一部分	您心目中的理想职业（或专业）	列举自己最想做的3种工作或最想读的3种专业
第二部分	您所感兴趣的活动	60种活动，6种类型，用选择“是”或“否”的方式回答“你喜欢从事下列活动吗”的问题

续表

组成部分	标　题	内容说明
第三部分	您所擅长的或胜任的活动	60种活动，6种类型，选择出您能做或大概能做的事，在合适的答案后打"√"
第四部分	您所喜欢的职业	60种职业，6种类型，选出您有兴趣的职业
第五部分	您的能力类型简评	评定自己在6种职业能力方面的大致水平
第六部分	统计和确认您的职业倾向	对照职业索引表，判断自己的职业兴趣及适合的职业类型
第七部分	您所看重的东西——职业价值观	测评您在选择工作时看重的因素

测验完成后可以对照职业索引表，判断被测试者的职业兴趣以及适合被测试者的职业类型，在本系统中，这一查找索引表的工作由计算机自动完成。

（3）霍兰德职业兴趣测验操作注意事项

霍兰德职业兴趣在日常操作时需要注意的事项如图 7—6 所示。

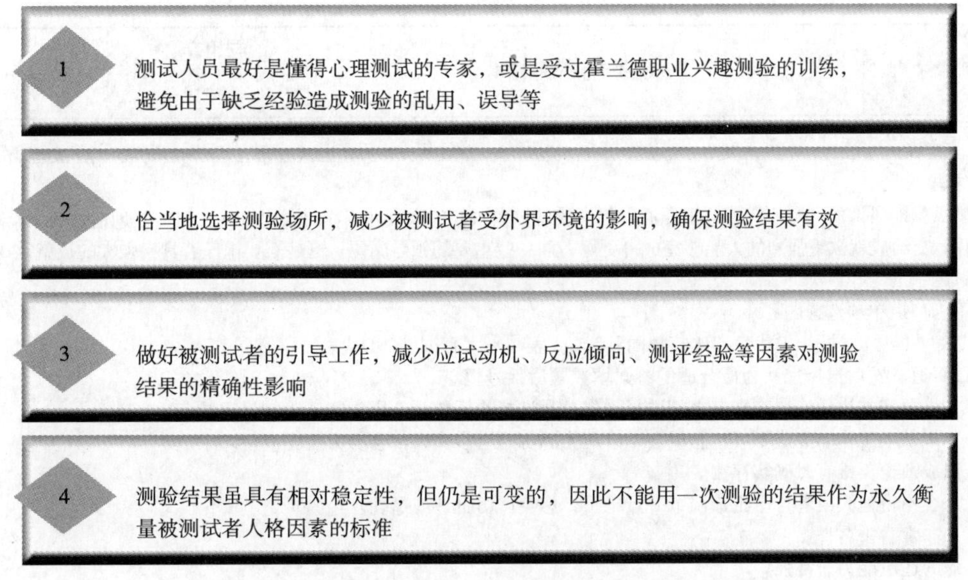

图 7—6　霍兰德职业兴趣测验操作注意事项

2. 霍兰德职业兴趣测验操作步骤

霍兰德职业兴趣测验操作步骤如图 7—7 所示。

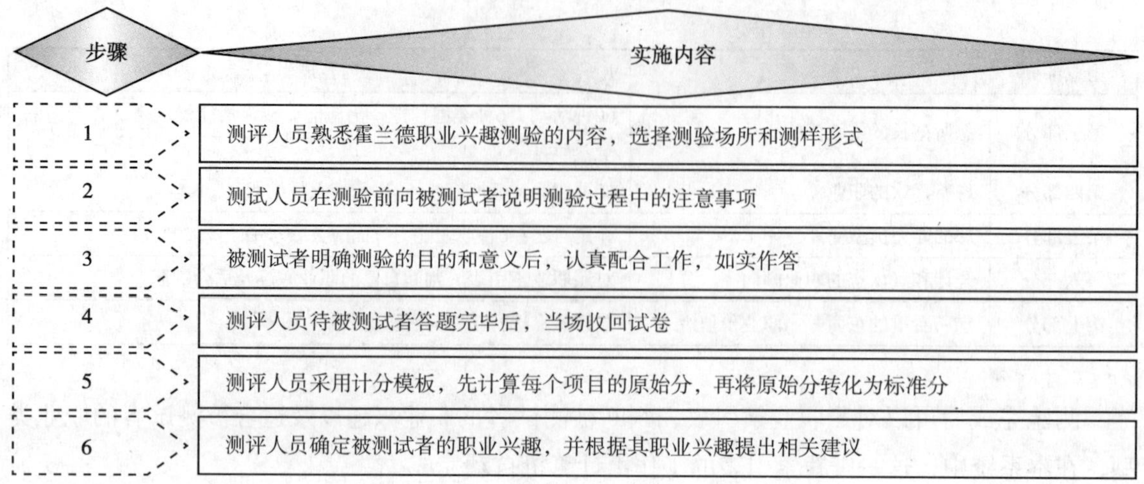

步骤	实施内容
1	测评人员熟悉霍兰德职业兴趣测验的内容，选择测验场所和测样形式
2	测试人员在测验前向被测试者说明测验过程中的注意事项
3	被测试者明确测验的目的和意义后，认真配合工作，如实作答
4	测评人员待被测试者答题完毕后，当场收回试卷
5	测评人员采用计分模板，先计算每个项目的原始分，再将原始分转化为标准分
6	测评人员确定被测试者的职业兴趣，并根据其职业兴趣提出相关建议

图 7—7　霍兰德职业兴趣测验操作步骤

7.1.6　成就欲望测试题范本

范例名称	成就欲望测试题范本	应用范围	
		使用对象	
范　例　展　示			

指导语

成就欲望即所谓的"野心"或"事业心"等，成就欲望很高的人，在工作时会更投入。将一些创造性的、具有挑战性的工作，交给成就欲望强烈的人能够完成得更好，而一些重要的领导岗位，更是需要担任者具备强大的成就欲望。

测试题一

以下为15道单项选择题：

A代表"非常赞同"　B代表"比较赞同"　C代表"不太赞同"　D代表"不赞同"

阅读每道试题后选择您认为最合适的答案填在题后括号里。

1. 如果要您在生活愉快和富有之间选择，您总是选择生活快乐，因为您认为它最重要。（　）
2. 如果某项工作非完成不可，您就会不管压力和困难有多大，都会努力去完成它。（　）
3. 以成败论英雄有时确实存在。（　）
4. 您容不得他人或者自己犯错误，一旦犯了，您会严厉批评或惩罚。（　）
5. 您非常看重名誉。（　）
6. 您的适应能力非常强。（　）
7. 只要是您决心做的事情，就会坚持到底。（　）
8. 如果别人把您看成身负重任的人，您会感到很高兴。（　）
9. 您有高消费的嗜好，并且您有能力承受和乐意承受这份消费。（　）
10. 如果您知道某个项目会有好的结果，您就很小心地将时间和精力花在这个项目上。（　）
11. 在一个团队里，您认为团队的成功比您个人成功更重要。（　）
12. 您是一个认真的人，即使眼看赶不上进度了，您也不愿草率工作。（　）
13. 能够正确地表达您的意思，您会很高兴，但您必须确定别人是否能正确了解您。（　）
14. 您的工作情绪总是很高，精力充沛。（　）
15. 您并不看重所谓的"金点子"，而更看重良好的判断和整体策划。（　）

测试题一评分标准

题　号	答案及分值			
1	A：0	B：1	C：2	D：3
2	A：3	B：2	C：1	D：0
3	A：2	B：3	C：1	D：0
4	A：1	B：3	C：2	D：0
5	A：3	B：2	C：1	D：0
6	A：3	B：2	C：1	D：0
7	A：3	B：2	C：1	D：0
8	A：3	B：2	C：1	D：0
9	A：3	B：2	C：1	D：0
10	A：3	B：2	C：1	D：0
11	A：3	B：2	C：1	D：0
12	A：3	B：2	C：1	D：0
13	A：3	B：2	C：1	D：0
14	A：3	B：2	C：1	D：0
15	A：3	B：2	C：1	D：0
总分				

评价

总分为0~15分，说明您成就欲望不强，您更看重家庭生活的美满与精神生活的充实。

总分为16~30分，说明您成就欲望较强，在事业与家庭之间，您会权衡利弊后作决定。

总分为31~45分，说明您成就欲望强烈，对名利、金钱、权力很看重，野心勃勃。

测试题二

下列题目所描述的，如果符合您的情况，请回答“是”，如果不符合您的情况，请回答“否”，请将合适的答案填在后面括号里。

1. 在通常情况下，工作之余的时间，您是否都打发在和朋友喝茶、闲聊或其他消遣中？（　）
2. 如果您一个人待在办公室里，您是否感到无聊？（　）
3. 您认为有人羡慕您，比有人喜欢您更让您高兴，因为有人羡慕证明您很成功，是吗？（　）
4. 通常，在与人交谈时，您是否表现得很耐心，等对方把话说完，而不打断对方？（　）
5. 在亲友眼中，您是否是一个生活得很自在、休闲的人？（　）
6. 如果您正忙着，您的同事来与您聊天，您会感到不耐烦吗？（　）
7. 无论在工作还是生活中，您不主张活得太累，因而您总是知难而退，是吗？（　）
8. 您总是把工作带回家，晚上工作到很晚才睡，是吗？（　）
9. 在赴约时，您是否能够准时去？（　）
10. 您的下属，或者其他与您关系密切的人工作效率低，您无法容忍，是吗？（　）
11. 您付出很大努力，做出了成绩，却没有得到领导肯定，您会感到失意，是吗？（　）
12. 当一群人在一起谈论一些无关紧要的事情时，您总想着溜回工作岗位上去，是吗？（　）

测试题二评分标准

题号	1	2	3	4	5	6	7	8	9	10	11	12	小计
是	0	0	1	0	0	1	0	1	1	1	1	1	
否	1	1	0	1	1	0	1	0	0	0	0	0	
合计													

评价

1. 如果总得分在8～12分，说明您是一个成就欲望很强的人。
2. 如果总得分在5～7分，说明您的成就欲望很一般。
3. 如果总得分在5分以下，说明您成就欲望很低，对事业成功与否抱顺其自然的态度。

7.2 职业定位测验方法与工具

7.2.1 职业锚的适用范围

1. 职业锚的概述

职业锚是由美国麻省理工大学斯隆商学院的施恩（Edgar·H. Schein）教授提出的，是指人们在选择和发展自己的职业时通常有一个核心范围，并乐于在该范围内找到适合自己的工作。

职业锚是指当个人不得不做出工作选择时，他（她）无论如何都不会放弃的自己职业中的那种至关重要的东西或价值观。职业锚是个人内心深处对自己的看法，它是人类对自己的价值观、能力、动机等经过自省后形成的，它对个人的职业生涯有指导、约束和稳定的作用。

2. 职业锚的适用领域

国内外大多数企业都将职业锚作为员工职业发展、职业生涯规划的主要参考点。

职业锚适用于社会上的一般人员，但要求其具有一定的工作经验。职业锚是在工作经历中习得的，通过工作经验的积累产生并形成的，因此它不适合于在校的高中生、中专生或大学生（有过强的社会实践工作经验的人员除外）。

职业锚作为一种先进的管理工具，目前已可适用到企业人力资源管理日常工作中去，员工的职业锚开发和管理是一个动态的过程，需要员工个人和企业人力资源管理部门根据情况适时调整。职业锚适用于人力资源管理日常工作的内容见表 7—4。

表 7—4　　职业锚适用于人力资源管理日常工作的内容

项　目	内　容
编制岗位说明书	在企业中，员工尝试不同工作的机会比较少，员工缺乏尝试的机会显然对员工寻找自己的职业锚非常不利。员工可以通过岗位说明书充分了解企业内部各岗位的详细情况，使员工了解自己的发展机会，从而方便员工尽快找到自己的职业锚
建立多重职业生涯发展阶梯	在企业中建立多重职业生涯发展阶梯，尽量使选择不同职业锚的员工都能够找到自身职业生涯发展的方向，最终使员工能够找到在企业中的“系留点”
根据员工职业锚，对员工进行职业生涯管理	要发挥职业锚理论在人力资源管理中的作用，就要了解员工不同的职业锚类型，有效识别个人职业抱负和职业成功标准。一个企业的发展需要不同类型的职业锚支持。人力资源管理部门要注意结合组织目标，引导员工形成不同的能满足组织发展需要的各种职业锚，形成一个合理的职业锚体系
搭建科学合理的绩效考核体系	人力资源管理者应注意从职业锚角度考核，考核应适当加强对能力的评价，尤其是对其能力的提高程度和方向的评价。在实际的考核过程中，员工会不断发现自己的优势与不足，对自己的能力及各方面的认识也会逐步清晰起来，正确认识自己对员工正确地找到自己的职业锚并提高自身能力有很大的帮助
建立合理有效的人才内部流动制度、进行适时动态调整	企业有合理的内部人才流动机制，也就是员工可以在多重职业生涯发展阶梯里横向、纵向地选择适合自己的发展阶梯，使员工能及时合理地流动，使员工在企业内部找到一个实现自我价值的职业锚，避免了人才流失

7.2.2　职业锚的运用须知

1. 职业锚的特点

职业锚的特点如图 7—8 所示。

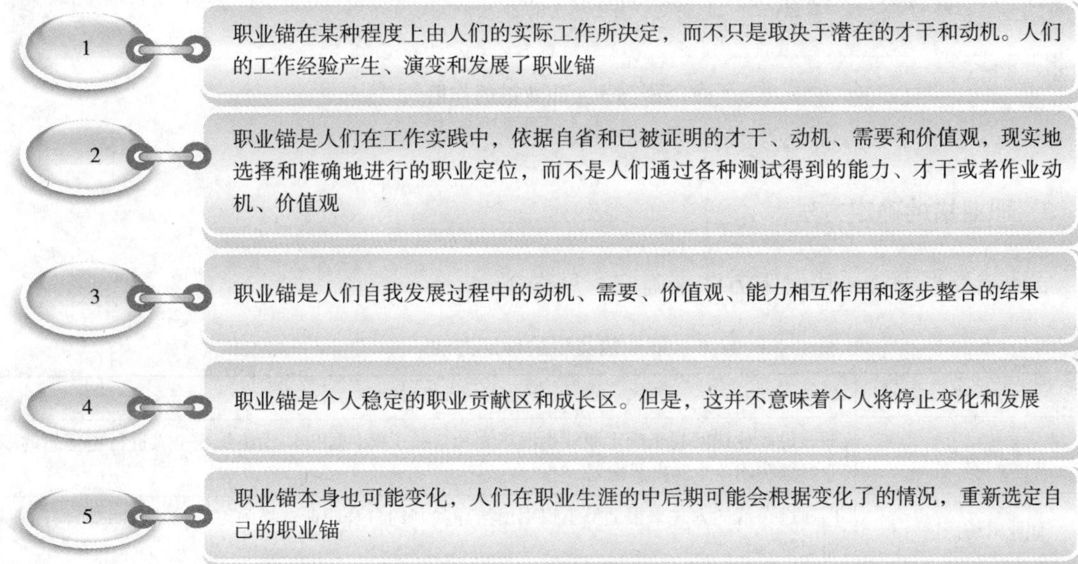

图 7—8　职业锚的特点

2. 职业锚的作用

对于个人而言，在进行职业生涯规划和定位时，可以运用职业锚理论思考自己具有的能力，确定自己的发展方向，审视自己的价值观是否与当前的工作相匹配。只有个人的定位和要从事的职业相匹配，才能在工作中发挥自己的长处，实现自己的价值。

职业锚的作用如图 7—9 所示。

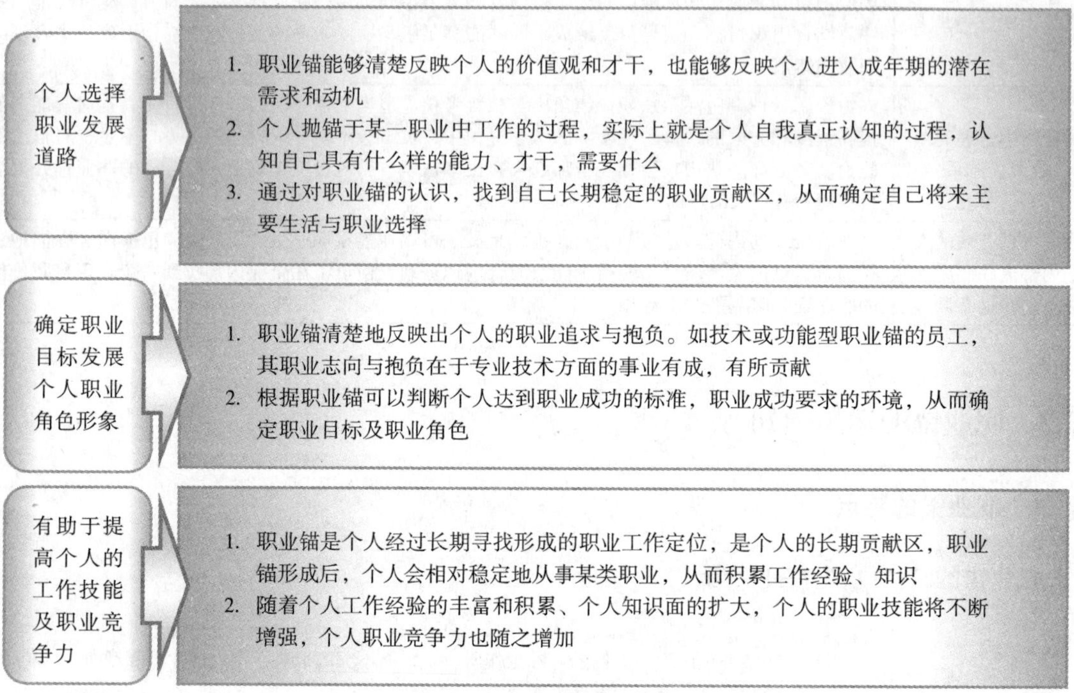

个人选择职业发展道路

1. 职业锚能够清楚反映个人的价值观和才干，也能够反映个人进入成年期的潜在需求和动机
2. 个人抛锚于某一职业中工作的过程，实际上就是个人自我真正认知的过程，认知自己具有什么样的能力、才干，需要什么
3. 通过对职业锚的认识，找到自己长期稳定的职业贡献区，从而确定自己将来主要生活与职业选择

确定职业目标发展个人职业角色形象

1. 职业锚清楚地反映出个人的职业追求与抱负。如技术或功能型职业锚的员工，其职业志向与抱负在于专业技术方面的事业有成，有所贡献
2. 根据职业锚可以判断个人达到职业成功的标准，职业成功要求的环境，从而确定职业目标及职业角色

有助于提高个人的工作技能及职业竞争力

1. 职业锚是个人经过长期寻找形成的职业工作定位，是个人的长期贡献区，职业锚形成后，个人会相对稳定地从事某类职业，从而积累工作经验、知识
2. 随着个人工作经验的丰富和积累、个人知识面的扩大，个人的职业技能将不断增强，个人职业竞争力也随之增加

图 7—9　职业锚的作用

3. 职业锚的确定方法

职业锚类型通常采用以下方法来确定，见表 7—5。

表 7—5　职业锚类型的确定方法

方　法	内容描述
职业锚问卷法	即通过职业锚问卷来确定职业生涯规划和自我了解，能够协助组织或个人进行更理想的职业规划和职业生涯发展规划
职业锚访谈法	即通过访谈的方式来帮助员工识别出指导和制约自身职业选择的因素，从而明确自身的职业定位

4. 职业锚的类型划分

施恩教授根据实际研究的情况，将职业锚由最初的五种类型发展到目前的八种类型，主要包括以下内容：

（1）技术或功能型（Technical Functional competence）：简称 TF。

（2）管理型（General Managerial Competence）：简称 GM。

（3）自主/独立型（Autonomy Independence）：简称 AU。

（4）安全/稳定型（Security Stability）：简称 SE。

（5）创业型（Entrepreneurial Creativity）：简称 EC。

（6）挑战型（Challenge）：简称 CH。

（7）生活型（Lifestyle）：简称 LS。

（8）服务型（Service）：简称 SV。

施恩教授根据自己的研究结果将职业锚划分成以上八种类型，并总结出每种类型的特点，具体内容见表 7—6。

表 7—6　职业锚类型划分及其特征

类　型	人员特征描述
技术或功能型（TF）	具有较强的技术或功能型的人员往往不愿意选择带有一般管理性的职业，他们希望从事那些能够展示自己技能并保证自己技能可以不断增长的工作
管理型（GM）	该类人员表现出管理人员的强烈愿望，职业经历也往往使得他们相信自己具备被提升到那些一般管理性职位上去所需要的各种必需的能力及价值取向，他们将承担较高责任的管理职位视为最终目标。有资格获得管理职位的人应具备三个方面的能力，即分析能力、人际沟通能力、情感能力
创业型（EC）	该类人有建立或创造某种完全属于自己的东西（如署着自己名字的产品、公司、技术等）的需要，反映了自己成就性的财富
自主独立型（AU）	该类人员希望随心所欲安排自己的工作方式、工作习惯和生活方式。追求能施展个人才能的工作环境，最大限度地摆脱组织的限制和制约。他们宁愿放弃提升或工作发展的机会，也不愿放弃自由与独立
安全/稳定型（SE）	该类人群追求工作中的安全感与稳定感，他们会因为预测到安全和稳定而感到高兴、放松。他们比较注重财务安全，稳定感包括诚实、忠诚，以及完成上级交代的任务。即使在较高的职位上也不会关心职位的名称或工作内容
服务型（SV）	具有服务型职业锚的人一直追求他们认可的核心价值，如帮助他人、提高人们的安全感，通过新的产品消除疾病等。他们一直追求这种机会，这意味着即使变换公司，这类人群也不会接受不允许他们实现这种价值的变动或工作提升
挑战型（CH）	具备挑战型职业锚的人喜欢解决看上去无法解决的问题，战胜强硬的对手，克服很难克服的困难等，对他们而言，参加工作或职业的原因是工作允许他们去战胜各种不可能。这类人群需要新奇、变化和困难，如果事情非常容易，他们马上变得非常厌烦
生活型（LS）	该类人群喜欢将生活的各个方面整合为一个整体，喜欢平衡个人的、家庭的和职业的需要，因此生活型的人甚至可以牺牲自己的职业的一些方面，如放弃职位的提升来换取三者的平衡。他们将生活成功定义得比职业成功更广阔，相对于具体的工作环境、工作内容，生活型的人更关注自己如何生活、在哪里居住、如何处理家庭事务及怎样自我提升等

7.2.3 职业锚的运用程序

职业锚在个人职业生涯规划和企业人员配置工作中均发挥着重要的作用。职业锚运用程序如图 7—10 所示。

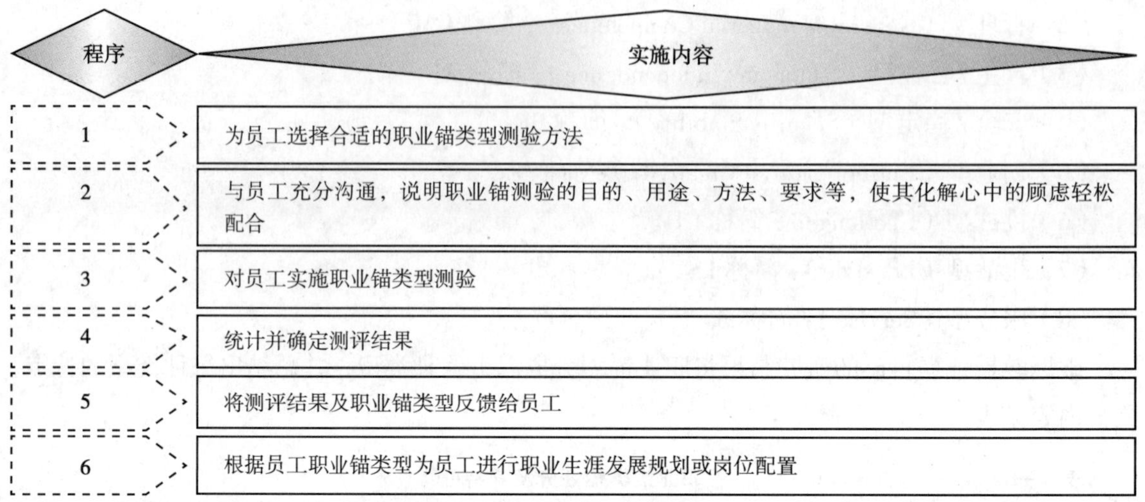

图 7—10 职业锚运用程序

7.2.4 职业锚测试问卷

文本名称	职业锚测试问卷	编　号	
		受控状态	

测试指导语

请结合自身情况，根据每道题的描述选择1个最能代表您真实想法的分数（除非您非常明确，否则不需要做出极端的选择）。

1分——从不，代表完全不符合您的想法。

2分或3分——偶尔或有时，代表偶尔（或有时）会这么想。

4分或5分——经常或频繁，代表经常（或频繁）这么想。

6分——总是，代表这种描述完全符合您的日常想法。

本次测试题共40题，请将合适的答案填在后边对应的表格里。

1. 我希望能够成为我工作领域的专家，同时我的同事也总是咨询我的专业建议。

（1）从不　（2）很少　（3）有时　（4）经常　（5）频繁　（6）总是

2. 当我整合并管理其他人的工作时，我非常有成就感。

（1）从不　（2）很少　（3）有时　（4）经常　（5）频繁　（6）总是

3. 如果接受一个可能使我失去工作自主与自由度的职位，我宁愿拒绝或离开这个组织。

（1）从不　（2）很少　（3）有时　（4）经常　（5）频繁　（6）总是

4. 我总是寻找那些可以给予我安全与稳定感觉的职业。

（1）从不　（2）很少　（3）有时　（4）经常　（5）频繁　（6）总是

5. 我梦想能够创建一个属于我自己的事业。
(1) 从不　(2) 很少　(3) 有时　(4) 经常　(5) 频繁　(6) 总是
6. 只有当我感到为社会作出了真正的贡献，我才能体会到职业的成功。
(1) 从不　(2) 很少　(3) 有时　(4) 经常　(5) 频繁　(6) 总是
7. 我倾向于接受那些能够挑战我解决问题的能力与技能的任务机会。
(1) 从不　(2) 很少　(3) 有时　(4) 经常　(5) 频繁　(6) 总是
8. 只有当我能够很好地协调个人、家庭与职业三者的关系时，我才能够体会到生活的成功。
(1) 从不　(2) 很少　(3) 有时　(4) 经常　(5) 频繁　(6) 总是
9. 将我的专业技术水平发展到一个更具竞争力的层次是成功职业的必要条件。
(1) 从不　(2) 很少　(3) 有时　(4) 经常　(5) 频繁　(6) 总是
10. 我希望能够管理一个大公司，我的决策将会影响许多人。
(1) 从不　(2) 很少　(3) 有时　(4) 经常　(5) 频繁　(6) 总是
11. 如果职业允许自由地决定自己的工作内容，计划过程时，我会非常满意。
(1) 从不　(2) 很少　(3) 有时　(4) 经常　(5) 频繁　(6) 总是
12. 如果工作的结果使我丧失了自己在企业中的安全稳定感，我宁愿离开这个岗位。
(1) 从不　(2) 很少　(3) 有时　(4) 经常　(5) 频繁　(6) 总是
13. 对我而言，创办自己的公司比在其他公司中争取一个高的管理位置更具有意义。
(1) 从不　(2) 很少　(3) 有时　(4) 经常　(5) 频繁　(6) 总是
14. 我的职业满足来自于我可以用自己的才能去为他人服务。
(1) 从不　(2) 很少　(3) 有时　(4) 经常　(5) 频繁　(6) 总是
15. 我认为职业的成功来自于解决自己面临的非常有挑战性的困难。
(1) 从不　(2) 很少　(3) 有时　(4) 经常　(5) 频繁　(6) 总是
16. 我希望我的职业能够兼顾个人、家庭和工作的需要。
(1) 从不　(2) 很少　(3) 有时　(4) 经常　(5) 频繁　(6) 总是
17. 对我而言，在我喜欢的专业领域内做资深专家比做总经理更具有吸引力。
(1) 从不　(2) 很少　(3) 有时　(4) 经常　(5) 频繁　(6) 总是
18. 只有在我成为公司总经理后，我才认为我的职业人生是成功的。
(1) 从不　(2) 很少　(3) 有时　(4) 经常　(5) 频繁　(6) 总是
19. 成功的职业应该允许我有完全的自主和自由。
(1) 从不　(2) 很少　(3) 有时　(4) 经常　(5) 频繁　(6) 总是
20. 我愿意在能够给我安全感和稳定感的公司工作。
(1) 从不　(2) 很少　(3) 有时　(4) 经常　(5) 频繁　(6) 总是
21. 当通过自己的努力或想法完成工作时，我的工作成就感最强。
(1) 从不　(2) 很少　(3) 有时　(4) 经常　(5) 频繁　(6) 总是
22. 对我而言，利用自己的才能使整个世界变得更适合生活或居住，比争取一个高的官职更重要。
(1) 从不　(2) 很少　(3) 有时　(4) 经常　(5) 频繁　(6) 总是
23. 当我解决了看上去不可能解决的问题时，或者在必输无疑的竞赛中获胜，我会非常有成就感。
(1) 从不　(2) 很少　(3) 有时　(4) 经常　(5) 频繁　(6) 总是
24. 我认为只有很好地平衡了个人、家庭和职业三者的关系，生活才是成功的。
(1) 从不　(2) 很少　(3) 有时　(4) 经常　(5) 频繁　(6) 总是
25. 我宁愿离开公司，也不愿接受那些不属于我专业领域内的工作。
(1) 从不　(2) 很少　(3) 有时　(4) 经常　(5) 频繁　(6) 总是
26. 对于我而言，做一个全面管理者比在我喜欢的专业领域内做资深专家更具吸引力。
(1) 从不　(2) 很少　(3) 有时　(4) 经常　(5) 频繁　(6) 总是
27. 对于我而言，用自己的方式不受约束地完成工作，比安全、稳定更加重要。
(1) 从不　(2) 很少　(3) 有时　(4) 经常　(5) 频繁　(6) 总是
28. 只有当我的收入和工作有保障时，我才会对工作感到满意。
(1) 从不　(2) 很少　(3) 有时　(4) 经常　(5) 频繁　(6) 总是

29. 在我的职业生涯中，如果我能成功地创造或实现完全属于自己的产品或点子，我会感到非常成功。
（1）从不　（2）很少　（3）有时　（4）经常　（5）频繁　（6）总是
30. 我希望从事对人类和社会真正有贡献的工作。
（1）从不　（2）很少　（3）有时　（4）经常　（5）频繁　（6）总是
31. 我希望工作中有很多机会，可以不断挑战解决问题的能力或竞争。
（1）从不　（2）很少　（3）有时　（4）经常　（5）频繁　（6）总是
32. 能很好地平衡个人生活和工作，比达到一个管理职位更重要。
（1）从不　（2）很少　（3）有时　（4）经常　（5）频繁　（6）总是
33. 如果在工作中能经常用到我特别的技巧和才能，我会感到特别满足。
（1）从不　（2）很少　（3）有时　（4）经常　（5）频繁　（6）总是
34. 我宁愿离开公司，也不愿意接受让我离开全面管理岗位的工作。
（1）从不　（2）很少　（3）有时　（4）经常　（5）频繁　（6）总是
35. 我宁愿离开公司，也不愿意接受约束我自由和自主控制权的工作。
（1）从不　（2）很少　（3）有时　（4）经常　（5）频繁　（6）总是
36. 我希望有一份让我有安全感和稳定感的工作。
（1）从不　（2）很少　（3）有时　（4）经常　（5）频繁　（6）总是
37. 我梦想着创造属于自己的事业。
（1）从不　（2）很少　（3）有时　（4）经常　（5）频繁　（6）总是
38. 如果工作限制了我为他人提供帮助和服务，我宁愿离开公司。
（1）从不　（2）很少　（3）有时　（4）经常　（5）频繁　（6）总是
39. 去解决那些几乎无法解决的问题，比获得一个高的管理职位更有意义。
（1）从不　（2）很少　（3）有时　（4）经常　（5）频繁　（6）总是
40. 我一直在找一份能够最大限度地减少个人和家庭之间冲突的工作。
（1）从不　（2）很少　（3）有时　（4）经常　（5）频繁　（6）总是

将以上选项分值填入下列计分表。

计分表

类型	TF		GM		AU		SE		EC		SV		CH		LS	
加分项	1		2		3		4		5		6		7		8	
	9		10		11		12		13		14		15		16	
	17		18		19		20		21		22		23		24	
	25		26		27		28		29		30		31		32	
	33		34		35		36		37		38		39		40	
总分																
平均分																

计分方法

在40道题中挑选出三个被测试者得分最高的项目（如果得分相同，则挑选出被测试者最感兴趣的项目），在每个项目得分的后面，再加4分（例如，第40道题，得了6分，则该题应当加4分，变为10分）。将每一道题的分数填入上面的空白表格（计分表）内，然后按照“列”进行分数累加得到一个总分，将每列总分除以5得到每列的平均分，填入表格。

注意：在计算平均分的总分前，不要忘记将最符合被测试者日常想法的三项，额外加上4分。

根据上表得分情况确定，被测试者的职业锚类型，参照前文提到的职业锚类型选择合适的职业。

编制人员		审核人员		审批人员	
编制时间		审核时间		审批时间	

第8章

基于胜任素质模型的测评方法与工具

8.1 胜任素质模型构建方法与工具

8.1.1 行为事件访谈法

1. 行为事件访谈法适用范围

行为事件访谈法（Behavioral Event Interview，BEI）是由美国哈佛大学教授麦克利兰（McClelland）结合关键事件法和主题统觉测验而提出来的，是一种开放式的行为回顾式探索技术，是揭示胜任特征的主要工具。

行为事件访谈法又称归纳法，指的是通过对大批人员进行行为事件访谈，收集不同类型人员的行为数据，进行统计分析后得出关键素质，并形成胜任素质模型的过程。

在企业中，行为事件访谈法主要适用于人员密集、能采集到有代表性样本的岗位。模型的精准性对企业运作的影响非常大时，建议采用此法。

2. 行为事件访谈法运用须知

（1）行为事件访谈法访谈的内容

行为事件访谈的主要过程是请被访谈者回忆过去半年（或一年）在工作上感到最有成就感（或挫折感）的关键事例，主要包括如图 8—1 所示的 5 个方面的内容。

在具体运用行为事件访谈法的过程中，访谈者要求被访谈者就具体行为事件按照情境、

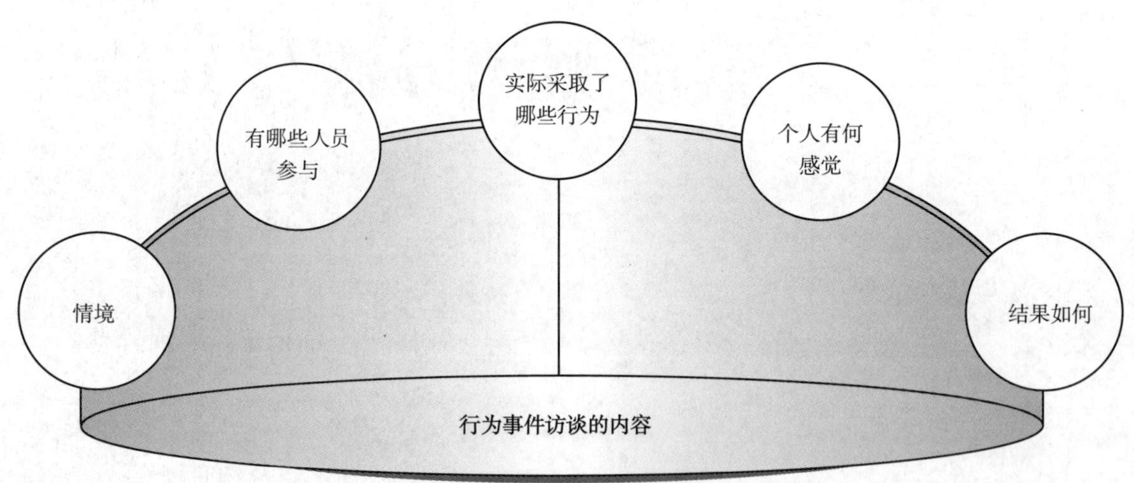

图 8—1　行为事件访谈的内容

任务、行动、结果四要素展开，描述事件所处的环境，被访谈者当时是如何行动的，需要达到什么样的目标。访谈者可根据被访谈者对以上内容的回答了解被访谈者的分析判断能力、解决问题能力等多方面的信息。

（2）行为事件访谈法运用的优缺点

行为事件访谈法是一种深度访谈，主要用于挖掘个人在过往事件中的具体行为和心理活动，是发现什么样的能力素质是使优秀员工走向成功的最有效的工具，其优缺点如图 8—2 所示。

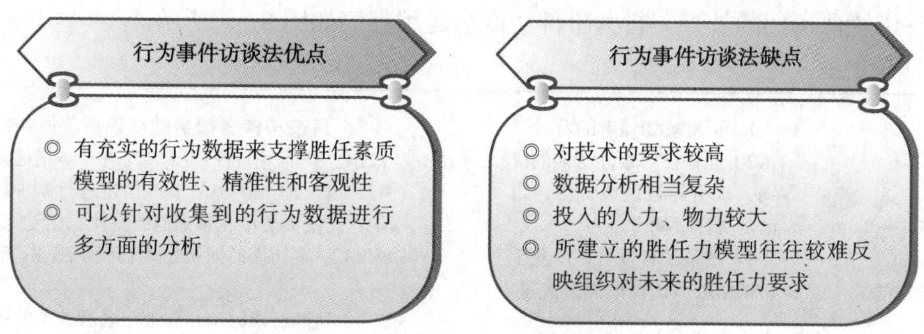

图 8—2　行为事件访谈法的优缺点

（3）行为事件访谈法运用的要求

企业实施行为事件访谈法主要有五点要求，如图 8—3 所示。

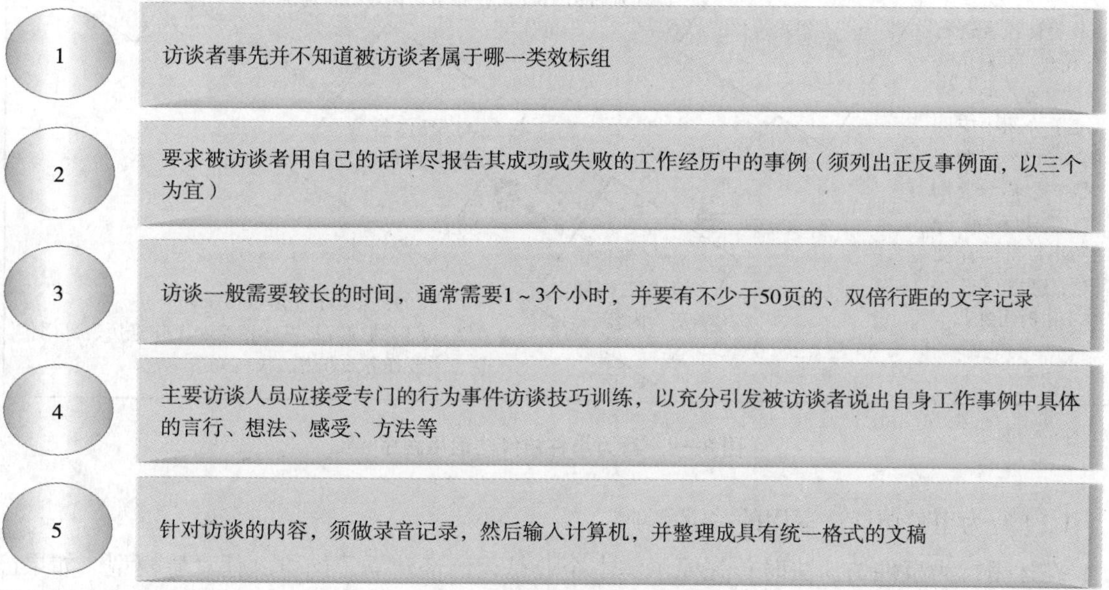

图 8—3　行为事件访谈法运用的要求

3. 行为事件访谈法运用程序

（1）行为事件访谈法运用程序图

行为事件访谈法的运用分为访谈前的准备，介绍和解释，了解被访谈者工作履历、内容，具体行为事件访问，总结归纳、结束访谈五个阶段。

其中，访谈前的准备阶段是其他各阶段实施的保障，介绍和解释、了解被访谈者工作履历、内容阶段有利于具体行为事件访问的开展，而且具体行为事件访问开展得顺利与否直接关系到行为事件访谈法运用的效果。行为事件访谈法运用程序如图 8—4 所示。

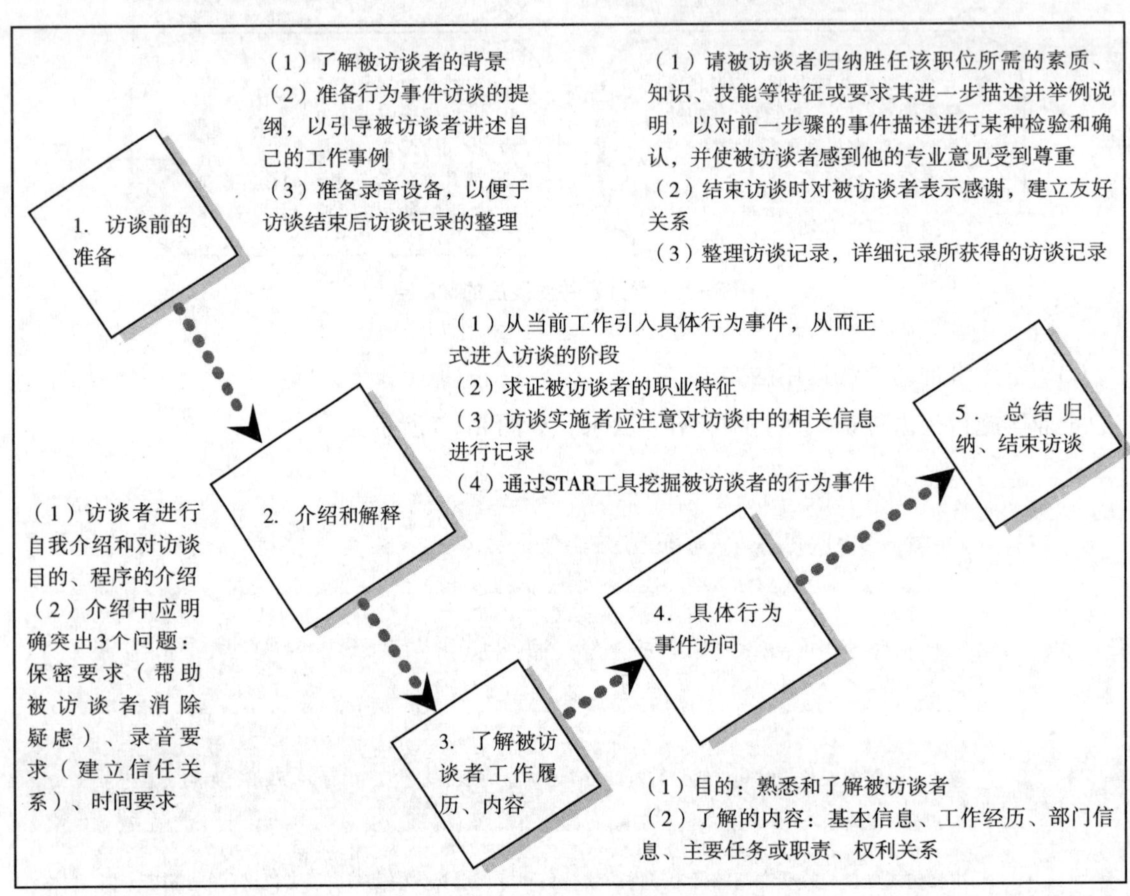

图 8—4　行为事件访谈法运用程序

（2）行为事件访谈法运用的关键事项

在运用行为事件访谈法时首先要了解本企业是否已经建立了岗位胜任素质模型，如果已经建立就可以围绕岗位胜任素质模型来进行问题设计；反之，访谈的实施者至少要清楚适合本企业的一些通用素质要求，以提升面试访谈的技巧。

在访谈实施过程中，访谈实施者访谈的重点是收集被访谈者在代表性事件中的具体行为和心理活动等详细信息。企业运用行为事件访谈法应注意如图 8—5 所示的五个关键事项。

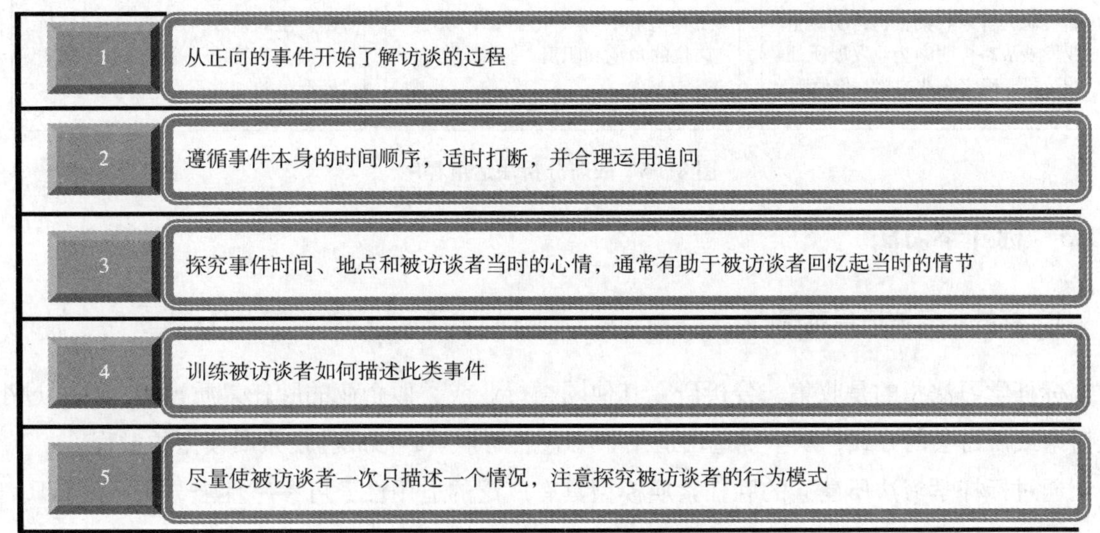

图 8—5　行为事件访谈法运用的关键事项

8.1.2　战略分析法

1. 战略分析法适用范围

运用战略分析法构建胜任素质模型是一种从企业使命、愿景、战略以及价值观中，推导出特定员工群体所需的导致高绩效特质的方法。主要应用工具为小组讨论。战略分析法的基本假设是：胜任力模型作为一套对任职者特质的要求，其最终目的是公司愿景、战略等目标的实现，并体现组织的核心价值观。

战略分析法主要适用于人员配备较少、难以采集到有代表性样本的岗位。同时在牺牲部分精准度的条件下不影响企业的运作，也可以采用此法。通过战略分析法所建立的胜任素质模型能体现出未来战略的导向性、牵引性，比较符合企业的现状，而且可以集中反映战略对人员的要求，也能在一定程度上反映岗位要求。

2. 战略分析法运用程序

运用战略分析法构建胜任素质模型的过程实质是一个逻辑推导过程，其运用程序包括三个阶段，如图 8—6 所示。

企业资源与环境调查	工作分析	胜任素质建模
通过战略澄清、文化梳理、行业标杆研究等来收集资料，明确企业发展战略，明晰企业发展所处的阶段，确定企业的核心价值观	运用问卷调查、考查法等进行工作分析，推导出各部门关键岗位的角色和职责	根据企业战略和岗位特质，推导出产生高绩效，所需要各岗位员工具备的特质，并建立胜任素质模型

图 8—6　战略分析法运用程序

8.1.3　标杆学习法

1. 标杆学习法适用范围

标杆学习法指的是收集、分析研究其他同类行业或类似企业的胜任素质模型，并通过小组讨论或研讨会的方式，从中挑选出适用于本企业的素质，形成胜任素质模型的过程。

通过标杆学习法所建立的胜任素质模型具有广泛的适用性，可参考性强，所有的素质都经过分析、比较和研究，可操作性较强。但是由于共性过多，缺乏自己的特征，没有本企业的数据来支撑胜任素质模型的有效性和适用性。

2. 标杆学习法运用程序

标杆学习法的实施分为拟订标杆学习计划，收集、分析标杆数据，制定实施方案，实施、调整四个阶段。其中，拟订标杆学习计划阶段，收集、分析标杆数据阶段和制定实施方案阶段为实施、调整阶段提供保障，而且实施、调整阶段工作的严格执行与否，直接关系到标杆学习法运用的效果。标杆学习法运用程序如图 8—7 所示。

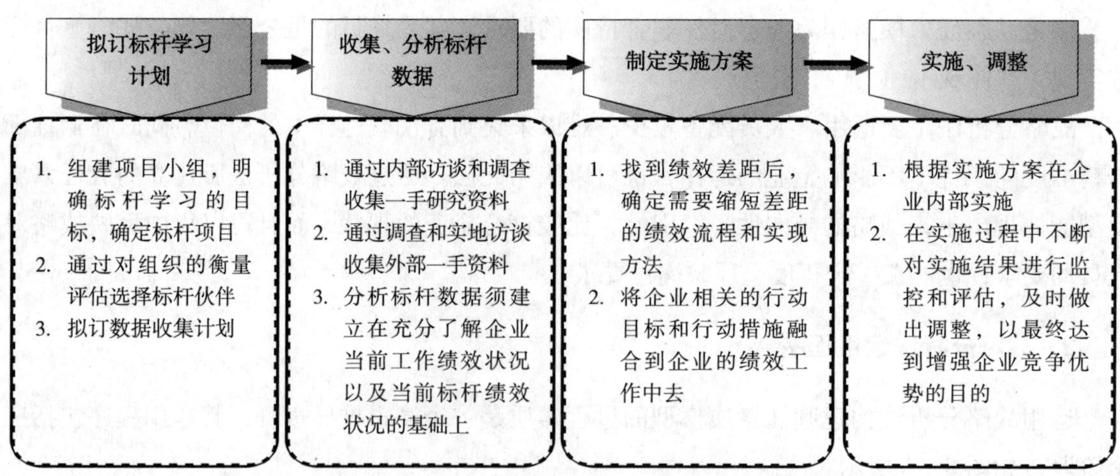

图 8—7　标杆学习法运用程序

8.1.4　专家小组讨论法

1. 专家小组讨论法运用须知

专家小组讨论法又称“德尔菲法”，指的是企业通过召集对目标岗位有充分了解和深刻认识的专家，让他们用头脑风暴法讨论，以得出表现突出者不同于表现一般者的特点的过程。

企业在选取专家小组成员的过程中，应充分考虑企业的实际需要，采用内部人员（组织内部有多年目标岗位工作经验的资深员工、直接管理者、退休人员等）、外部专家（组织外部对企业有深入研究和充分了解的研究型专家）相结合的方式，尽量保持专家小组成员的多样化，以从不同角度对目标岗位提出不同的素质要求。

专家小组讨论法在企业投入的人力、财力和物力方面，相比行为事件访谈法要节省许多，但由于样本量的限制，单纯使用这一方法，效度要比行为事件访谈法低。

因此，在实际工作过程中，企业应将专家小组讨论法更多地与简化的行为事件访谈法组合实施，即用专家小组讨论法确定素质模型的要素，再用简化的行为事件访谈法对目标岗位的任职者进行访谈，收集具体的行为和事件，以确定各个要素的操作定义和评价等级。

2. 专家小组讨论法运用程序

专家小组讨论法的实施分为组成专家小组、提供材料、提出意见和看法、修改意见、综合处理专家意见五个阶段。

其中组成专家小组阶段是其他各阶段的准备性工作，而且专家选择合适与否直接关系到专家提出意见和看法、专家修改意见和综合处理专家意见的准确性、有效性。专家小组讨论法运用程序如图 8—8 所示。

8.1.5　口语主题分析编码法

1. 口语主题分析编码法运用须知

由行为事例访谈记录的内容来提取胜任力并进而建立起胜任力模型，需要运用主题统觉测验来提炼特征主题定义，并运用口语表达内容分析法来对特征主题定义进行编码积分，在这里统称口语主题分析编码法。

口语主题分析编码法提供了将从行为事件访谈获得的口语内容转化成客观的定义和分值的途径，并可由不同的观察评价者通过此种评价方法获得一致的评价结果。

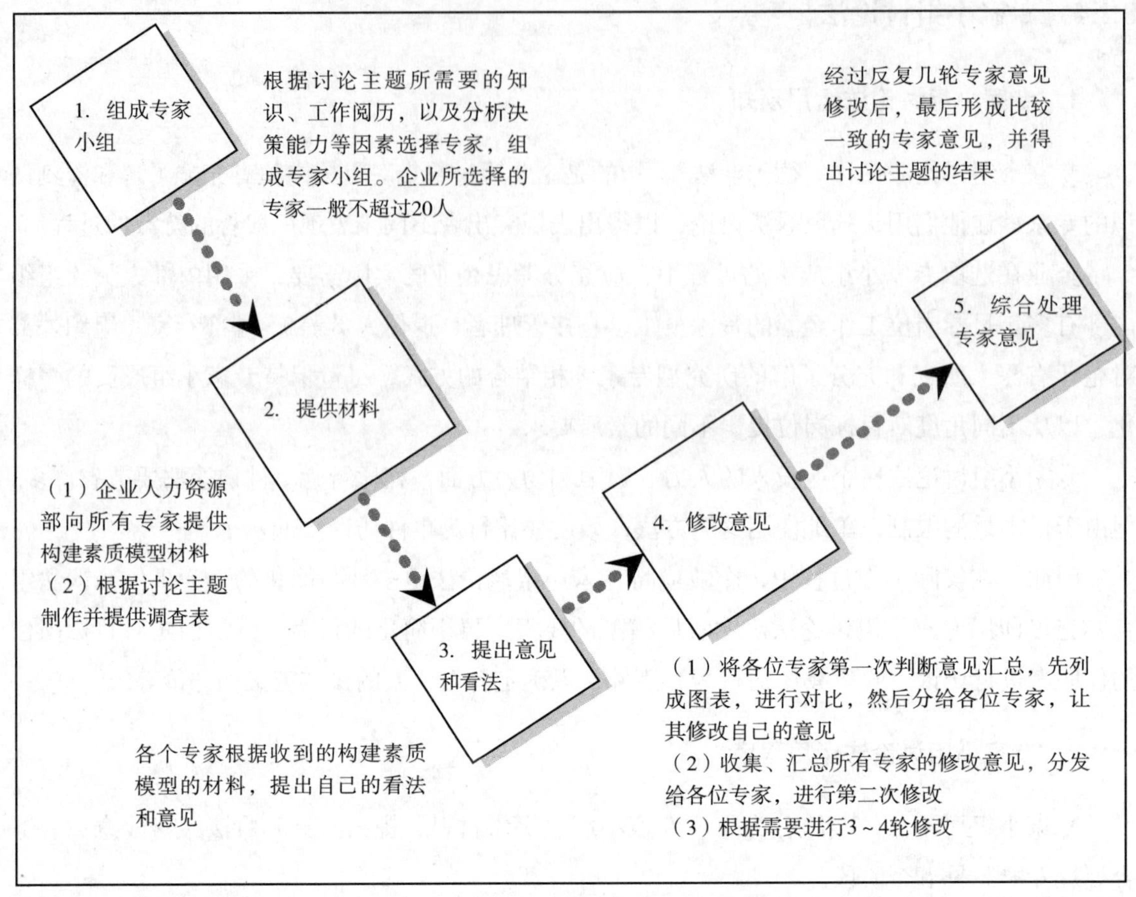

图 8—8　专家小组讨论法运用程序

2. 口语主题分析编码法运用程序

口语主题分析编码法的实施主要分为组织编码小组、试编码并两两交流、总体讨论汇总、编码一致性统计、正式编码五个阶段。其中，组织编码小组阶段是试编码并两两交流、总体讨论汇总、编码一致性统计实施的前提，而且为正式编码提供人员保证。口语主题分析编码法运用程序如图 8—9 所示。

8.1.6　胜任素质模型构建步骤

要做好员工胜任素质模型的构建工作，应该分步骤进行。其中，胜任素质模型构建步骤如图 8—10 所示。

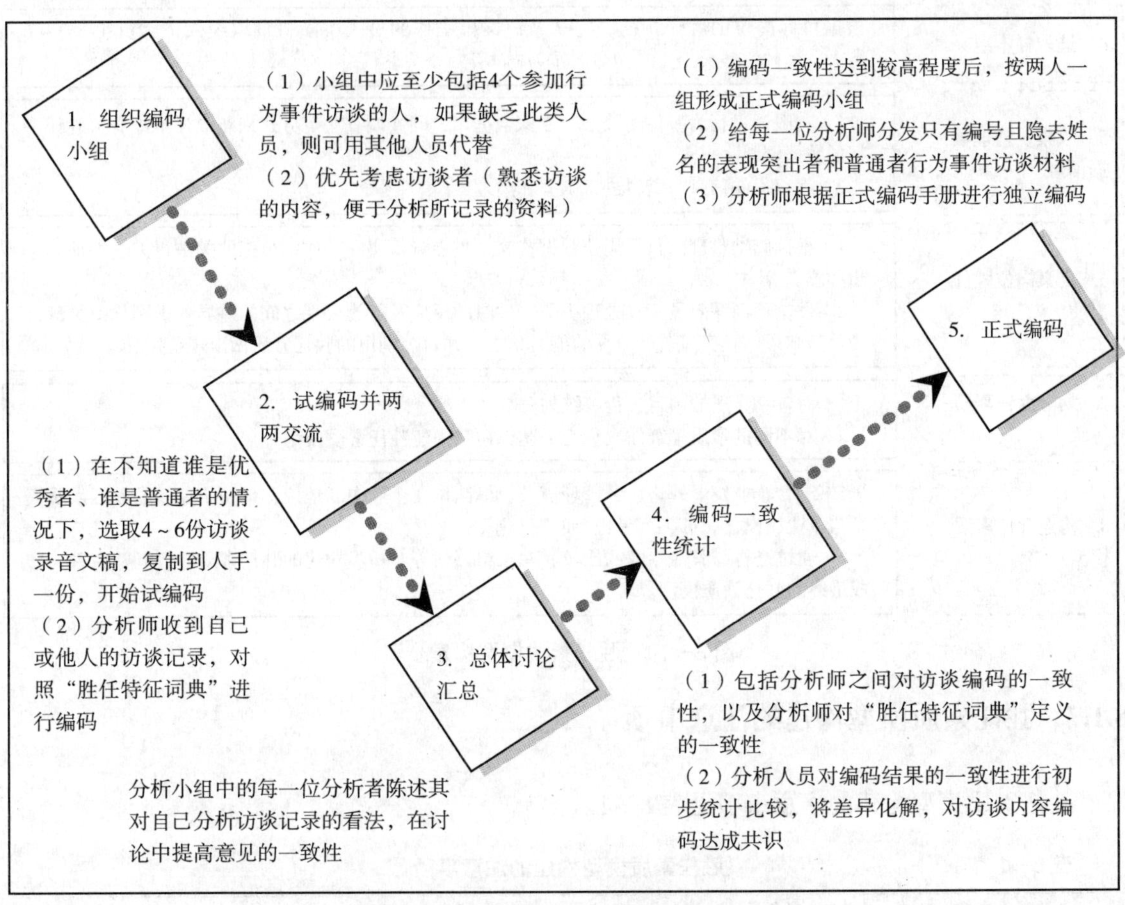

图 8—9　口语主题分析编码法运用程序

步骤	实施内容
1. 明确企业战略目标	（1）企业人力资源管理者分析影响战略目标实现的关键因素，研究企业面临的挑战 （2）提炼出企业要求员工应具备的胜任素质，最终构建出符合企业文化及环境的胜任素质模型
2. 确定目标岗位	（1）选择那些对企业战略目标的实现起关键作用的核心岗位作为目标岗位 （2）分析目标岗位要求员工所应具备的胜任素质特征，最终构建出符合岗位特征的胜任素质模型
3. 界定绩优标准	（1）对目标岗位的各项构成要素进行全面评估，区分员工在目标岗位绩效优秀、一般和较差的行为表现，从而界定绩优标准 （2）将界定好的标准分解细化到各项具体任务中去，最终识别任职者产生优秀绩效的行为特征

步骤	内容
4. 选取样本组	根据目标岗位的胜任特征，在从事该岗位工作的员工中随机抽取绩效优秀员工（3～6名）、绩效一般员工（2～4名）作为样本组
5. 收集、整理数据信息	（1）一般通过行为事件访谈法、专家数据库、问卷调查法等方式来获取样本组有关胜任特征的数据资料 （2）将获得的信息与资料进行归类和整理
6. 定义岗位胜任素质	（1）根据归纳整理的目标岗位数据资料，重点分析实际工作中员工的关键行为、特征、思想和感受等 （2）发掘不同绩效员工在处理类似事件时的反应及行为表现之间的差异，识别导致关键行为及其结果的具有显著区分性的能力素质，并对识别出的胜任素质做出规范定义
7. 划分胜任素质等级	（1）对各个素质的项目进行等级划分 （2）对不同的素质等级作出行为描述，初步构建胜任素质模型
8. 构建胜任素质模型	（1）结合企业发展战略、经营环境及目标岗位在企业中的地位，将初步建立的胜任素质模型与企业、岗位、员工三者进行匹配与平衡 （2）通过进行与其他专业的比较、专家组评估等对初步构建的胜任素质进行调整完善，形成最终的胜任素质模型

图 8—10 胜任素质模型构建步骤

8.1.7 胜任素质模型构建的注意事项

胜任素质模型构建的注意事项见表 8—1。

表 8—1 胜任素质模型构建的注意事项

注意事项	相关说明
建模程序的合理性	基本程序：定义绩效标准，建立标准样本，收集标准样本有关胜任特征的数据信息，建立胜任力模型，验证胜任力模型
模型与组织目标一致	企业在确定某一职位的胜任力时，须在某种程度上自上而下分解，即由“企业使命”确定“企业核心战略能力”，由“企业核心战略能力”确定“企业业务发展需要的能力”，由“企业核心战略能力”确定“职位需要的胜任力”
模型适应市场环境变化	市场环境的变化会使同一岗位对人的能力的要求发生变化，进而促使胜任素质模型发生变化
模型适应组织文化	每个组织都有特定的文化，组织应根据本身的文化建立胜任素质模型，选拔合适的人员，避免成本浪费
注重时间、资源要求	在选拔人才之前，留足建立胜任素质模型的时间，避免人才选拔无所依据 注意考虑组织内部是否有足够的访谈人员、编码人员、数据分析人员，并做好胜任素质模型建立的预算工作

8.1.8 基于胜任力模型的人才选拔步骤

要运用胜任力模型做好选拔人才的工作，应该分步骤进行，并且严格按照人才选拔的流程，注意明确人才选拔需求和人才选拔岗位的胜任特征，以及选择人才选拔的渠道，实施选拔活动，并最终做出选拔决策。基于胜任力模型选拔人才的步骤如图 8—11 所示。

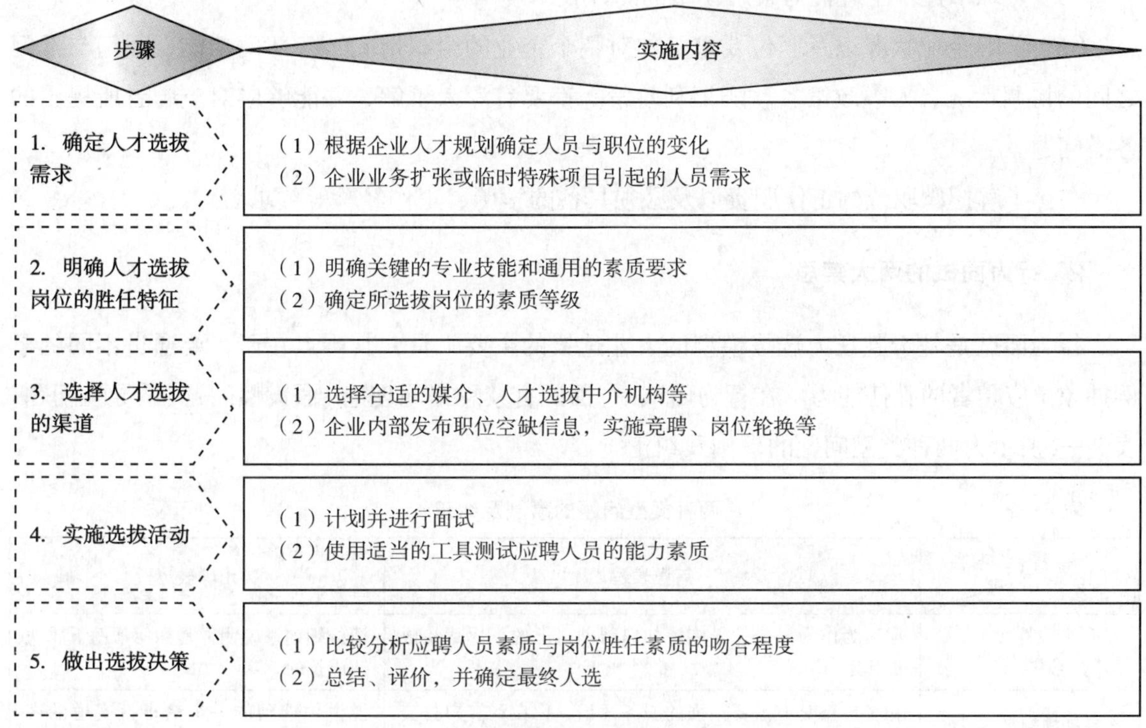

图 8—11　基于胜任力模型选拔人才的步骤

8.1.9　基于胜任力模型人才选拔注意事项

基于胜任力模型的人才选拔方式能够帮助组织找到能胜任岗位的员工，有效避免由于人员挑选失误所带来的不良影响，从而减少企业的培训支出。企业基于胜任力模型选拔人才时应注意以下事项：

1. 挑选合格的面试者

面试官一般由人力资源部工作人员、用人部门主管、企业高层领导、外部聘请专家等人员组成。

合格的面试官应具备以下 7 个条件：

（1）良好的个人品格和修养。

（2）掌握相关的专业知识，至少在一个面试考官小组的知识结构上不存在缺口。

（3）能够熟练运用各种面试技巧，能够准确、快速地对应聘者做出判断。

（4）能够以客观、公正的态度对待每一位应聘者，并对其在面试过程中的表现做出客观、公正的评价。

（5）熟练掌握基于胜任力素质模型的测评技术。

（6）了解企业状况以及职位要求，如对整个企业的组织情况、各部门功能、部门与部门之间的协调状况、人事政策、薪酬福利政策等都要有深入了解，并能够应对应聘者所提出的各类问题。

（7）了解招聘职位的工作职责以及必须具备的学历、工作经验等要求。

2. 行为面试的两大禁忌

行为面试是基于胜任力选拔模型的人才选拔的主要工具，其难点在于，要通过不同的事例抽象出应聘者的胜任能力。在行为面试中，面试官禁忌提问理论 / 假设性问题、诱导性问题。表 8—2 所示为两种类型问题的事例及纠正。

表 8—2　两种类型问题的事例及纠正

内容 题型	错误表述	正确表述
理论/假设性问题	你认为作为一个领导应该如何帮助自己的下属尽快成长起来	请详细列举说明你是如何帮助下属快速成长的
诱导性问题	和客户打交道需要很强的服务意识，你在和客户打交道的时候是如何做的	说说你遇到的一个最难打交道的客户，你是怎样做的，结果如何

3. 加强宣传、沟通

在进行企业内部人才选拔宣传时，应公开人才选拔的程序，根据胜任力模型来甄选人才，以消除员工“陪练心理”等的消极想法，从而积极参与到企业的人才选拔中来。

在进行企业外部人才选拔宣传时，则应表现出欢迎人才的态度，并提供一些有吸引力的待遇，强调对求职者诚信度的要求，坚决抵制不诚信的行为。

4. 笔试试题的编制

笔试是企业人才选拔工作中的一项重要工具，笔试试题的编制应遵循一定的原则，否则会影响企业的人才选拔工作，影响企业选择合适的人选。

企业编制笔试试题时，应从难易程度、质量、实用性等方面考虑，把握难度适中，信度高、效度大，适用性强，客观、严谨四项原则，以使人员选拔更客观、更有针对性。

8.1.10　企业营销人员胜任素质模型

为了使企业营销人员能够高效地完成各项工作，各岗位的任职人员一般需要具备三个层面的素质，即职业素养、知识、技能 / 能力，其主要内容如图 8—12 所示。

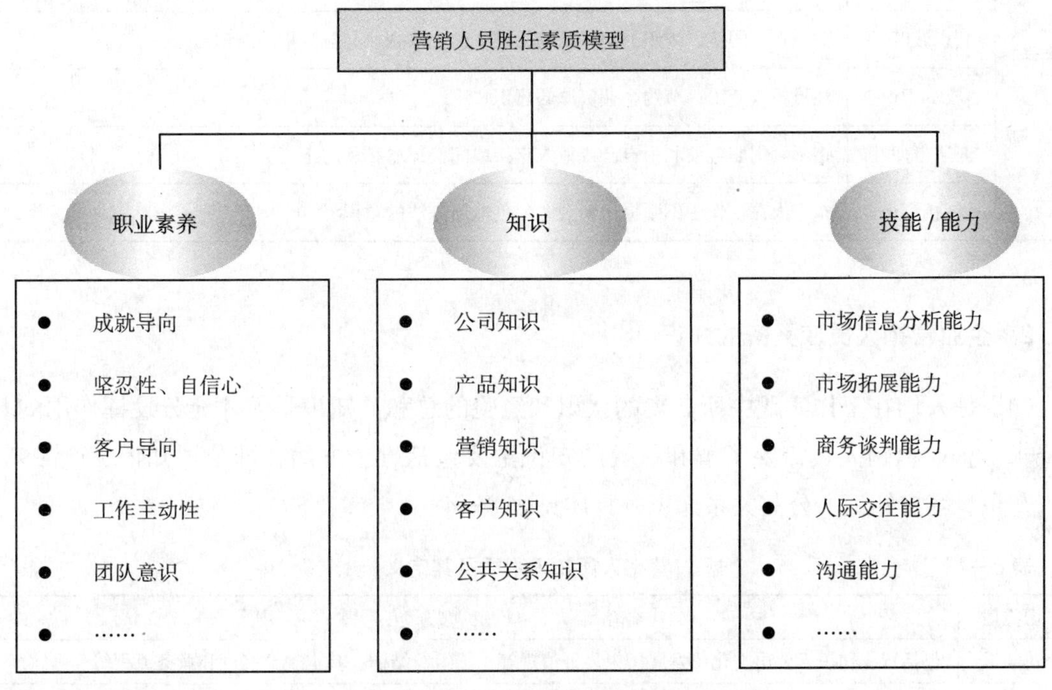

图 8—12　营销人员胜任素质模型

1. 企业营销人员应具备的职业素养

职业素养指的是职业内在的规范和要求，是员工在任职过程中表现出来的品质。对企业营销人员来说，其职业素养主要体现在成就导向，坚忍性、自信心，客户导向、工作主动性、团队意识等方面，其定义见表 8—3。

表 8—3　　营销人员职业素养及其定义

职业素养	成就导向	又称成就欲、进取心，指个人希望更好地完成工作或达到某一绩效标准，强烈追求成就的持续性愿望
	坚忍性	也可称为耐受力、承压能力、自我控制能力和意志力等，指人们在巨大的压力环境下克服外部和自身的困难，坚持完成指定任务的倾向
	自信心	一种对自己的观点、决定、完成任务的能力、有效解决问题的能力的自我信仰
	客户导向	指个人关注内外部客户不断变化的需求，竭尽全力帮助和服务客户，为客户创造价值的意愿和态度

续表

职业素养	工作主动性	在日常工作中不需他人指派，主动承担相应的工作
	团队意识	指个人自觉地融入团队，与同事团结合作共同完成工作任务的意识
	诚信意识	以诚实、善良的心态行使权利、履行义务
	忠诚度	对工作、团队、组织的信任及在关键事件上以企业利益为重的意识
	成本意识	注重投入产出，节约企业资源的意识
	廉洁自律性	指不利用职务便利为自己或他人直接或间接谋取私利的态度
	创新意识	指个人在工作中不断提出新观念、创造新方法的意识

2. 企业营销人员应具备的知识

知识是人们在工作实践中所获得的认识和经验的总和，知识是人才充分发挥作用的基础性要求。企业营销人员需要了解和掌握的知识主要包括五个方面，即公司知识、产品知识、营销知识、客户知识、公共关系知识，具体见表 8—4。

表 8—4　　营销人员知识素质及其定义

知识类型	定　义
公司知识	包括行业知识、公司文化（发展历史、价值观等）、组织结构、基本规章制度和业务流程等
产品知识	包括产品的名称、性能与特点、销售状况、与其他公司产品相比的优劣点、价格特点等
营销知识	主要包括三大类知识：A类，营销心理学、公共关系学、客户关系管理、营销渠道管理、价格管理、终端管理；B类，预测与调研、营销信息管理、市场策划、品牌管理、广告学；C类，推销与销售技巧、客户服务技巧等
客户知识	包括客户的注册知识、内部管理知识及外部评价等相关知识
公共关系知识	包括公共关系对象、公共关系行为主体、公共关系过程管理等方面

3. 企业营销人员应具备的能力 / 技能

能力是人们在工作过程中所表现出来的解决问题可能性的个性心理特征，是完成任务、达到目标的必备条件；而技能则是指人们运用相关知识及各种资源解决问题、完成工作的某一方面的能力。

对企业营销人员来说，不同的岗位要求其应具备的技能 / 能力有所区别。总体来说，这些技能 / 能力的定义及分级行为表现见表 8—5。

表 8—5　营销人员技能 / 能力及其定义

素质名称	定　义
市场信息分析能力	从市场信息收集、整理到分析运用的全程处理能力
市场拓展能力	为达成一定的市场拓展目的而需具备的沟通、组织等方面的技能和知识
商务谈判能力	在谈判中有效地达成共识并最大限度地争取和维护公司利益的能力
人际交往能力	对人际交往保持高度的兴趣，能够通过主动、热情的态度以及诚恳、正直的人格面貌赢得他人的尊重和信赖，从而营造良好的人际交往氛围
客户关系建立与维护能力	有效地与公司内部同事与外部业务伙伴及客户建立良好的工作关系，并运用各方的资源完成工作的能力
沟通能力	正确倾听他人倾诉，理解其感受、需要和观点，并做出适当反应的能力
市场判断能力	一种理性的、客观的、无偏见的采取行动或决策的能力
营销策划实施能力	指进行市场分析，制定市场策划方案，并指导方案有效实施的能力
渠道规划建设能力	能够通过自身掌握的渠道建设知识，在理解现有渠道的基础上，完成渠道布局与规划的能力
渠道管理支持能力	指为实现公司销售目标，通过整合企业各方资源对公司现有渠道提供供货支持、人员支持、物流支持并进行全方位管理的能力
建立信任的能力	坚持原则且建立信任与尊重的能力
创新能力	不受陈规和以往经验的束缚，不断改进工作学习方法，以适应新观念、新形势发展的要求
自控能力	在面对他人的反对、敌意、挑衅和压力环境下，能保持冷静，控制负面情绪和消极行为，继续完成工作任务的能力
影响力	说服或影响他人接受某一观点，推动某一议程，或领导某一具体行为的能力
亲和力	能够通过个人举止、言谈给人一种易于接近、愿意接近的感觉
团队领导能力	指能够有效地带领其团队，按照既定目标前进的能力
督导能力	为了组织及客户的最佳利益，对员工工作进行指导促使其提升技能与工作绩效的能力
培养他人能力	指通过恰当的需求分析，能将知识、经验、工作方法和技巧有效地传授给他人，以帮助其完成工作任务并促进其发展的能力
决策能力	依据对形势的分析，做出恰当、合理、及时和实际的判断并采取行动的能力

4. 企业营销人员胜任素质

通过分析营销人员的工作职责及该职位对任职人员的要求，根据企业的经营理念、文化价值观，结合营销人员胜任素质模型，建立各营销人员胜任素质模型。营销人员胜任素质汇总表见表 8—6。

表 8—6　营销人员胜任素质汇总表

知识	技能/能力	职业素养
营销总监		
营销知识 产品知识 公司知识 客户信息	影响力　决策能力 市场判断能力　商务谈判能力 渠道规划建设能力　关系网建立能力 市场策划实施能力　市场信息分析能力	成就导向 成本意识 忠诚度、廉洁自律
市场部经理		
营销知识 产品知识 公司知识 公共关系知识	计划能力　创新能力 市场导向能力　培养他人能力 团队领导能力　关系网建立能力 市场策划实施能力　市场信息分析能力	成就导向 客户导向 团队意识 工作主动性
销售部经理		
营销知识 产品知识 公司知识 客户信息	影响力　沟通能力 决策能力　团队领导能力 人际交往能力　商务谈判能力 市场拓展能力　市场信息分析能力	诚信意识 客户导向 廉洁自律性 成就导向　忠诚度
销售主管		
营销知识 产品知识 公司知识 客户信息	商务谈判能力 建立信任能力 督导能力　沟通能力 人际交往能力　市场拓展能力	进取心 坚忍性 忠诚度 客户导向
渠道主管		
公司知识 营销知识 客户信息	渠道管理支持能力 沟通能力　督导能力 市场拓展能力　创新能力	进取心 诚信意识 意志力　忠诚度
销售专员		
公司知识 产品知识 营销知识 客户信息	人际交往能力 客户关系维护与管理能力 亲和力　沟通能力 市场拓展能力　商务谈判能力	坚忍性 进取心 诚信意识 客户导向

8.1.11　企业管理人员胜任素质模型

本书构建的执行总裁胜任素质模型提取了执行总裁出色完成本职工作的核心职业素养、知识和技能 / 能力，它能够全面、客观地评估执行总裁的工作动机、工作业绩和工作潜力。具体内容如图 8—13 所示。

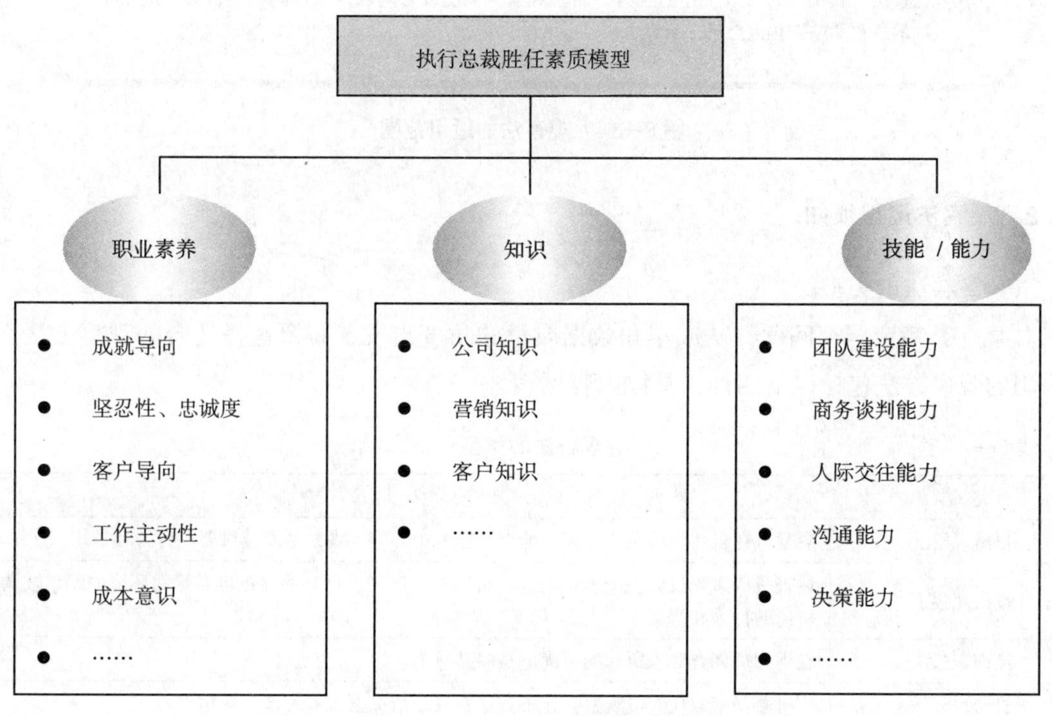

图 8—13　执行总裁胜任素质模型

8.2　胜任素质测评方法与工具

8.2.1　观察法

1. 观察法适用范围

观察法指的是工作分析小组到员工的工作现场，运用感觉器官或其他工具观察员工工作的过程、行为、内容、特点、性质、工具、环境等，并用文字或图表的形式记录下来，然后进行分析与归纳总结的一种工作分析方法。

企业在使用观察法进行工作分析时应注意其适用范围，具体内容如图 8—14 所示。

观察法的适用范围

◎ 观察法主要适用于对体力劳动者的观察，如装配线工人等，不适用于对脑力劳动者的观察
◎ 观察法一般用于对常规工作的观察，而非对紧急情况或者间歇性工作的观察，如不适用于对紧急救助站护理人员的工作观察

图 8—14　观察法的适用范围

2. 观察法运用须知

（1）观察法的类型

对某一类特定调查问题，从成本和数据质量的角度出发，需要选择适合的观察方法。通常采用的观察方法包括以下四种，具体内容见表 8—7。

表 8—7　观察法的类型

类　型	含　义
自然观察法	观察员在自然环境中（如展示地点、服务中心等）观察被调查对象的行为和举止
设计观察法	调查机构事先设计一个模拟场景，观察员在已经设计好的并接近自然的环境中观察被调查对象的行为和举止
掩饰观察法	在不为被调查对象所知的情况下观察其行为
机器观察法	用机器观察取代人员观察，此种方法在特定情况下成本更低、更精确

（2）观察法的优缺点

作为工作分析的基本工具，观察法具有其自身的优缺点，具体内容如图 8—15 所示。

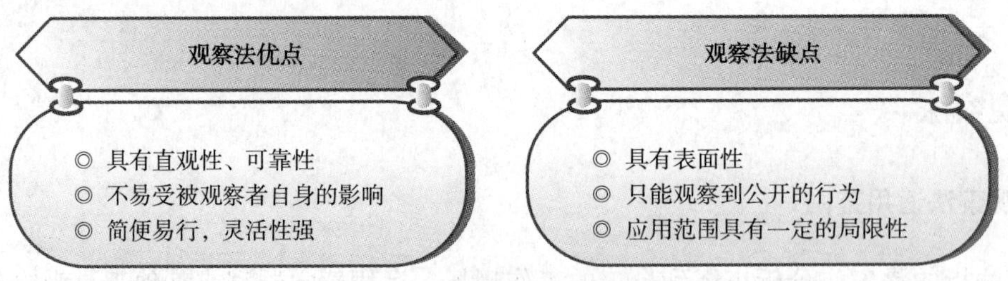

图 8—15　观察法的优缺点

（3）观察法运用的关键事项

工作分析人员在实际运用观察法时，应注意五个关键事项，具体如图 8—16 所示。

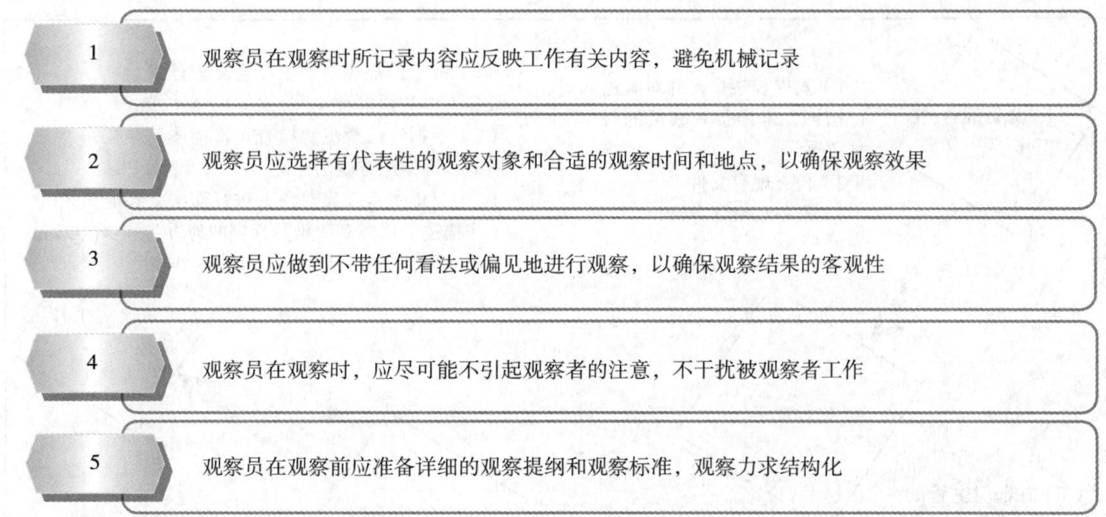

图 8—16　观察法运用的关键事项

3. 观察法运用程序

观察法的运用分为做好准备工作、进行观察、进行面谈、合并工作信息、核实工作描述五个阶段。

其中，做好准备工作阶段为其他各个阶段的实施提供保障，进行观察、进行面谈、合并工作信息、核实工作描述阶段是观察法的具体实施，而且进行观察、进行面谈、合并工作信息、核实工作描述阶段开展的顺利与否，直接关系到核实工作描述的完整性、精确性。观察法运用程序如图 8—17 所示。

8.2.2　工作取样法

1. 工作取样法运用须知

（1）工作取样法概述

工作取样法指的是通过被测试者完成一些实际工作的样本任务，测评其相关素质的一种方法。其原理是根据“从母体抽取的子样，具有近似母体的性质”这一统计学思想所建构的一种人才素质测评方法。

在这种测评方法中，测评的对象因素是实际工作所要求的任职条件，测评的内容是对未来实际工作任务的抽样，测评的环境是与未来实际工作相同的现场或模拟情景，测评的方法是先从未来实际工作相同的工作现场中选取足够量的实际工作行为样本作为标本，然后根据被测试者反应行为与抽样行为的一致性程度给出相应的分数。

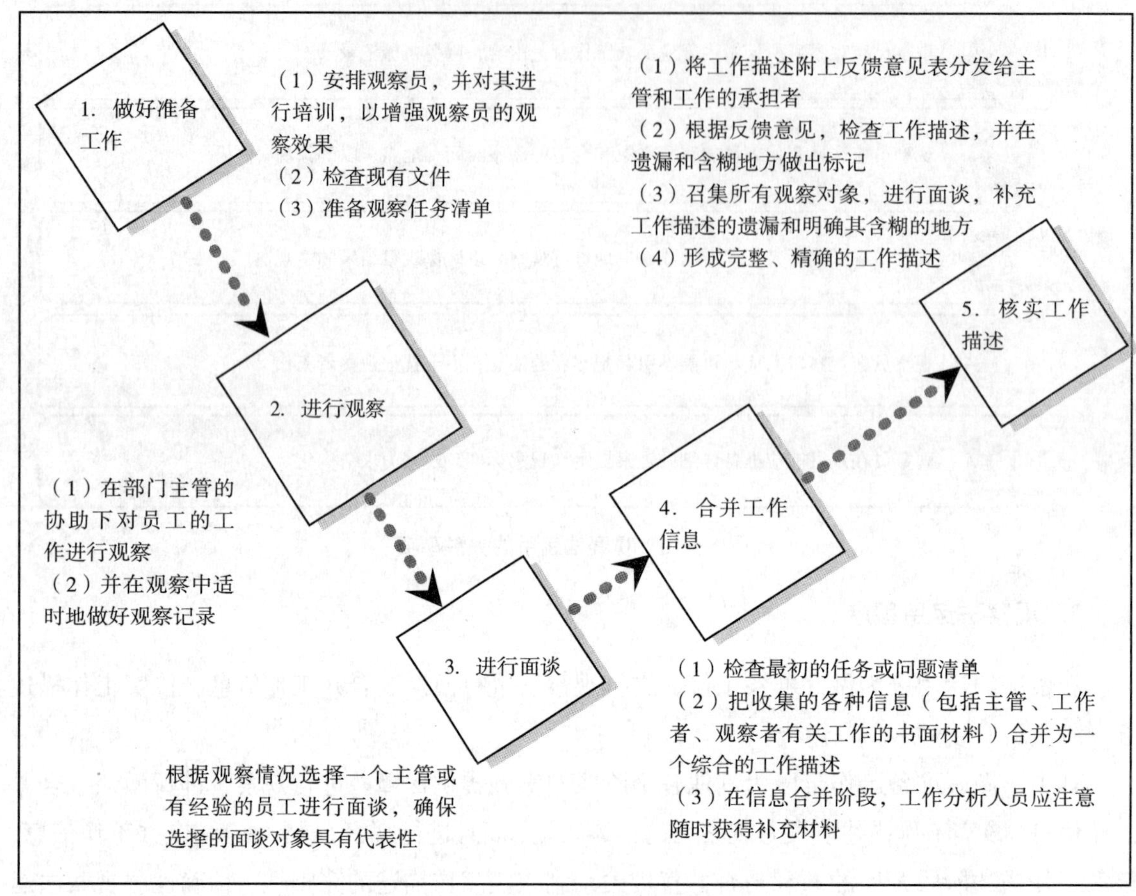

图 8—17 观察法运用程序

（2）工作取样法的类型

工作取样法划分为行为操作型、工作相关信息型、小组讨论型、情境模拟型四种，具体内容见表 8—8。

表 8—8 工作取样法的类型

类 型	相关说明
行为操作型	工作任务与体力动作有关，并涉及一系列物体，如在木头上刻画某物，裁剪衣服或使用机器等
工作相关信息型	通常用于测评担任某种工作的人所拥有的信息量，了解被测试者对相关领域知识的了解程度
小组讨论型	（1）在小组讨论型测评里，两个或多个被测试者被分到一组，对同一个主题进行讨论 （2）主要适用于测评个人贡献对整体工作起重要作用的职位
情境模拟型	（1）被测试者被要求与那些正在做此项工作的人做同样的事情 （2）此种方法或多或少地使用一些实际的工作任务，或者给被测试者一些虚拟的情境观察其反应

2. 工作取样法运用程序

工作取样法的实施分为确定工作取样的目的，决定观测项目，取得观测对象配合、做好记录，整理观测结果，确认作业能力、改进作业标准五个阶段。

其中，确定工作取样的目的阶段是工作取样法实施的主线，决定观测项目是工作取样法实施的准备工作，取得观测对象配合、做好记录阶段，整理观测结果阶段是工作取样法实施的关键，而且是否能够获得观测对象配合直接决定作业能力确认、作业标准改进的效果。工作取样法运用程序如图 8—18 所示。

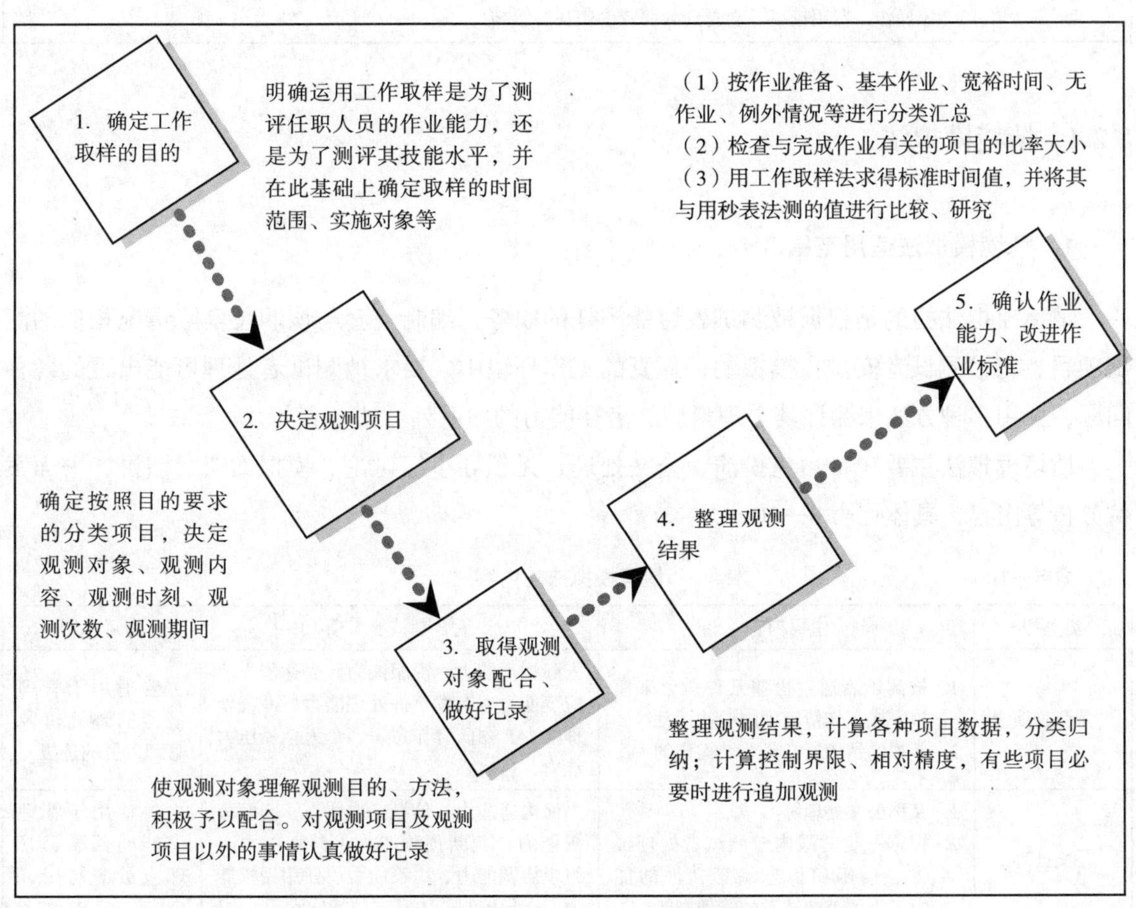

图 8—18　工作取样法运用程序

8.2.3　实证分析法

实证分析法指的是企业测评者通过调查、分析一些实际的人和事，或借助自己认为可靠的检验手段，来证明某种预想的测评结论，其运用方式主要有三种，具体内容见表 8—9。

表 8—9　　　　实证分析法的运用方式

方式	相关说明
现场调查	指为了查明或证明书面介绍与履历档案中的有关判断，消除有关疑问所进行的实地、实事、实人调查
体检	指通过医学、物理、生物化学手段测定人体组织器官与整体生理功能及健康状况的一种方法，它是素质测评中的客观方法，具有重要的筛选作用
产品分析	（1）即活动产品分析，是通过对被测试者学习、工作及其成果等的分析，来获取素质测评信息的一种方法 （2）产品分析法与其他素质测评方法相比，较为可靠、真实，能够测出被测试者的实际水平，它一般由专家操作，费用较高，会受到测评者价值观的影响

8.2.4 情境模拟法

1. 情境模拟法适用范围

情境模拟法指的是根据被测试者可能担任的职务，编制一套与该职位实际情况相似的测试项目，将被测试者安排在模拟的、逼真的工作环境中，要求被测试者处理可能出现的各种问题，并用多种方法来测评其心理素质、潜在能力的一系列方法。

情境模拟法主要包括角色扮演、公文处理、无领导小组讨论、模拟面谈、演讲、书面案例分析等内容，具体见表 8—10。

表 8—10　　　　情境模拟法的内容

类　型	主要内容	适合考核能力项	适用说明
角色扮演	1. 被测试者通过扮演某种角色来模拟完成工作情境中的一些活动 2. 模拟的情境通常是非结构化的	人际沟通能力、说服能力、表达能力、应变能力、突发事件处理能力、冲突处理能力、团队合作意识、个人承受压力能力、自信心	主要适用于管理潜能的预测以及管理人员的选拔
公文处理	1. 又称公文处理练习 2. 根据一定时限内被测试者处理报告、信函和备忘录等文件的能力，测评被测试者的管理潜能	书面沟通能力、信息获取能力、问题分析能力、判断预测能力、计划能力、组织协调能力、决策能力、任用授权能力、指导控制能力和岗位特殊素质	主要适用于管理潜能的预测、管理人员的聘用、选拔
无领导小组讨论	一组无具体负责人的被测试者在一定的时间内围绕给定的问题或在既定的背景下展开讨论，提出小组意见	组织协调能力、口头表达能力、综合分析能力、说服能力、洞察能力、影响力、人际交往倾向、自信心、积极主动性、自我控制能力、责任感和团队合作意识	适用于管理能力的评价、管理人员的聘用与选拔

续表

类　型	主要内容	适合考核能力项	适用说明
模拟面谈	1. 测评人由经过培训的人员担任，对面谈过程进行观察、评价 2. 测评人员可以直接扮演与被测试者谈话的角色	主动性、适应性、沟通能力、独立性、自信心、思维灵活性与敏捷性、情绪稳定性等	可以与公文筐测验结合使用
演讲	被测试者按照给定的材料组织内容，并向测评人员阐述自己的观点和依据	组织能力、分析能力、语言表达能力、分析推理能力、面对压力的反应能力和时间管理能力	可以与其他测评方法结合使用
书面案例分析	被测试者阅读相关问题及材料，准备出一系列建议、对策及分析报告	组织规划能力、创新能力、综合分析能力、决策判断能力、基本业务技能和书面表达能力	可以与其他测评方法结合使用

2. 情境模拟法运用须知

（1）情境设计的注意事项

情境设计应注意如图 8—19 所示的 5 点内容。

相似性
- ◎ 素质相似：情境模拟中所测评的素质应与实际工作中经常需要的工作素质相一致
- ◎ 内容相似：情境模拟中被测试者所要完成的工作活动与实际工作的内容相一致
- ◎ 条件相似：情境模拟中被测试者所拥有的工作条件与实际工作中工作条件相一致

典型性
- ◎ 所模拟的工作情境是被测试者未来任职工作中最为主要和关键的内容
- ◎ 所设计的情境不是从实际工作中节选的一段，而是把实际工作情形中多种关键的情形归纳、概括在一起，使本来不同时间、情形下发生的事情集中在一起出现

逼真性
- ◎ 所设计的情境，在环境布置、气氛渲染与评价要求等方面都必须与实际相仿，否则情境模拟就会失去其测评的价值
- ◎ 所设计的情境是根据一定的工作原型与生活规律经过加工创造的情境

主题突出
- ◎ 整个情境的设计应该使被测试者的行为活动围绕一根主线进行，突出表现所需测评的素质
- ◎ 突出主题有利于节约测评的时间

立意高
- ◎ 立意应从大处着眼，从素质的宏观结构与深层内涵出发，使整个情境模拟的每一步都有所根据
- ◎ 注意留给被测试者的问题入口要具体，以使其能从小处着手，而不会感到漫无边际

图 8—19　情境设计的 5 点注意事项

（2）情境模拟法的优缺点

情境模拟法的优缺点如图 8—20 所示。

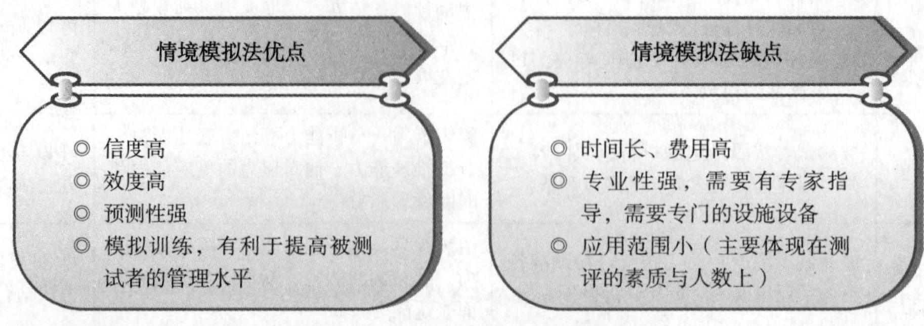

图 8—20　情境模拟法的优缺点

3. 情境模拟法运用程序

情境模拟法的实施分为准备工作、主要测评人员培训、实施测评三个阶段。其中，准备工作阶段和主要测评人员培训阶段是实施测评阶段的工作保障，而且测评实施的顺利与否直接关系到情境模拟法运用的效果。情境模拟法运用程序如图 8—21 所示。

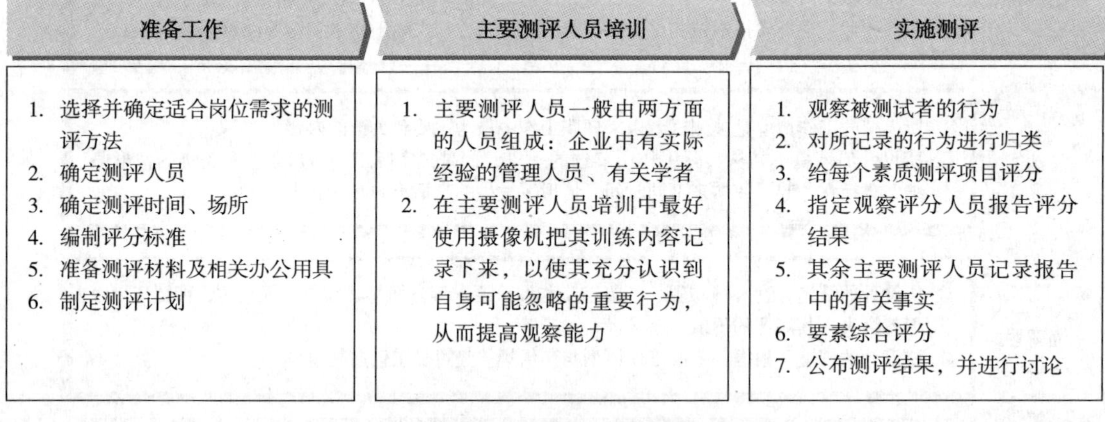

图 8—21　情境模拟法运用程序

8.2.5　招聘专员胜任素质测评方案

<table>
<tr><td rowspan="2">方案名称</td><td rowspan="2">招聘专员胜任素质测评方案</td><td>编　号</td><td></td></tr>
<tr><td>受控状态</td><td></td></tr>
<tr><td colspan="4">一、素质测评背景
××电子企业因发展需要，为各部门招聘了一定数量的人员。而最近总经理发现企业各个部门效率明显下降，为</td></tr>
</table>

了尽快找出原因，总经理授权人力资源部经理首先对企业所有的招聘专员进行胜任素质测评，并指明此项测评的重要意义，即为未来招聘专员的招聘和选拔提供一个可靠的工具。

二、组建测评小组

人力资源部经理在得到授权后，开始组建测评小组。在组建过程中，他还调查了人员素质测评的市场行情，选取了一家专业的咨询公司作为合作伙伴。

最终，由两位测评专家、人力资源部经理、总经理、招聘主管、人力资源部经理助理共6人组成测评小组，并进行了职责分工。

三、构建招聘专员胜任素质指标体系

（一）收集资料整理出所有的相关素质

通过与招聘主管和人力资源部经理沟通，分析招聘专员的工作情况以及查阅招聘专员的职位说明书和绩效考核资料，两位测评专家结合素质库选出了以下与招聘专员相关的备选胜任素质。具体内容见下表。

招聘专员备选胜任素质

测评要素	备选胜任素质
个人内在能力	身体素质、专业知识、基本技能、能力倾向、个人性格、自信心、诚信意识、原则性、服务意识、工作主动性、亲和力、成本意识
人际关系能力	信息沟通能力、说服能力、人际交往能力
其他能力	创新能力、计划执行能力、团队合作能力、识人用人能力、思维能力、沟通能力、协调能力

（二）开展行为事件访谈

人力资源部经理安排两位测评专家开展行为事件访谈，访谈对象分别是绩效优秀者、绩效普通者。访谈时，测评专家并不知道访谈对象的绩效水平。

访谈结束后，测评专家要对取得的数据进行全面整理和分析，筛选、合并备选胜任素质，确定最终的测评要素。

（三）定义胜任素质

测评专家对所确定的胜任素质要素分别加以定义，制成“招聘专员胜任素质及其定义”表格。此表格有两个用途：一是作为测评小组成员的培训资料，使其了解招聘专员应具备的素质及其具体含义；二是为设置测评标准提供依据。招聘专员胜任素质及其定义见下表。

招聘专员胜任素质及其定义

测评要素	胜任素质	素　质
个人内在能力	身体素质	健康，有耐力，手臂肌肉运动灵活，手眼配合灵巧
	知识与技能	1. 专业知识：掌握与人员招聘有关的知识（包括招聘的方法、程序和规定），熟悉《劳动法》《劳动合同法》等法律法规 2. 熟练使用相关办公软件：如Word、Excel、PPT等 3. 招聘专员工作经验：在招聘专员类似的职位上工作两年以上，接受过招聘方面的培训
	能力倾向	智力水平、一般能力倾向
	人格	1. 积极主动性：在日常工作中不需要他人指派，主动担任相应的工作 2. 职业兴趣与适应性、职业价值取向 3. 诚信正直
人际关系能力	信息沟通能力	1. 能够理解和把握上级的意图 2. 能够以口头形式准确地向上级汇报工作

续表

测评要素	胜任素质	素　质
人际关系能力	个人影响力	获得上级支持的能力、获得下属和同事尊重和支持的能力
	人际交往能力	与同级沟通的技巧、与上级沟通的能力
其他能力	团队合作能力	与团队成员密切配合、共同完成工作任务的能力
	协调能力	通过沟通与组织内外部人员达成某种共识的能力
	沟通能力	正确听取他人意见，理解其感受、需要、观点，并作出适当反应的能力
	思维能力	通过对外界事物、事件等的感知，运用分析、推理得出某种认知的能力
	创新能力	不受成规和以往经验的束缚，不断改进工作和学习方法，以适应新观念、新形势发展的要求的能力

（四）调查各个测评要素的相对重要程度

人力资源部编制了“招聘专员测评要素重要程度调查表”，在测评小组内实施调查，以便确定各个要素的权重。招聘专员测评要素重要程度调查表如下：

招聘专员测评要素重要程度调查表

测评要素	测评指标	重要程度等级			
		一般重要（60～69分）	比较重要（70～79分）	很重要（80～89分）	非常重要（90～100分）
个人内在能力	身体素质				
	知识与技能				
	能力倾向				
	人格				
人际关系能力	信息沟通能力				
	个人影响力				
	人际交往能力				
其他能力	团队合作能力				
	协调能力				
	沟通能力				
	思维能力				
	创新能力				
备注	各指标的总分为100分，分为四个等级：60～69分表示“一般重要”，70～79分表示“比较重要”，80～89分表示“很重要”，90～100分表示“非常重要”，请在相应栏内填入准确的分数				

（五）设置测评标准，形成指标体系

测评专家根据“招聘专员胜任素质及其定义”设置测评标志和标度，以确保评分的公正性。招聘专员胜任素质测评的指标体系具体见下表。

招聘专员胜任素质测评指标体系

<table>
<tr><th rowspan="2">测评要素</th><th rowspan="2">测评指标</th><th rowspan="2">得分</th><th rowspan="2">权重（%）</th><th colspan="2">测评标准</th></tr>
<tr><th>测评标志</th><th>测评标度/得分</th></tr>
<tr><td rowspan="10">个人内在能力</td><td rowspan="2">身体素质</td><td rowspan="2">—</td><td rowspan="2">—</td><td>健康状况</td><td>差、一般、好</td></tr>
<tr><td>手眼配合灵巧</td><td>差、中、好</td></tr>
<tr><td rowspan="3">知识与技能</td><td rowspan="3">—</td><td rowspan="3">—</td><td>专业知识水平</td><td>差、一般、比较好、很好</td></tr>
<tr><td>基本技能水平</td><td>不熟练、一般、较熟练、很熟练</td></tr>
<tr><td>招聘工作经验</td><td>不丰富、一般、较丰富、很丰富</td></tr>
<tr><td rowspan="2">能力倾向</td><td rowspan="2">—</td><td rowspan="2">—</td><td>智力倾向</td><td>智商低、中、高</td></tr>
<tr><td>一般能力倾向</td><td>弱、中、强</td></tr>
<tr><td rowspan="3">人格</td><td rowspan="3">—</td><td rowspan="3">—</td><td>积极主动性</td><td>消极怠工、较主动、积极主动</td></tr>
<tr><td>职业适应程度</td><td>不适应、适应</td></tr>
<tr><td>诚信正直程度</td><td>不诚实、诚实</td></tr>
<tr><td rowspan="9">人际关系能力</td><td rowspan="3">信息沟通能力</td><td rowspan="3">—</td><td rowspan="3">—</td><td>不能正确理解上级的意图，不能准确及时地汇报工作</td><td>___~___分</td></tr>
<tr><td>基本能正确理解上级的意图，基本能准确及时地汇报工作</td><td>___~___分</td></tr>
<tr><td>能正确理解上级的意图，能准确及时地汇报工作</td><td>___~___分</td></tr>
<tr><td rowspan="3">个人影响力</td><td rowspan="3">—</td><td rowspan="3">—</td><td>在某些事项上不能获得领导支持</td><td rowspan="3">___~___分</td></tr>
<tr><td>基本上能获得领导支持</td></tr>
<tr><td>凡事均能获得领导支持</td></tr>
<tr><td rowspan="3">人际交往能力</td><td rowspan="3">—</td><td rowspan="3">—</td><td>与同事维持正式的工作关系，偶尔在工作中开展非正式关系</td><td>___~___分</td></tr>
<tr><td>在工作之外的俱乐部等地方与同事、上级进行接触，并互相拜访</td><td>___~___分</td></tr>
<tr><td>与同事、上级能成为亲密朋友，并能对人力资源进行开发运作等</td><td>___~___分</td></tr>
<tr><td rowspan="3">其他能力</td><td rowspan="3">团队合作能力</td><td rowspan="3">—</td><td rowspan="3">—</td><td>有一定的团队合作意愿，但在具体的团队合作中稍显欠缺</td><td>___~___分</td></tr>
<tr><td>能够以团队的利益为重，从大局出发，解决问题</td><td>___~___分</td></tr>
<tr><td>能够凭借自身能力凝聚整个团队</td><td>___~___分</td></tr>
</table>

续表

<table>
<tr><th rowspan="2">测评要素</th><th rowspan="2">测评指标</th><th rowspan="2">得分</th><th rowspan="2">权重（%）</th><th colspan="2">测评标准</th></tr>
<tr><th>测评标志</th><th>测评标度/得分</th></tr>
<tr><td rowspan="12">其他能力</td><td rowspan="3">协调能力</td><td rowspan="3">—</td><td rowspan="3">—</td><td>对组织内外部人员在行动和思想上的不一致有清醒的认识</td><td>___ ~ ___分</td></tr>
<tr><td>对组织内外部产生的不和谐行为有一定的调节能力</td><td>___ ~ ___分</td></tr>
<tr><td>能够平衡组织内外部的各种关系，确保组织既定目标的达成</td><td>___ ~ ___分</td></tr>
<tr><td rowspan="3">沟通能力</td><td rowspan="3">—</td><td rowspan="3">—</td><td>表达自己的思想，观点不够简洁、清晰</td><td>___ ~ ___分</td></tr>
<tr><td>了解交流的重点，并通过书面或口头的形式，用清楚的理由和事实表达主要观点</td><td>___ ~ ___分</td></tr>
<tr><td>能够针对不同的听众调整适当的语言和表达方式以取得一致性结论</td><td>___ ~ ___分</td></tr>
<tr><td rowspan="3">思维能力</td><td rowspan="3">—</td><td rowspan="3">—</td><td>凭借自身现有的知识与经验不能对某些事件作出合理、全面的分析</td><td>___ ~ ___分</td></tr>
<tr><td>根据已经掌握的信息能够准确分析出潜在的问题，并找出应对办法</td><td>___ ~ ___分</td></tr>
<tr><td>能够将零散的信息通过自己的系统分析，处理加工成有价值的信息</td><td>___ ~ ___分</td></tr>
<tr><td rowspan="3">创新能力</td><td rowspan="3">—</td><td rowspan="3">—</td><td>因循守旧，对新事物持敌视态度</td><td>___ ~ ___分</td></tr>
<tr><td>对新事物有良好的接受性</td><td>___ ~ ___分</td></tr>
<tr><td>创造性地落实上级布置的各项工作</td><td>___ ~ ___分</td></tr>
<tr><td>备注</td><td colspan="5">各指标的总分为 100 分，分为四个等级：60 ~ 69 分表示“一般重要”，70 ~ 79 分表示“比较重要”，80 ~ 89 分表示“很重要”，90 ~ 100 分表示“非常重要”，请在相应栏内填入准确的分数</td></tr>
</table>

四、选择测评方法、工具

与上述测评要素相适应的测评方法和测评工具见下表。

测评方法和测评工具量表

<table>
<tr><th colspan="2">测评内容</th><th>测评方法</th><th>测评工具</th></tr>
<tr><td colspan="2">身体素质</td><td>书面信息分析法</td><td>体检表</td></tr>
<tr><td colspan="2">知识与技能</td><td>书面信息分析法、笔试</td><td>简历、个人档案、成就测试问卷</td></tr>
<tr><td rowspan="2">能力倾向</td><td>智力</td><td>智力测试</td><td rowspan="2">一般能力倾向测试表（GATB）</td></tr>
<tr><td>一般能力倾向</td><td>一般能力倾向测试</td></tr>
</table>

续表

测评内容		测评方法	测评工具
人格	个性心理特征	人格测试	卡特尔16种性格因素测评量表（16PF）
	职业兴趣与适应性	人格测试	霍兰德职业兴趣与价值观测评量表
信息沟通能力		无领导小组讨论	无领导小组讨论试题
个人影响力		无领导小组讨论	无领导小组讨论试题
人际交往能力		无领导小组讨论	无领导小组讨论试题
团队合作能力		无领导小组讨论	无领导小组讨论试题
协调能力		无领导小组讨论	无领导小组讨论试题
沟通能力		无领导小组讨论	无领导小组讨论试题
思维能力		无领导小组讨论	无领导小组讨论试题
创新能力		无领导小组讨论	无领导小组讨论试题

五、实施测评

（一）准备阶段

1. 编制“测评进程表”并通知招聘专员。人力资源部经理助理编制“测评进程表”，并发放给所有招聘专员，让其事先做好工作安排，并准备随时参加本次测评。

2. 准备场地。结合测评方法的需要，最终选择企业计算机机房作为成就、心理测试的场地，选择人力资源部会议室为无领导小组讨论的测评场地。

3. 准备设备。在所选择的计算机上安装好成就测试试题、心理测试问卷，在人力资源部会议室准备好相关音像设备、摄像机，以便记录小组讨论的实况。

4. 准备需要的其他材料。包括白纸、笔、计时器、小组讨论试题等。

（二）实施阶段

1. 实施无领导小组讨论前，需要对招聘专员进行分组。

2. 实施测评时，专家负责宣读指导语和注意事项，维持测评现场纪律，控制测评时间，记录讨论情况。

3. 测评小组其他成员负责记录讨论情况，为测评评分提供依据。

（三）评分阶段

成就测试、心理测试的成绩，可通过计算机来评分；无领导小组讨论的成绩，则由测评专家带领测评小组成员通过观看录像和记录的方式进行综合评分。

六、处理数据，撰写测评报告

1. 将被测试者的得分进行统计处理，得出直观性强的统计图。

2. 根据测评数据的处理结果，分析每个招聘专员的素质水平，并撰写出相应的测评报告。报告内容包括招聘专员的基本情况（姓名、性别/年龄、学历/专业、职位等）、测评要素、测评结果描述等。

编制人员		审核人员		审批人员	
编制时间		审核时间		审批时间	

8.2.6　生产人员胜任素质测评方案

方案名称	生产人员胜任素质测评方案	编　号	
		受控状态	

一、组建测评小组

人力资源部全权负责本次生产人员的胜任素质测评工作。通过人员筛选，最终确定人力资源部招聘主管、生产部经理、两名测评专家作为测评小组的成员。

二、构建测评指标体系

（一）确定测评要素及内容

测评小组通过分析生产人员的职位说明书和相关资料，运用不同的方法从专业能力和通用素质两个方面来确定生产人员素质测评的要素。所有可能的测评要素具体见下表：

生产人员备选胜任素质

测评要素	备选胜任素质
专业能力	专业技术知识，技术标准、规范、规程，产品质量知识、机械思维能力、操作能力
通用素质	体质、体力、精力、独立性、主动性、责任感、团队合作意识、职业适应性、价值观、智力水平、思维能力、安全操作能力

（二）归纳整合测评要素

测评小组分析上述测评要素的内容及含义，将可以归为一类的进行归类、整合，确定需要测评的素质，并加以简明的定义。

（三）调查测评要素的重要性

人力资源部编制生产人员测评要素重要程度调查表，在小组内实施调查。生产人员素质测评要素重要程度调查表如下：

生产人员素质测评要素重要程度调查表

测评要素		简明定义	重要程度打分
测评维度	测评内容		
专业能力	专业知识	通过教育及在工作过程中所获得的顺利完成某一特定工作所需的生产知识	
	专业技能	生产操作水平	
通用能力	独立工作能力	独立性的强弱，需要指导、检查的频次	
	主动学习能力	为提高本职位的胜任水平，主动学习和努力的程度	
	思维能力	由部分结合形成整体来认识事物，以及在面对复杂的问题或现象时发现和掌握问题关键所在或创造性分析问题的能力	
	安全操作能力	能够牢记生产安全操作要领，并严格按照相关操作要求完成生产作业	
	职业兴趣	测评对象的性格是否适合从事生产类工作	

（四）计算指标权重

根据每个小组成员的打分，计算出每个要素的最终调查得分；再运用加权平均法计算指标权重。

（五）对测评要素进行分级定义

根据上表的简明定义对各个要素进行分级定义，并附上每一级相应的得分，为测评提供评分标准。具体见下表。

生产人员胜任素质测评指标体系

测评要素	测评指标	得分	权重（%）	测评标准	
				测评标志	测评得分
专业能力	专业知识	—	—	初步了解生产流程知识，对相关的学科知识知之甚少	___~___分
				基本掌握生产流程知识，仅一般地了解相关的学科知识	___~___分
				通晓生产流程知识，掌握与本专业有关的多学科知识	___~___分
	专业技能	—	—	不能独立完成本岗位的生产作业	___~___分
				能够独立完成本岗位中小批量的生产作业	___~___分
				能够独立完成本岗位生产作业	___~___分
通用能力	独立工作能力	—	—	独立工作能力较差，经常需要帮助和指导	___~___分
				基本能按岗位要求工作，偶尔需要不定期检查指导	___~___分
				独立工作能力较强，完成本岗位工作一般不需要指导	___~___分
	主动学习能力	—	—	不能从本职工作的角度进行知识的补充，影响任务的完成	___~___分
				能够按照本职工作的要求自觉学习，工作技能可以不断提高	___~___分
				自学能力强，能够主动学习	___~___分
	思维能力	—	—	能够运用浅显的规律和普通知识确定问题所在	___~___分
				能够利用学习到的理论知识及在处理其他问题时所获得的经验对现有问题进行整体分析	___~___分
				面对复杂的情况，能将各种观点、问题和搜集到的数据归纳提炼出核心的观点和简单的结论	___~___分
	安全操作能力	—	—	在生产过程中，能够按照安全生产的要求，操控所负责的环节	___~___分
				在生产过程中不仅能严格执行安全生产的各项要求，还能对他人不合理的行为进行纠正	___~___分
				能够对他人进行安全操作项目的培训，传授消除安全隐患的措施和技巧	___~___分
	职业兴趣	—	—	“现实型”得分偏低，适应程度较低	___~___分
				“现实型”得分中等，适应程度一般	___~___分
				“现实型”得分较高，适应程度较强	___~___分
总分		50	100		

三、选择测评方法、工具

根据上述需要的测评内容选择合适的测评方法，具体见下表。

测评方法的选择

测评维度	测评内容	测评工具
专业能力	专业知识	成就测试（专业知识考试试卷）
	专业技能	成就测试（专业知识考试试卷）、面谈（面谈提纲与评分表）
通用能力	独立工作能力	心理测试（卡特尔16种性格因素测评量表）
	主动学习能力	心理测试（卡特尔16种性格因素测评量表）
	思维能力	心理测试（卡特尔16种性格因素测评量表）
	安全操作能力	现场操作（现场操作试题）
	职业兴趣	心理测试（卡特尔16种性格因素测评量表）

四、实施测评

（一）准备阶段

1. 编制“测评进程表”并通知招聘专员。人力资源部编制“测评进程表”，并发放给所有生产人员，让其事先做好工作安排，并准备随时参加本次测评。

2. 安排测评场地。结合测评方法的需要，将成就、心理测试、现场操作的场地选在计算机及相关设备机房，而面谈则在生产部会议室里进行。

3. 准备需要的其他材料。包括白纸、笔、计时器、评分表等。

（二）实施阶段

1. 此次测评分两部分进行：成就测试、心理测试为第一部分，现场测试为第二部分。

2. 实施第一部分测评时，人力资源部主管负责宣读指导语和注意事项，维持测评现场纪律，控制测评时间，记录讨论情况。

3. 实施第二部分测评时，人力资源部经理为主试，其他成员记录测试对象操作的过程，为评分提供原始材料测评。若条件允许，可事先准备一台摄像机，将整个测评过程记录下来，以便评分时研究、分析。

（三）评分阶段

成就测试、心理测试的成绩，可通过计算机来评分；现场操作的成绩，则先由测评小组成员独立评分，然后由人力资源部经理主持讨论评分理由直到得出最终分数。

五、处理数据，撰写测评报告

1. 将被测试者的得分进行统计处理，得出直观性强的统计图。

2. 根据测评数据的处理结果，分析每个生产人员的素质水平，并撰写出相应的测评报告。报告内容包括生产人员的基本情况（姓名、性别/年龄、学历/专业、职位等）、测评要素、测评得分统计情况、单项数据分析等。

编制人员		审核人员		审批人员	
编制时间		审核时间		审批时间	

第 9 章

以绩效考核为目的的测评方法与工具

9.1 目标考核测评法与工具

9.1.1 目标考核法的适用范围

目标管理（Management by Objective，MBO）于20世纪50年代中期在美国出现以后被越来越多的企业运用，被称为“管理中的管理”。目标管理是以泰罗的科学管理和行为科学理论为基础，后经德鲁克加以发展而成为一个完整的体系。

目标管理是组织最高管理者根据组织所面临的内外部形势需要，制定出一定时期内经营活动所要达到的总体目标，然后由组织内各部门和员工根据总目标确定各自分目标及保证措施，形成一个目标体系，并将目标完成情况作为考核依据的管理模式。

目标考核是企业在实行“目标管理”的制度下，对员工进行考核的方法。目标考核法指的是企业按照一定的指标或评价标准来衡量员工完成既定目标和执行工作标准的情况，并根据衡量结果给予相应奖励的过程。

目标考核法主要适用于满足以下三个条件的企业，具体内容如图9—1所示。

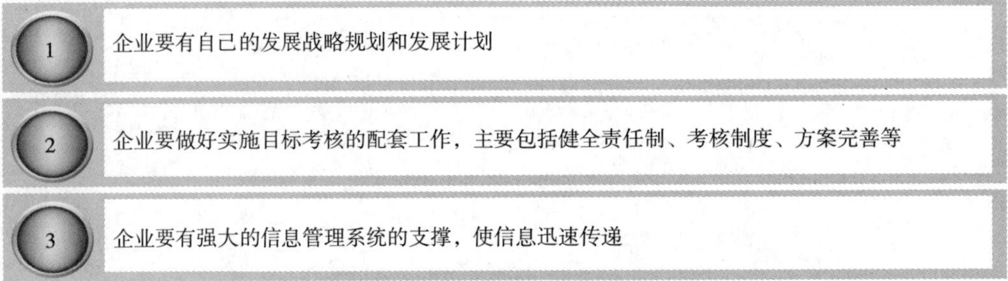

图9—1 目标考核法的适用条件

9.1.2 目标考核法的运用须知

1. 目标的确定范围

目标可以划分为企业目标、部门目标、员工个人目标三个方面，具体见表9—1。

表9—1 目标的划分

目标划分	目标形成	确定时间
企业目标	企业目标可以分为市场拓展目标和生产目标两个部分，它们均由企业高层根据过去的经验、企业的现状以及对市场的预测制定	每年___月前

续表

目标划分	目标形成	确定时间
部门目标	企业领导将已确定的企业总目标分解到各个职能部门、各个下属单位，形成各职能部门、各下属单位的目标	每年__月__日前
员工个人目标	个人根据部门目标的相关项目指标，结合自己的职责，与部门负责人一起制定，以保证部门目标的实现	每年__月__日前

2. 目标的 SMART 衡量标准

绩效目标的设定应符合 SMART 标准，即具体的（Specific）、可衡量的（Measurable）、可实现的（Achievable）、与现实生活相关的（Relevant）、有时限的（Time-bound），具体内容如图 9—2 所示。

标准	含义	考虑要素
开放式问题	绩效目标应清晰、明确、详细	1. 需要完成哪些具体任务，实现目标后有何预期效果 2. 一般用目标提高的数额进行衡量
两难式问题	绩效目标可以提供一种可比较的标准，获得具体的成果	1. 怎样知道自己是否实现了目标 2. 一般用数量、质量来描述绩效目标
排列式问题	绩效目标应该可以执行，能在一个特定的时期内完成	1. 目标切合实际且具有一定的挑战性，管理者和员工双方都能够接受 2. 一般用提高、增加、取得来描述绩效目标
操作型问题	企业、部门、个人的绩效指标一定要形成层层支持的指标体系，指向战略实现	1. 评价指标要与从事的具体工作相关，反映业绩倾向 2. 绩效目标须与战略目标、经营策略相连，形成整体策略管理系统的一部分
资源型问题	目标要有时限，要有合理的时间约束	该目标实现的进度安排、质量控制和管理

图 9—2　SMART 标准

3. 目标考核法运用注意事项

在运用目标考核法中，企业应注意三大事项，具体如图 9—3 所示。

事项	说明
突出目标重点	目标考核法的重点在于，它突出的是工作职责中的重点，而非越全面越好。例如，在生产企业中，往往将生产部门的目标定为产量、产值、技术质量、成本、安全等
避免平均分摊	有的企业将年度目标平均分摊给各个相关部门，各部门又将其目标平均分摊给各个员工，从而忽视了员工能力等方面的差异，使目标设定失去了意义
划分目标主次	企业进行目标分解时，不仅要选择下级工作职责的重点作为目标，而且要对选择的目标进行主次划分，从而为进行科学、有效的考核奠定基础

图 9—3 目标考核法运用注意事项

9.1.3 目标考核法的运用程序

目标考核法的实施分为确定总体目标、具体目标，拟订计划、业绩标准，业绩评价，调整、反馈四个阶段。

其中，确定总体目标、具体目标阶段是其他三个阶段实施的前提，拟订计划、业绩标准阶段是业绩评价阶段实施的依据，而且业绩评价的正确与否直接关系到调整、反馈阶段实施的效果。目标考核法的运用程序如图 9—4 所示。

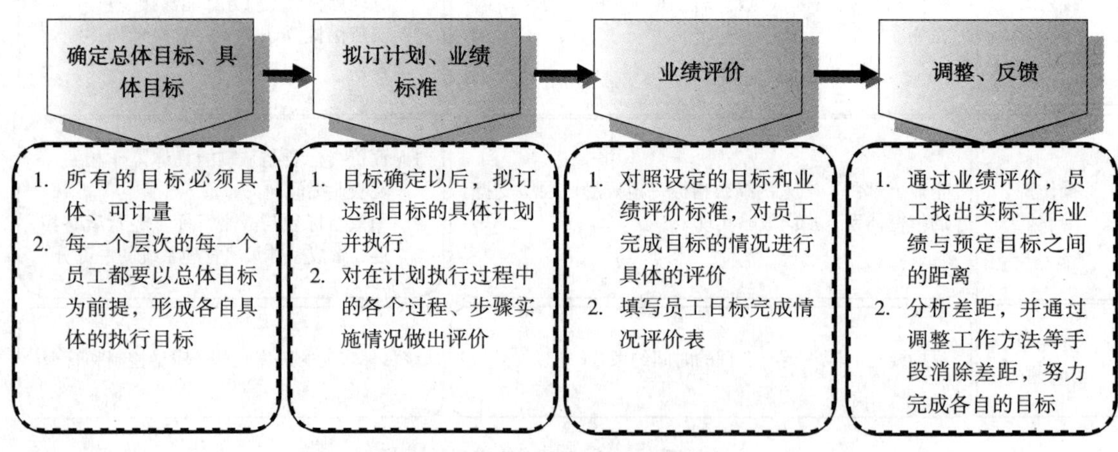

图 9—4 目标考核法的运用程序

9.1.4 目标考核法实施建议书

<table>
<tr><td rowspan="2">建议书名称</td><td rowspan="2">××企业安全生产目标考核法实施建议书</td><td>编　　号</td><td></td></tr>
<tr><td>受控状态</td><td></td></tr>
<tr><td colspan="4">

××企业为了加强安全生产管理工作，贯彻“安全第一，预防为主”的工作方针，全面落实安全生产责任制，杜绝各类安全违章现象，特制定安全生产目标考核建议书。

一、职责划分

（一）生产部

负责执行安全奖罚考核，重大安全责任事项的考核报总经理审批。

（二）各车间班组

负责本部门一般安全活动的奖惩考核。

（三）各车间班组负责人

负责对业务相关方面的安全活动执行监督考核。

二、考核的程序

（一）一般安全活动的考核

由安全生产部自主执行奖惩考核。

（二）重大安全违纪的考核

由安全生产部上报总经理审批。

三、考核的内容

本建议书的目标考核内容分为安全控制生产目标考核、安全生产工作目标考核和安全生产管理目标考核。

四、部门安全生产考核

（一）考核的内容

部门安全生产考核的内容具体如下图所示。

1 各车间班组应建立安全生产管理检查制度，在第一责任人的领导下，明确部门各级安全管理人员及相应的安全生产管理责任

2 建立健全的部门各级人员安全生产责任制、设备安全操作维修规程、安全生产操作规程、安全检查及隐患整改制度

3 进行日常安全生产教育，部门要检查相关要求落实情况

4 认真执行安全检查制度，发现安全隐患并及时排除，对所有检查和隐患整改情况进行记录并保存

（二）考核说明

1. 安全生产实行一票否决，任何部门在一个年度的工作中发生一起群伤、直接经济损失在___万元以上的事故，取消该部门年度各项集体荣誉的评选资格。

</td></tr>
</table>

2. 考核实行百分制，生产车间安全生产目标考核表见下表。

生产车间安全生产目标考核表

考核内容	考核标准
安全生产责任制落实情况	1. 明确各级安全管理部门的职责并予以落实的情况（未明确，减___分/处；未落实，减___～___分） 2. 建立健全的部门各级人员安全责任制、设备安全操作维修规定、安全生产操作规程、安全检查及隐患整改制度（无制度的，每次减___分） 3. 认真执行和落实OHS职业健康安全管理规定（发现违规行为，每次减___分）
安全生产教育培训	1. 对新上岗人员进行厂级、车间级、班组级安全教育，经考核合格后方能上岗（发现没有经过考核上岗的，减___分/人次） 2. 脱离岗位一年以上者，应实施相应培训，经考核合格后方能上岗（发现没有经过考核上岗的，减___分/人次）
生产现场安全检查	认真执行安全检查制度：部门安全月检、周检，安全员日常检查，班组安全自检及交接班安全交接，重大作业活动和节前安检。发现安全隐患及时整改、排除，并记录（没有进行安检的，每次减___分；无记录的，每次减___分；发现隐患未及时整改的，每次减___分）
隐患排查治理开展情况	1. 隐患排查治理制度健全（未建立健全工作制度减___分） 2. 隐患排查治理台账（不规范，减___分；未及时上报，减___分） 3. 隐患整改率达100%（未达到标准，减___分/处）
安全生产事故控制	杜绝爆炸、泄漏、火灾等重大事故的发生，发生以上重大事故，按企业相关规定处理（发生生产安全事故减___分，没有一起轻伤事故减___分；发生较大安全生产责任事故不得分）

（三）考核结果的评定与应用

1. 考核结果的评定分为“优秀”（考核总分在90分以上）、“良好”（考核总分在80～89分）、“达标”（考核总分在70～79分）、“不达标”（考核总分在70分以下）四个档次。

2. 根据考核结果，评比出安全生产标兵部门、先进部门、达标部门、不达标部门，并按照《安全生产奖惩办法》的相关规定兑现奖惩。

五、生产人员安全生产考核

（一）考核奖励

1. 奖励标准：模范遵守企业职业健康管理体系规定的各项生产管理制度和操作流程，及时发现并排除事故隐患、纠正违章、提出合理化建议等的员工，参照《安全生产奖惩办法》的相关规定给予奖励。

2. 奖励形式：通报表扬、记功、授予荣誉称号、发放奖金。

（二）考核惩罚

生产部各岗位安全生产处罚标准见下表。

考核内容	考核标准
部门负责人	1. 安全生产制度不健全、不认真执行相关文件要求的，予以通报批评，限期整改，并给予部门第一责任人、分管负责人___～___元的罚款
	2. 部门发生轻伤事故以及火灾等无伤亡事故，损失在___万元以上的，对部门第一责任人、分管负责人等相关人员分别给予___～___元的罚款

续表

考核内容	考核标准
安全管理人员	有以下情形之一者，给予___～___元的罚款，有直接责任或情节严重造成事故的，同时承担相应的事故责任 1. 岗位管辖范围内各项安全检查不到位，记录不完整的 2. 隐患整改不及时，防范措施不得力，未对危险场所或操作提供安全操作规程的 3. 隐瞒事故或不按事故报告程序处理事故的 4. 违章指挥，安全培训不到位的
生产作业人员	生产作业人员有以下情形之一者，给予___～___元的罚款，造成事故的，同时承担相应的事故责任 1. 工作中违纪、违规的 2. 安全检查或交接班制度执行不严，无完整记录的 3. 伪造交接记录、设备运行记录、安全检查记录的

六、安全风险金管理

1. 企业每月从部门工资总额中按人均___元提取，安全部根据考核结果扣除或返还兑现。

2. 部门发生重伤以上安全事故或损失___万元以上无伤亡事故，该部门及现场相关人员的当月安全风险金全额扣除。

3. 部门发生轻伤以上安全事故或损失___万元以上无伤亡事故，该部门及现场相关人员的当月安全风险金全额扣除。

4. 对事故责任人及相关人员的考核独立于风险金之外。

编制人员		审核人员		审批人员	
编制时间		审核时间		审批时间	

9.2 BSC 考核测评法与工具

9.2.1 BSC 考核法的适用范围

平衡计分卡（Balanced Score Card，BSC）把对企业业绩的评价划分为财务、内部运营、客户、学习与发展四个方面，其不仅是一个指标评价系统，还是一个战略管理系统，是企业进行战略执行与监控的有效工具。

并不是所有企业都适用 BSC 考核法，也不是遇到任何考核问题时都可以用 BSC 考核法来解决。当企业存在如图 9—5 所示的三种情况时，可以考虑应用 BSC 考核法。

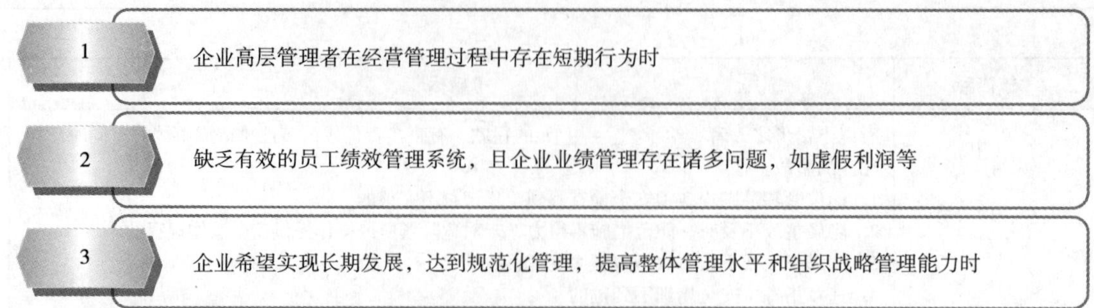

图 9—5　BSC 法的适用范围

9.2.2　BSC 考核法的运用须知

1. BSC 的四种维度

BSC 考核方法始终把战略和远景放在其变化和管理过程中的核心地位。构建“以战略为核心的开放型闭环组织结构”，使财务、客户、内部运营和学习与成长四种维度互动互联，浑然一体。其具体格式如图 9—6 所示。

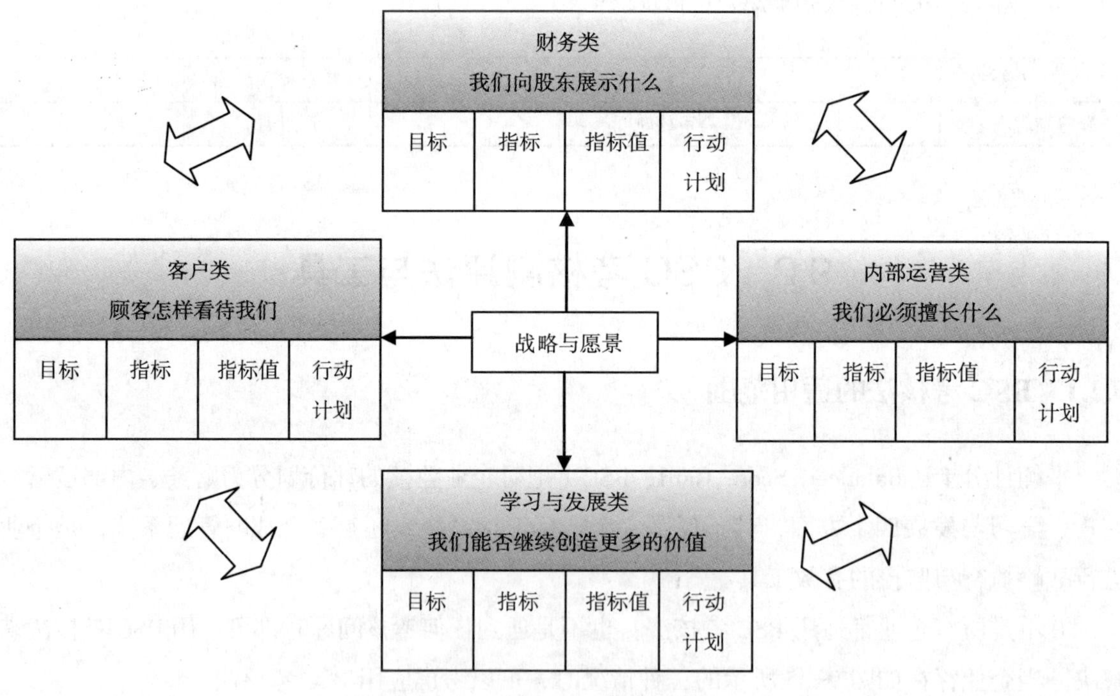

图 9—6　平衡计分卡的 4 个维度

（1）财务维度

我们向股东展示什么？企业经营的最终目的是赢利，只有赢利才能够使企业生存和发展。股东评价企业赢利状况的工具就是企业的财务状况，因此，平衡计分卡将财务维度作为焦点。

（2）客户维度

顾客怎样看待我们？企业要想在市场立足并不断扩大市场份额，就必须获得客户的认同，创造出满足客户需求的产品。

（3）内部运营维度

我们必须擅长什么？内部运营维度突破了传统考核仅仅针对于组织的生存，它更强调企业的独特竞争优势，使自己与其他竞争者区别开来。

（4）学习与发展维度

我们能否继续创造更多的价值？学习与发展维度强调的是企业的可持续发展能力，避免企业发展的短视行为。

2. BSC 的构成要素

BSC 的构成要素如图 9—7 所示。

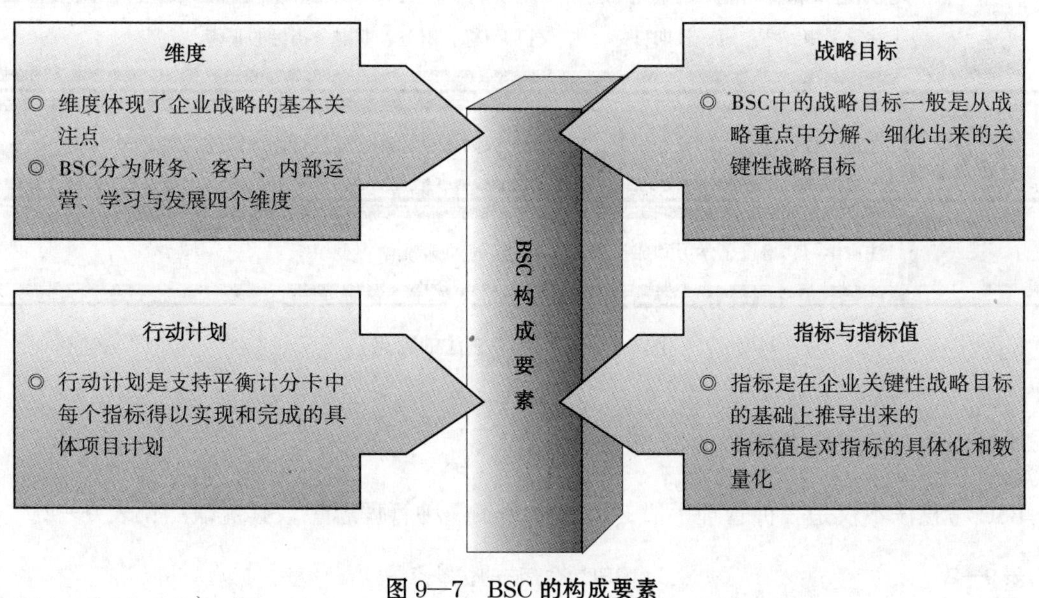

图 9—7　BSC 的构成要素

3. BSC 的指标体系

从 BSC 的四个维度出发，财务维度衡量指标一般包括短期偿债能力指标、长期偿债能力指标、营运能力指标、盈利能力指标、发展能力指标等。

客户维度衡量指标主要包括市场占有率、品牌知名度、客户保有率、客户满意度、客户投诉率、新客户开发率、员工满意度等。

内部运营维度指标主要包括产品退换货率、新产品研发周期、工作计划完成率、订单需求满足率、报表数据出错率、合格率与废品率、客户投诉一次处理成功率等。

学习与发展维度指标主要包括劳动生产率、培训计划完成率、技术创新能力、员工满意度、员工流失率、关键人才储备率、任职资格达标率等。

4. BSC 考核法的特点

BSC 作为战略绩效管理的工具、绩效管理的体系，具有如图 9—8 所示的五个特点。

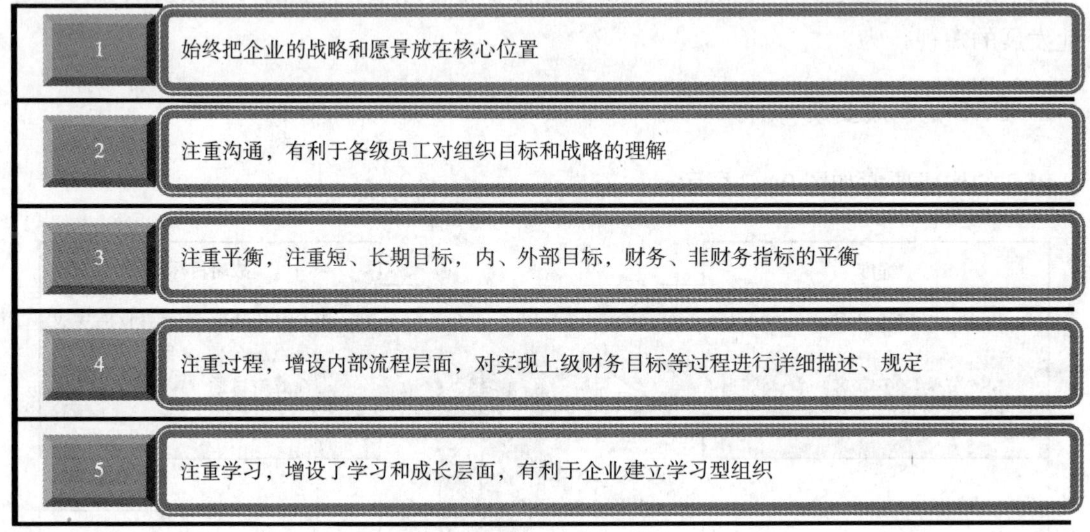

图 9—8 BSC 考核法的特点

5. BSC 考核法的优缺点

BSC 考核法不仅是一种管理手段，而且体现了一种管理思想，其优缺点见表 9—2。

表 9—2 BSC 考核法的优缺点

优缺点	内　容
优点	1. 克服财务评估方法导致的短期行为
	2. 使整个组织行动一致，服务于战略目标
	3. 有效地将组织战略转化为组织各层的绩效指标和行动

续表

优缺点	内　容
优点	4. 有助于各级员工对组织目标和战略的沟通和理解
	5. 有利于组织员工的学习成长和对核心能力的培养
	6. 有助于实现组织的长远发展，提高组织的整体管理水平
缺点	1. 不适用于制定战略
	2. 其并非是流程改进的方法，BSC并不告诉你如何去做，只是以定量的方式告诉你做得如何

6. BSC 在实际运用中存在的主要问题

（1）企业高层领导对平衡计分卡的价值认识不足

BSC 具有战略性，同时需要将企业抽象的使命和战略转变为清晰的目标，并采用具体的评估手段和指标加以衡量，从而达到战略的有效执行。

BSC 的操作方式一般是自上而下，需要得到高层领导的持续关注。而现实情况是很多企业一般只将其作为绩效考核测评的工具，而不是作为战略管理的工具。

（2）宣传、培训、沟通力度不够

通过培训，可以使企业相关人员初步掌握战略管理、平衡计分卡与绩效管理相关的基础知识，这对于以后平衡计分卡的推行有着很重要的作用。

在实际的操作过程中，一般是企业高层领导对企业的经营战略很清楚，而下属员工却不是很了解，没有将企业战略成功地转化成确保能够实现目标的行动方案，甚至没有发展成为衡量员工执行各种方案的绩效指标，从而导致平衡计分卡无法发挥应有的作用。

（3）技术层面的障碍

技术层面的障碍主要是绩效考核指标值及其权重的确定。例如，销售部门的客户拜访数量这一指标，尽管指标是量化的，可是指标的真伪虚实却很难分辨，这就直接关系到其权重设置的比例大小，从而进一步影响考核的效果。

9.2.3　BSC 考核法的运用程序

BSC 考核法的实施分为前期准备、构建组织层面 BSC、构建部门层面 BSC、构建个人层面 BSC、构建绩效体系五个阶段。

其中，前期准备阶段为其他四个阶段提供支持，构建组织、部门、个人层面 BSC 三个阶段为构建绩效体系提供依据，而且绩效体系构建的合理与否直接关系到 BSC 考核法的运用效果。BSC 考核法运用程序如图 9—9 所示。

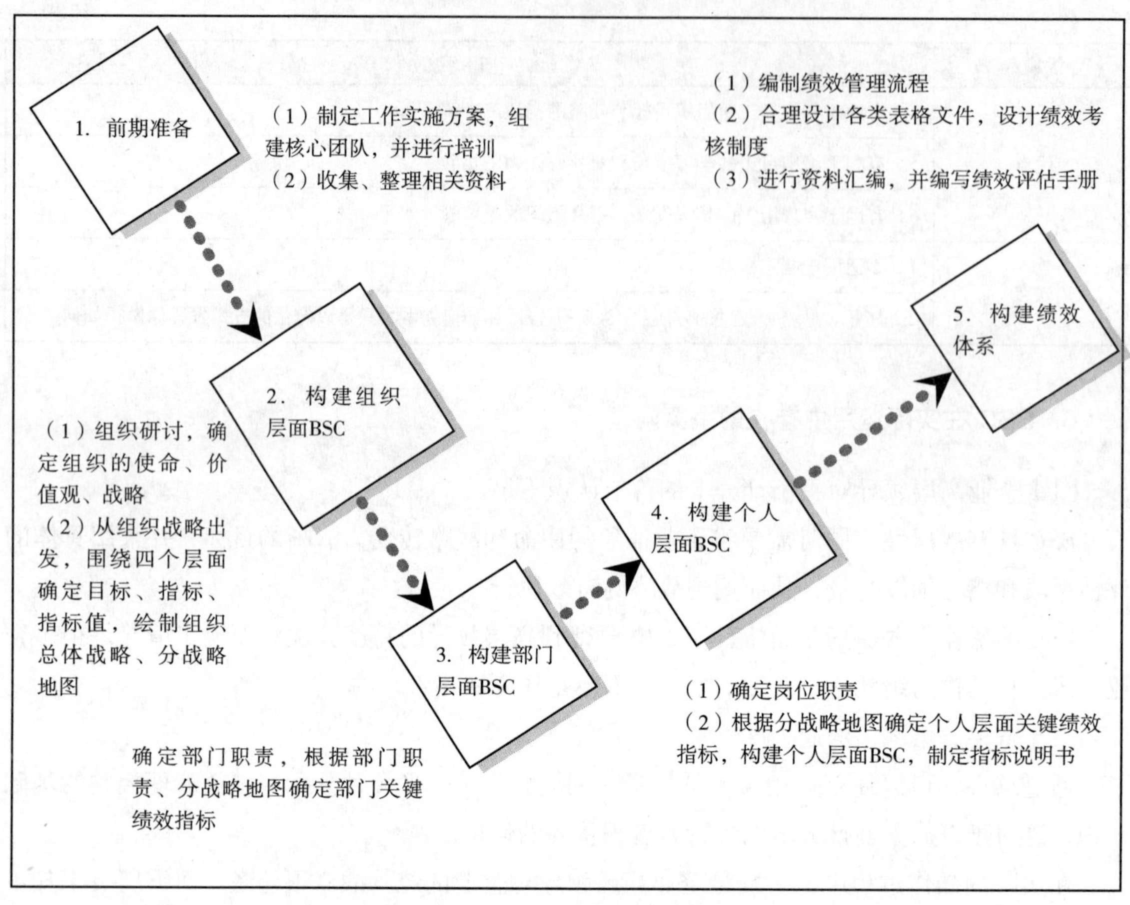

图 9—9 BSC 考核法运用程序

9.2.4 企业 BSC 实施方案范本

以下是某企业应用 BSC 实施绩效考核的范本。

<table>
<tr><td rowspan="2">范本名称</td><td rowspan="2">××企业BSC实施方案范本</td><td>编　号</td><td></td></tr>
<tr><td>受控状态</td><td></td></tr>
<tr><td colspan="4">

一、实施背景

某企业是一家食品加工公司，由于其生产的食品价格适中且质量优异，颇受消费者的欢迎。但随着市场竞争的加剧，大量竞争企业涌现，企业高层管理者意识到，单纯地以食品价格取胜并非长远之计，现阶段企业只有从多角度制胜才能保持强有力的竞争力，于是决定引进平衡计分卡来加强对企业的管理。

二、前期准备工作

前期的准备工作主要包括：成立BSC项目负责小组、分析企业战略目标、对相关人员进行BSC知识的培训、确定企业关键业务。具体内容见下表。

</td></tr>
</table>

引进平衡计分卡前期准备工作一览表

时间	工作事项	内容	主要责任者
___~___日	成立平衡计分卡项目实施小组	明确项目小组人员的职责与分工	总经理
___~___日	讨论公司愿景与战略	明确公司的愿景、使命与战略，并用文字表达出来	总经理
___~___日	组织中高层领导人参加BSC课程培训	BSC培训	人力资源部
___~___日	发布公司愿景与战略	企业向全体员工明确企业发展战略和目标	人力资源部
___~___日	组织一般职员参与BSC	BSC培训	人力资源部
___~___日	与企业重要股东沟通	了解其对公司财务收益绩效的期望，并撰写成报告提交企业高层领导	BSC项目负责小组
___~___日	根据20/80法则，选择企业20%中的部分客户代表，进行沟通	明确客户的需求，并撰写报告以提交企业高层领导	BSC项目负责小组
___~___日	企业关键业务综述	根据企业战略，与高层充分沟通，确定公司关键业务，为BSC绩效指标的制定提供依据	BSC项目负责小组

下面重点对企业的战略目标进行分析。

（一）企业现状分析

采用SWOT分析法从企业自身的优势（Strengths）、劣势（Weaknesses）、机会（Opportunities）和威胁（Threats）四方面对企业目前的状况进行分析，具体如下图所示。

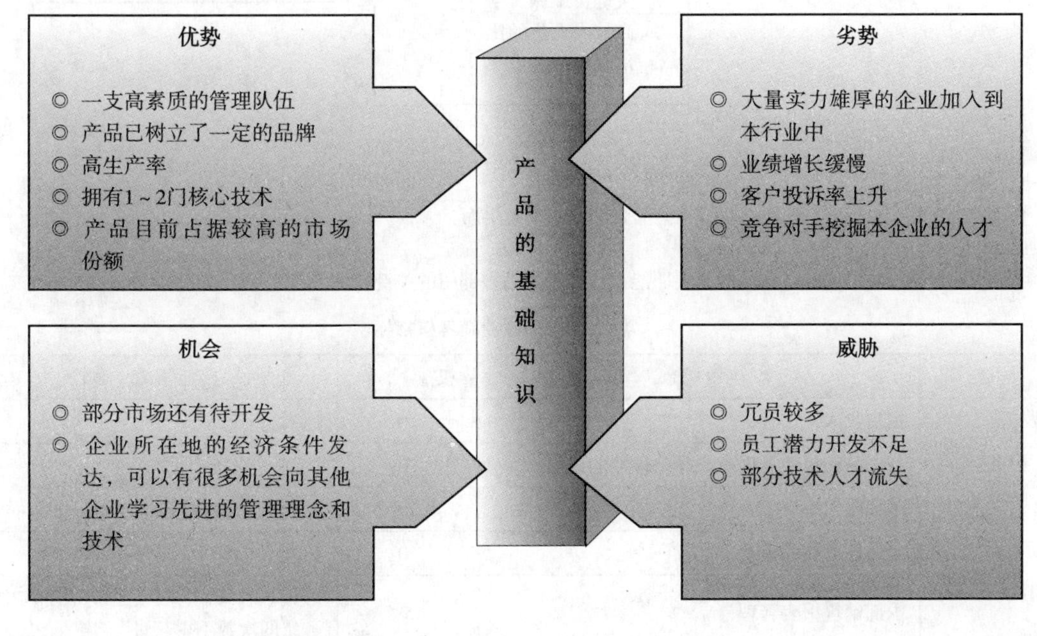

（二）未来公司的发展战略及目标

1. 处于同行业领先水平
2. 实施产品领先战略，满足顾客不断增长的需求
3. 在现有市场上保持并提升市场份额
4. 利润提高，注重资产管理

三、企业BSC的建立

在明确了公司的战略目标后，制定出企业的平衡计分卡，从财务、内部运营、客户、学习与发展四个方面综合考虑，有效分解企业的战略目标。企业的BSC指标如下图所示。

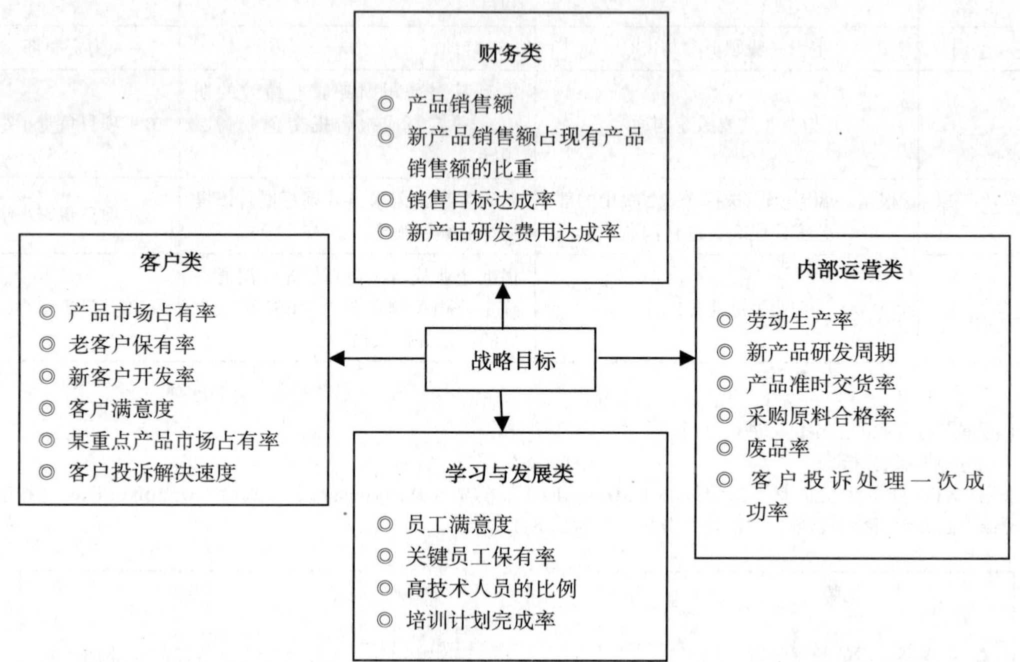

四、将企业BSC落实到部门、个人层面

企业的BSC设计完成后，须把这些目标落实到部门、个人层面。

1. 将企业的BSC落实到部门层面

结合企业战略影响因素和各部门的主要职能设计出来的销售部门的关键业绩考核指标（KPI）见下表。

销售部门关键业绩考核指标

维度	KPI指标	权重（%）	目标值
财务类	销售收入	10	达到___万元
	新产品销售额占现有产品销售额的比重	10	达到___%
	呆坏账比率	10	控制在___%以内
内部运营类	销售任务完成率	10	达到___%以上
	内部销售报表管理	5	因报表管理制度不完善造成工作中疏忽的次数不得超过___次

续表

维度	KPI指标	权重（%）	目标值
客户类	目标市场占有率	10	达到___%以上
	重要客户满意度	10	满意度评分在达到___分以上
	重要客户保有率	15	达到___%以上
	新客户开发率	10	达到___%以上
学习与发展类	培训计划完成率	5	达到100%
	关键销售人员保有率	5	达到___%以上

2. 将BSC从企业层面、部门层面细化到个人层面

根据部门目标，设计个人的平衡计分卡，其格式如上表，不加以说明。

编制人员		审核人员		审批人员	
编制时间		审核时间		审批时间	

9.3　KPI 考核测评法与工具

9.3.1　KPI 考核法的适用范围

关键绩效指标（Key Performance Indicator，KPI）考核法指的是企业通过对组织内部流程的输入、输出端的关键参数进行设置、取样、计算、分析，来衡量流程绩效的过程。KPI 是一种目标式量化管理指标，是连接个体绩效和组织目标的桥梁，是根据对组织目标起到增值作用的工作产出来设定的，体现绩效中对组织增值的部分。

KPI 考核法主要适用于满足以下三个条件的企业，具体如图 9—10 所示。

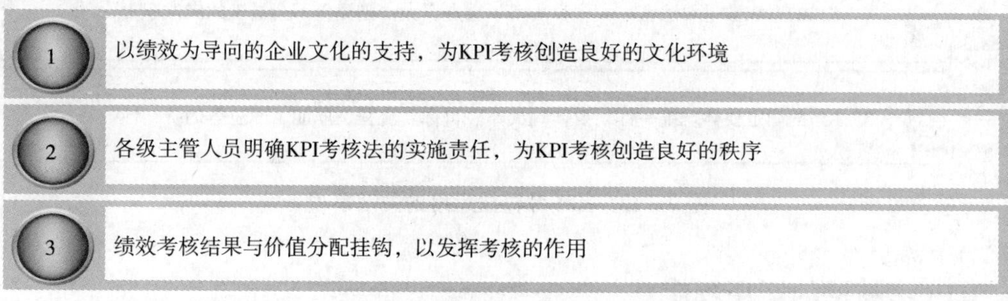

图 9—10　KPI 考核法的应用条件

9.3.2 KPI 考核法的运用须知

1. KPI 考核法的特点

KPI 考核法的特点如图 9—11 所示。

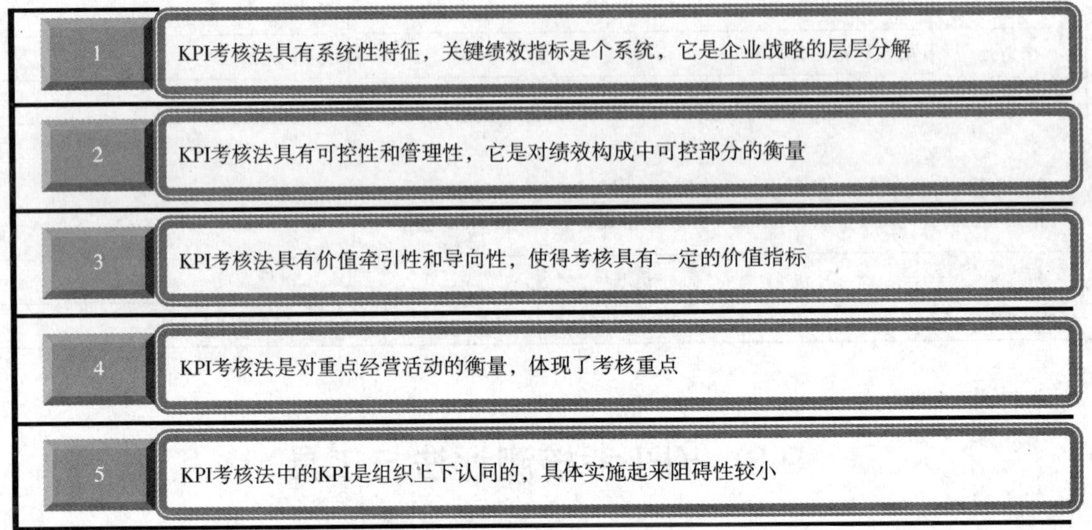

图 9—11 KPI 考核法的特点

2. KPI 考核法运用的关键事项

KPI 考核法在具体运用过程中要注意对以下关键事项的处理，具体内容如图 9—12 所示。

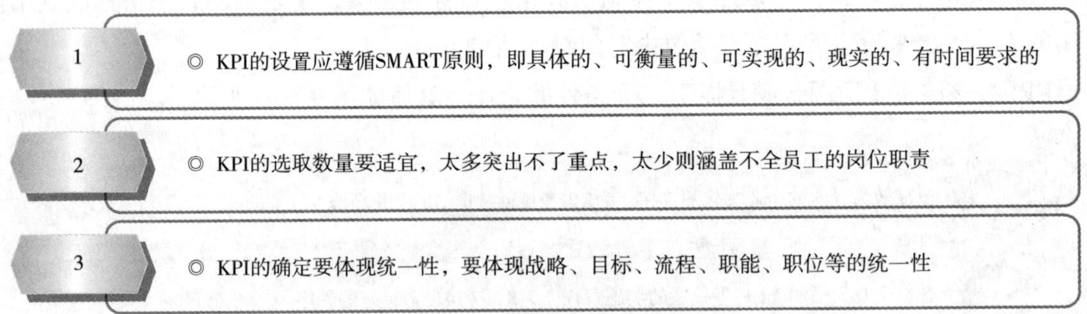

图 9—12 KPI 考核法运用的关键事项

9.3.3 KPI 考核法的运用程序

KPI 考核法的实施分为建立指标评价体系、审核 KPI、确定 KPI 评价标准、实施 KPI 考核、考核奖惩与沟通五个阶段。

其中建立指标评价体系、审核 KPI、确定 KPI 评价标准三个阶段是 KPI 实施的准备和保障，而 KPI 实施的结果为考核奖惩与沟通提供客观依据。KPI 考核法运用程序如图 9—13 所示。

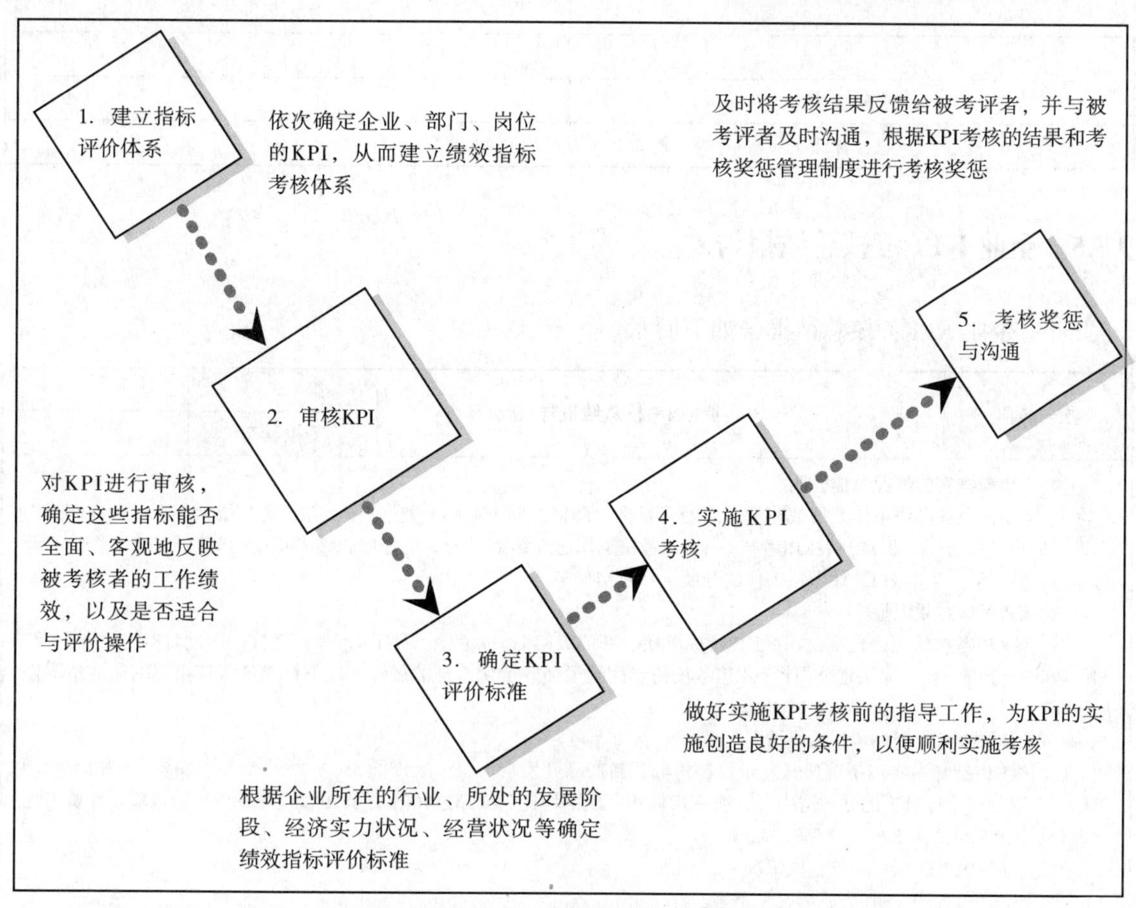

图 9—13　KPI 考核法运用程序

9.3.4　企业 KPI 考核相关表单

企业 KPI 考核表见表 9—3。

表 9—3　企业 KPI 考核表

关键绩效指标		目标值	配分	计算公式	考核标准	评分
1	产值	5000万	……			
2	生产质量合格率	99%	……			
……						
得分合计						

续表

加减分事项	理由描述	加减分	签名
1			
2			
……			
得分总计			
总分合计			

9.3.5 企业 KPI 考核总结报告

××企业 KPI 考核总结报告如下所示。

<table>
<tr><td rowspan="2">报告名称</td><td rowspan="2">××企业KPI考核总结报告</td><td>编　号</td><td></td></tr>
<tr><td>受控状态</td><td></td></tr>
</table>

一、KPI考核实施情况总体说明

___年度，企业围绕整体发展战略和年度经营目标，严格按照企业KPI考核安排，在公司高层领导下以及各部门工作人员的积极配合下，积极开展KPI考核。现KPI考核工作已经结束，为了更好地总结本年度KPI绩效考核工作的经验与不足，便于下一年度KPI绩效考核工作的开展，特总结如下。

二、KPI考核结果汇报

本年度KPI考核的内容包括公司级KPI指标考核、部门级KPI指标考核、员工KPI指标考核，通过对KPI考核相关数据的收集、分析，客观地认定公司推行KPI考核初步达到了绩效量化管理的目标。以下针对各考核指标的达成情况做出说明。

（一）公司级 KPI 指标考核达成情况

公司级KPI指标主要包括客户开发量、销售额、新产品开发量、企业生产能力、成本利润率、净资产增值率六项指标，在本公司全体员工的共同努力下，所有指标的完成率均达到或超过100%，其中客户开发量、销售额、净资产增值率分别比目标值高出2.6%、2.9%、3.2%。

（二）部门级 KPI 指标考核达成情况

___年度公司各部门KPI完成情况见下表。

___年度公司各部门 KPI 完成情况表

部门	设定量		完成量		综合得分（分）
	指标项数	权重（%）	指标项数	权重（%）	
生产部	10	100	9	90	90
销售部	9	100	9	100	100
研发部	8	100	6	80	80
质检部	8	100	8	100	100
采购部	8	100	7	95	95
财务部	8	100	8	100	100
人力资源部	10	100	8	85	85

（三）员工级 KPI 指标考核达成情况

___年度公司所有员工KPI考核成绩分布见下表。

员工 KPI 考核成绩分布表

考核分数	区间人数（人）	所占比率（%）
60分以下	2	1.6
60～75分	15	11.8
75～90分	65	51.2
90分以上	45	35.4

三、KPI考核过程中存在的问题

KPI考核过程中主要存在以下四个问题：

（一）考核本身设计问题

KPI考核的前提是需要有稳定的组织结构、科学的职位描述、公正的考评手段等，但本公司___年度的KPI考核还缺乏科学的职位描述体系，导致某些考核指标及流程设计不够全面。

（二）沟通问题

沟通问题是KPI考核实施操作过程中的关键问题，如果部门经理在协助下属员工制定其个人工作目标时不与本人进行充分沟通，过程中没有进行引导、协助，那么最后的考核结果就不会起到绩效改进的作用。本公司___年度的KPI考核实施中，部分考核数据的失效就缘于这一问题。

（三）认识问题

部分员工（也包括一部分中层管理人员）在对KPI考核的认识上还不到位，他们认为KPI考核只是人力资源部的工作，对于他们来说只是一个形式，所以从思想上还不够重视。

此外，在考核实施过程中，一些员工认为考核无非就是考核者给员工增加的麻烦。这些认识上的误区使被考核者在操作中产生了明显的抵触与排斥情绪。

（四）申诉问题

___年度的KPI考核中，缺乏申诉通道，导致员工被动接受考核结果，并质疑考核的科学性、公正性。

四、应对措施

针对___年度KPI考核中存在的问题，公司决定从如下图所示的五个方面进行改善。

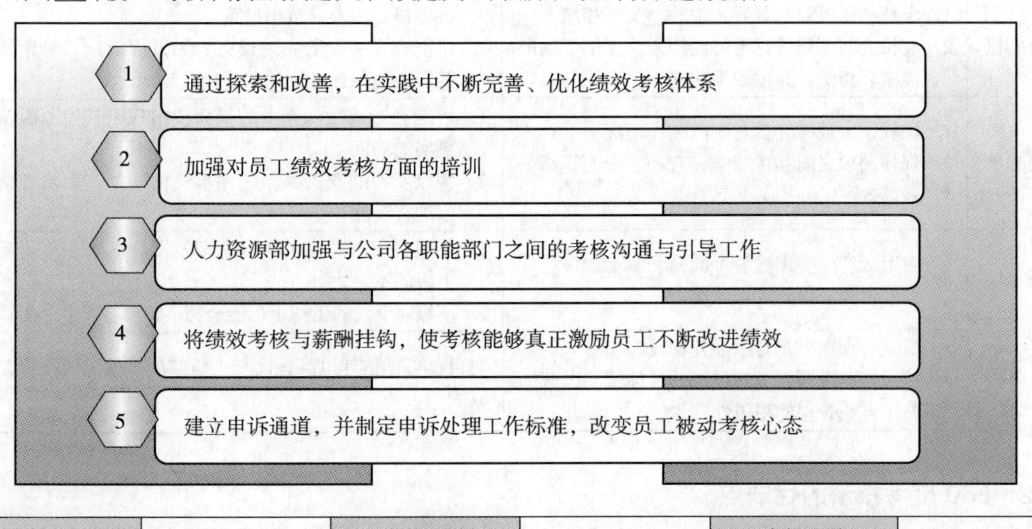

编制人员		审核人员		审批人员	
编制时间		审核时间		审批时间	

9.4 360 度考核法与工具

9.4.1 360 度考核法的适用范围

360 度考核法又称全方位考核法，最早被英特尔公司提出并加以实施运用。360 度考核法指的是企业通过让不同的主体（包括上级、下级、同事、客户、供应商、被考评者）担任考评者，从多个角度对被考评者进行 360 度的全方位评价的过程。

360 度考核法主要适用于中高层经理人员的考评，主要考核被考评者的素质、德行、管理能力等与发展相关的绩效。360 度考核法的运用有利于使被考评者通过考核了解各方面的意见，使其清楚自身的长处和不足，以发挥长处弥补不足，提高工作绩效。

9.4.2 360 度考核法的运用须知

1. 360 度考核的方式

360 度考核的方式主要包括上级考核、同级考核、下级考核、自我考核等，不同的考核方式有各自不同的特点，具体见表 9—4。

表 9—4　　360 度考核的方式

考核方式	优点	缺点
上级考核	1. 考核结果可以与晋升、加薪、奖惩相结合 2. 有机会与下属进行更好的沟通，了解下属的需求、想法，并发现下属潜力	1. 被考核者的心理负担过重 2. 可能存在一定的心理误区，如近因效应、晕轮效应等，不能保证考核的客观性
同级考核	1. 比较了解被考评者真实的工作情况 2. 促使同事之间互帮互学，有利于全面提高企业绩效	1. 可能会造成激烈竞争的局面或出现因其他原因扭曲事实的局面 2. 因顾及“朋友关系”“同事交情”等，影响考核结果的客观性
下级考核	1. 对上级产生一定程度上的权利制衡效果 2. 帮助上级完善其管理才能	1. 下级员工因顾虑上级的态度及反应而无法真实反映上级的不足之处 2. 下级对上级的工作不可能全部了解，易产生片面看法
自我考核	1. 员工心理压力相对以上几种较轻 2. 可以使上级深入了解员工的具体情况，调动员工自我管理的积极性	对自己可能估计过高，而与上级或同事做出的评价差距较大

2. 360 度考核法的优缺点

360 度考核法的优缺点如图 9—14 所示。

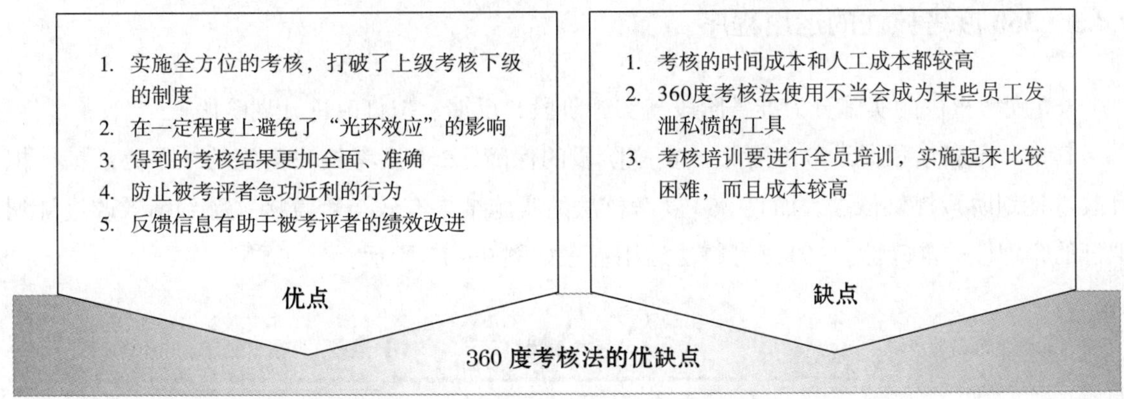

图 9—14　360 度考核法的优缺点

3. 360 度考核法应用的条件

并不是所有的企业、人员都适合使用 360 度考核法，360 度考核法具有一定的应用条件，具体内容如图 9—15 所示。

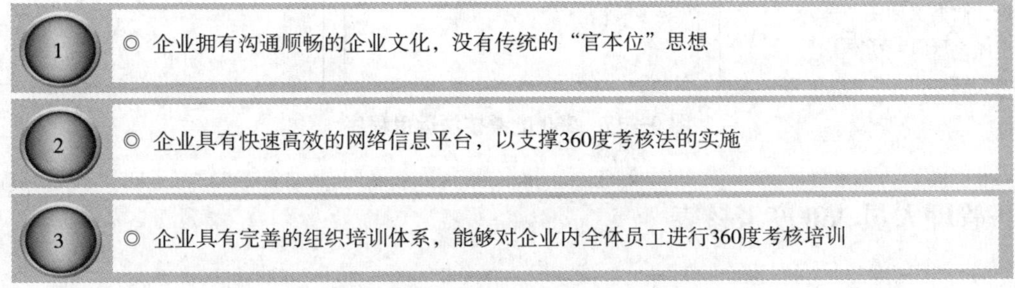

图 9—15　360 度考核法的应用条件

4. 360 度考核法运用的注意事项

360 度考核法在具体的实施运用中应注意 3 个关键事项，具体内容如图 9—16 所示。

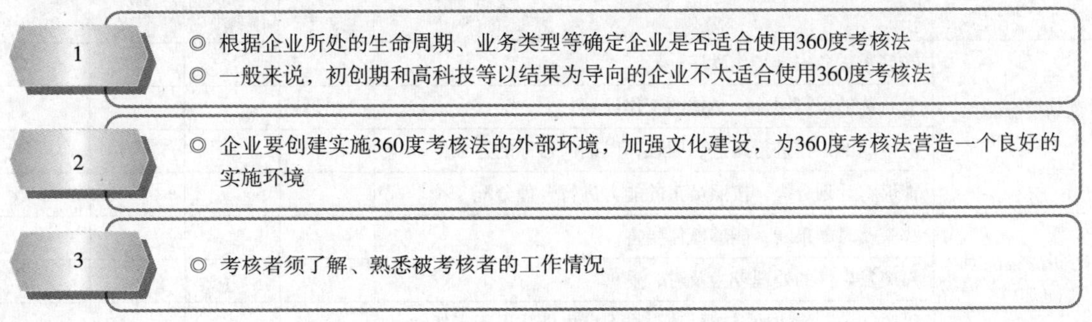

图 9—16　360 度考核法运用的关键事项

9.4.3 360 度考核法的运用程序

360 度考核法的实施分为准备阶段，实施阶段，反馈、拟订改进计划阶段三个阶段。

其中，准备阶段是 360 度考核法实施阶段的保障，360 度考核法实施的结果为反馈、拟订改进计划阶段提供依据，而且 360 度考核法的实施结果有效与否直接关系到绩效改进计划拟订的合理性、准确性。360 度考核法运用程序如图 9—17 所示。

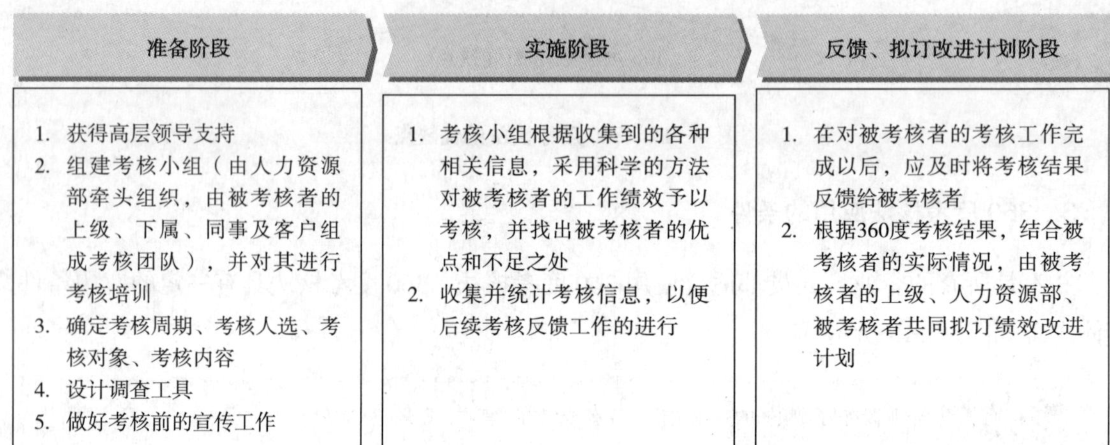

图 9—17 360 度考核法运用程序

9.4.4 管理人员 360 度考核表

360 度考核表的设计应确定科学的绩效考核指标体系、考核问卷设计的差异化、考虑不同考核者对考核内容的侧重点。表 9—5 所示为管理人员 360 度考核表的设计样例。

表 9—5 管理人员 360 度考核表

考核项目	考核内容	评分			备注
		上级考评	同级考评	下级考评	
计划控制能力（20分）	按轻重缓急安排工作秩序				
	每月能够拟订明确、具体的工作计划				
	对下属的工作进行跟进、回顾，以确保目标的达成				
	能够将计划分级，按照员工的能力进行合理分配				
分析决策能力（20）	决策及时、果断，能够抓住要害				
	对突发事件的处理较为及时、妥善				
	见微知著，能快速采取行动，将不良事件防患于未然				

续表

考核项目	考核内容	评分			备注
		上级考评	同级考评	下级考评	
分析决策能力（20）	较强的逻辑思维能力和分析问题的能力，并且考虑问题很全面				
授权与激励能力（20分）	善于发现员工的工作激情				
	能够根据下属的表现进行及时反馈，做到赏罚分明				
	善于用人所长，有效地分配工作，并给予相应的权利和责任				
	有效地帮助下属设立明确的具有挑战性的工作目标，在工作中实时地给予员工鼓励				
沟通协调能力（20分）	有效化解矛盾和冲突				
	与下属沟通其工作目标的能力				
	营造一种让员工畅所欲言的氛围				
	积极听取下属的意见并有效地给予反馈				
团队协作能力（20分）	接受并支持团队的决定				
	积极促进团队成员间的合作				
	主动配合领导、同事及其他相关部门工作				
	能够和上级和下属分享其工作成绩，并乐于协助同事解决工作中的问题				
评估说明	1. 本评估采用无记名评价方式，请评估者不要有任何疑虑 2. 请评估者务必客观、公正地对上面的内容进行评价，以确保评价结果的可靠性				

9.5 绩效面谈测评方法与工具

9.5.1 绩效面谈测评法的适用范围

绩效面谈测评法主要围绕绩效计划面谈、绩效指导面谈和绩效反馈面谈展开，具体范围见表 9—6。

表 9—6　　绩效面谈测评范围说明

测评内容	测评时间	测评主体	测评重点
绩效计划面谈	工作初期进行	上级主管	绩效计划的目标、内容、实施措施、步骤、方法
绩效指导面谈	绩效管理活动过程中	上级主管	工作态度、工作能力、所需技能、解决困难的办法
绩效反馈面谈	整项考核工作完成之后	上级主管	工作计划的执行情况、工作业绩表现

绩效面谈测评法的运用主要有利于达到以下几个目的，具体如图 9—18 所示。

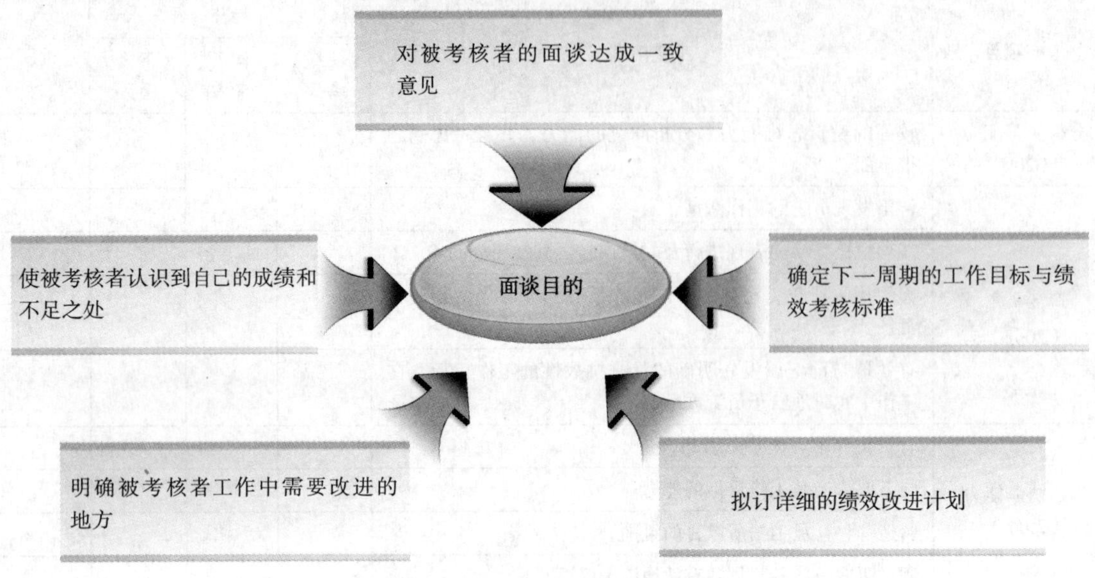

图 9—18　绩效面谈测评法的目的

9.5.2　绩效面谈测评法的运用须知

1. 绩效面谈测评法运用的原则

绩效面谈测评法在运用时应遵循的主要原则见表 9—7。

表 9—7　绩效面谈测评法运用的原则

原则	相关说明
直接、具体原则	面谈交流要直接、具体，不能是泛泛的、抽象的、一般性的评价
互动原则	面谈是一种双向的沟通，为获得被测评者的真实想法，上级主管应当鼓励其多说话，充分表达自己的观点
基于工作原则	绩效面谈中所涉及的是工作绩效，是工作中的一些实际表现，员工是怎么做的，采取了哪些行动和措施，效果如何，而不是讨论员工的个人性格
分析原因原则	绩效面谈测评法需要指出员工的不足之处，但不需批评，而应立足于帮助员工改进不足之处，指出绩效未达成的原因
相互信任原则	绩效面谈是上级主管与员工双方沟通的过程，双方若要达到理解、共识，就必须建立互相信任的关系

2. 绩效面谈测评法运用的注意事项

绩效面谈测评法在具体运用过程中应关注以下四个注意事项，具体内容如图 9—19 所示。

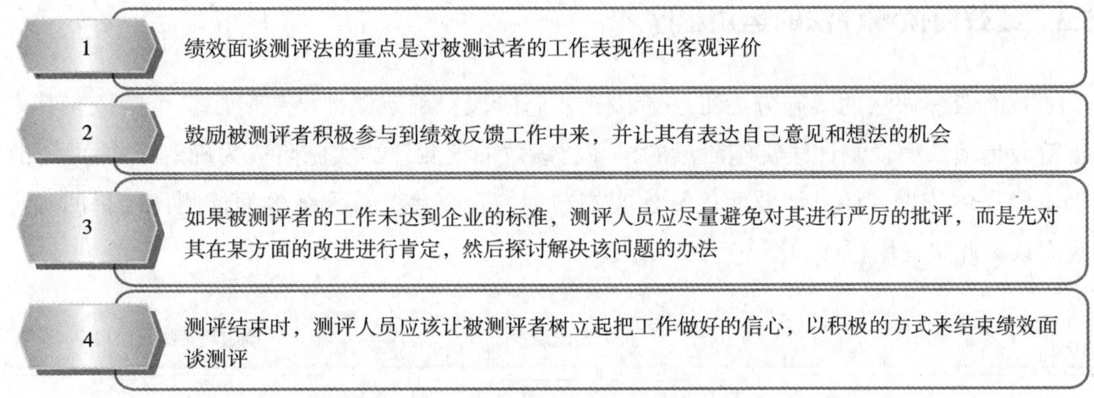

图 9—19　绩效面谈测评法运用的注意事项

3. 绩效面谈测评法实施的技巧

（1）双方信任关系的建立

绩效面谈测评法是测评人员与被测评人员之间一个双向交流、沟通的过程。要使沟通顺利进行，最终达成一定的共识并拟订出有效的绩效改进计划，双方之间信任关系的建立是前提和基础。

（2）积极有效的倾听

积极有效的倾听具体表现在三个方面，见表 9—8。

表 9—8　　积极有效倾听的表现

表现	相关说明
保持良好的目光接触	1. 目的：强化“我在参与”的信息，真诚、友善的目光接触会让被测评者感到更多的友好和信任 2. 目光接触范围：在社交场合，以两眼为上线、唇心为下顶点所形成的倒三角形区域为宜 3. 注意事项：不要直盯对方，要随着话题的变换，及时恰当地以目光回应
适时、恰当地提问	目的：让被测评者明白测评人员在认真倾听，获取更多的信息
适当地给予总结、确认	目的：通过适当地总结、确认，可以及时进行信息确认，防止产生误解

（3）语言表达的技巧

语言表达的技巧主要体现在三个方面。第一，使用开放式的问题，以寻求更多的信息。第二，对被测试者的评价应尽量避免使用极端性的语言。第三，忌用针锋相对的语言，避免引起双方争论、僵持，造成关系紧张。

（4）肢体语言

良好的肢体语言主要包括身体稍稍向前倾，面部保持自然的微笑，表情随对方的谈话内容有相应的变化，恰如其分地频频点头等。

9.5.3 绩效面谈测评法的运用程序

绩效面谈测评法的实施分为准备阶段、实施阶段、确定测评结果阶段三个阶段。其中，准备阶段是绩效面谈测评法实施阶段的保障，绩效面谈测评法实施阶段为确定绩效面谈测评结果阶段提供依据，而且绩效面谈测评实施顺利与否直接关系到绩效面谈测评结果的确定。绩效面谈测评法运用程序如图 9—20 所示。

准备阶段	实施阶段	确定测评结果阶段
1. 收集所有材料和表格 2. 选择一处不受干扰的谈话地点 3. 确定双方都适宜的谈话时间，并提前通知被测评者 4. 准备面谈的提纲（包括如何开场，如何谈被测评者的优、缺点等） 5. 制定面谈测评的标准	1. 明确面谈测评的目的、程序 2. 由被测评者对照其所拟订的工作计划汇报工作 3. 测评人员对被测评者一定时期的工作绩效进行定性或定量评估 4. 双方商讨被测评者绩效中尚需改进的地方	1. 双方商讨被测评者下一阶段的工作改进计划及时间表 2. 依照企业的管理制度，测评人员对被测评者的晋升、调薪、调职提出合理化建议

图 9—20　绩效面谈测评法运用程序

9.5.4 绩效面谈测评法实施计划书

××公司绩效面谈测评的实施计划书如下所示。

<table>
<tr><td rowspan="2">文书名称</td><td rowspan="2">××公司绩效面谈测评法实施计划书</td><td>执行部门</td><td></td></tr>
<tr><td>监督部门</td><td></td></tr>
<tr><td colspan="4">一、目标概述
本公司自____年开始推行绩效考核工作至今，在改善员工绩效方面取得了一定的成绩，同时在绩效面谈管理中，也有许多地方急需改进和完善。人力资源部将此项工作列为本年度的重要任务之一，其目的就是通过完善绩效评价体系，达到绩效考核应有的效果，实现绩效考核的根本目的。
人力资源部在上一考核周期绩效考评结果的基础上，着手进行绩效面谈实施工作，使之更好地为公司的发展服务。
二、实施计划
1. 建立绩效面谈小组：绩效面谈小组成员由各部门经理、人力资源部人员和总经理组成。其中，各部门经理负责对本部门员工的面谈工作，总经理负责对各部门经理的面谈工作，人力资源部人员负责绩效面谈的材料准备、面谈记录等工作。
人力资源部作为具体承办部门将承担绩效面谈实施方案的起草、方法制定、协调组织、记录检查及汇总统计等职责。
2. 面谈方式的选择：一对一的面谈方法。
3. 绩效面谈技巧：根据员工的特点选择汉堡法、双向倾听式面谈法等技巧。
4. 绩效面谈时间地点：具体见下表。</td></tr>
</table>

绩效面谈时间地点安排

面谈人	受谈对象	面谈时间	面谈地点	备注
总经理	人力资源部经理、市场部经理、生产部经理……	__年__月__日__时至__年__月__日__时		按照受访顺序进行面谈，每次面谈时间为30分钟
人力资源部经理	招聘专员、绩效管理专员、薪酬专员……	__年__月__日__时至__年__月__日__时		按照受访顺序进行面谈，每次面谈时间为20分钟
市场部经理				
生产部经理				
……				

三、绩效面谈的前期准备工作

1. 明确绩效面谈的内容

绩效面谈的内容围绕员工上一个考核周期的工作及考核结果开展，一般包括四个方面的内容。

第一，工作业绩：业绩的完成情况是各部门经理进行绩效面谈时的重要内容之一，在面谈时应将评估结果及时反馈给下属，如果员工对绩效考核的结果有异议，则需要和员工一起回顾上一考核周期的绩效表现和绩效标准。通过对绩效结果的反馈，总结绩效达成的经验，找出绩效未能有效达成的原因，为以后更好地完成工作打下基础。

第二，行为表现：除了考核结果外，各部门经理还应关注员工的行为表现，比如工作态度、工作能力等，关注行为表现可以帮助员工更好地完善自己，提高员工技能，也有助于帮助员工进行职业生涯规划。

第三，改进措施：绩效管理的目的是改善提升绩效。在面谈过程中，针对员工未能有效地完成绩效目标，各部门经理应该和员工一起分析绩效不佳的原因，并协助员工提出具体的绩效改进措施。

第四，新的目标：各部门经理应在这个环节中结合上一考核周期的绩效目标完成情况，并结合员工的新工作任务，和员工一起提出下一考核周期中的新目标和工作标准。

2. 做好绩效面谈的准备工作

各部门经理应根据上述绩效面谈的内容做好以下准备：员工考核评价表、员工的日常表现记录表、员工的定期总结报告、岗位说明书、薪酬变化情况等；分析、整理出员工上一考核周期工作中的优点和急需改进的不足；拟订好面谈程序，面谈如何开始、如何结束，面谈过程中运用何种面谈技巧，先谈什么、后谈什么，以及各阶段的时间分配等。

受谈对象应根据上述绩效面谈的内容做好以下准备：填写自我评价表，准备好个人的发展计划，准备好向主管人员提出的问题等。

四、绩效面谈实施中的注意事项

1. 绩效面谈既是一项沟通工作，也是一个持续改善的过程，各面谈人在操作过程中需注意纵向与横向的沟通，需控制好面谈过程和面谈时间，确保面谈工作顺利进行。

2. 面谈人在进行绩效面谈时应坚持以下原则：直接具体原则（S-specific）、互动原则（M-motivate）、基于工作原则（A-action）、分析原因原则（R-reason）、相互信任原则（T-trust）。

3. 绩效面谈对公司来说还是一件新生事物，由于经验不足，难免会出现一些意想不到的困难和问题，各面谈人员应在面谈实施过程中听取各方人员的建议和意见，及时调整和改进工作方法。

五、绩效面谈的预期成果

1. 检讨过去，建立员工个人和部门的绩效改善方案。

2. 展望未来，拟订员工和部门的绩效发展计划。

3. 收集绩效面谈过程中的反馈意见和建议，形成绩效面谈改进方案，完善绩效评价体系。

编制人员		审核人员		批准人员	
编制日期		审核日期		批准日期	

9.5.5 绩效面谈测评记录表

绩效面谈测评记录表见表 9—9。

表 9—9 绩效面谈测评记录表

面谈参与人员		信息记录者	
面谈时间		面谈地点	

面谈内容1：上一阶段工作中，取得的成功有哪些	
取得的成功	值得借鉴的地方
（1）	
（2）	
（3）	

面谈内容2：上一阶段工作中，需要改进的地方				
改进事项	改进目标	改进措施	改进时间	所需要的支持
（1）				
（2）				
（3）				

面谈内容3：对此次考核有什么意见或建议	
考核指标的科学性	
考核流程的合理性	
考核主管的公平公正性	
其他	

面谈内容4：你认为本部门员工谁的工作表现比较好		
工作表现好的人员	优秀业务	值得借鉴的地方
（1）		
（2）		
（3）		

面谈内容5：下一步的工作计划		
工作事项	工作目标	所需要的支持
（1）		
（2）		
（3）		
……		

受谈人签字： 面谈人签字： 审核人签字：

备注：编制此表的目的是了解员工对绩效考核的反馈信息，以使员工绩效得到持续提升。绩效面谈应在绩效考核结束后的5个工作日内由人力资源部安排，该表格应在面谈结束后的3个工作日内提交人力资源部备案。

第10章

素质测评效果分析方法与工具

10.1 素质测评内容标准化分析方法与工具

10.1.1 工作分析法

1. 工作分析法适用范围

工作分析法，是指企业采用科学的方法收集工作信息，通过有效综合和分析所收集到的工作信息，并找出其主要工作因素，为工作评价和人员录用提供依据的一种人员测评分析活动。

不同的工作职位对任职者具有不同的职责要求，因而对任职者也就会有不同的素质要求。人力资源管理中的人员素质测评，往往是因事择人，要求在制定素质测评目标时，必须从本身的要求出发，进行工作分析。

2. 工作分析法运用须知

（1）工作分析法要项说明

工作分析法的实质就是从对不同个人的职业生涯与职业活动的调查入手，顺次分析工作者、职务、职位、职责、任务与要素的过程，并由此确定工作的性质要求和认知条件。以下是工作分析法的要项，其具体内容如图 10—1 所示。

图 10—1 工作分析法要项说明

（2）工作分析法类型说明

工作分析法，较为常用的有观察法、工作日志法、主管人员分析法、访谈法、调查问卷法、关键事例法、文献查阅法 7 种。对于具有不同特点的被分析职位，工作分析法有许多种，现实中往往是两种以上方法的结合使用。

工作分析法类型说明见表 10—1。

表 10—1　　工作分析法类型说明

序号	方法名称	具体说明
1	观察法	观察法是指由有经验的人员通过直接观察的方法，记录被观察者某一时期的工作内容、原因和方法，但是不能干扰被观察者的正常工作。观察法适用于短时间的生理性工作特征的调查分析，一般以标准格式记录观察结果。观察法可以与工作表演结合使用
2	工作日志法	工作日志法是指由工作者按标准格式及时记录自己在工作中的行为和感受。此法可能因偏见存在某种误差或者可能遗漏一些经常出现的重要工作内容，要求进行必要的检查，可由工作者的上级领导进行矫正
3	主管人员分析法	主管人员分析法是由主管人员运用日常的管理权力记录下辖人员的工作活动、任务或者职责。但是由于其个人也会存在一些偏见或误差，可以结合自我记录法消除误差
4	访谈法	访谈法一般较为适用于那些分析工作者不可能实际去操作或直接观察比较困难的工作，通过访谈，可以了解访谈对象的工作内容和方法，以获得准确的资料、信息
5	调查问卷法	调查问卷法可分为通信问卷与非通信集体问卷、检核性问卷与非检核性问卷。运用问卷法费用较高，现实中需要对问卷进行有效分析、修订和反馈
6	关键事例法	关键事例法是指通过对实际工作中特别有效或无效的工作者行为的描述来调查和分析工作的一种方式。此法较为适用于那些复杂或长时间才能完成的工作分析
7	文献查阅法	文献查阅法又称职业信息法，指通过查阅有关专业书籍、内部资料等进行工作分析的一种方法
备注	除以上7种工作分析方法之外，较为有效的方法还包括能力需求量表、工作职能分析、工作要素法、数量分析法等	

3. 工作分析法运用程序

工作分析法的运用，一般可以分为拟订工作计划、收集素质信息、编制素质调查表、确定测评标准、修正测评标准 5 个阶段。工作分析法运用程序如图 10—2 所示。

10.1.2　测评标准化法

1. 测评标准化法适用范围

测评标准化法指的是为使测评结果更准确、可靠，从而减少误差的一种控制过程。它要求在素质测评实施过程中尽量控制无关因素对测评的影响，以使测评结果能够真正反映被测

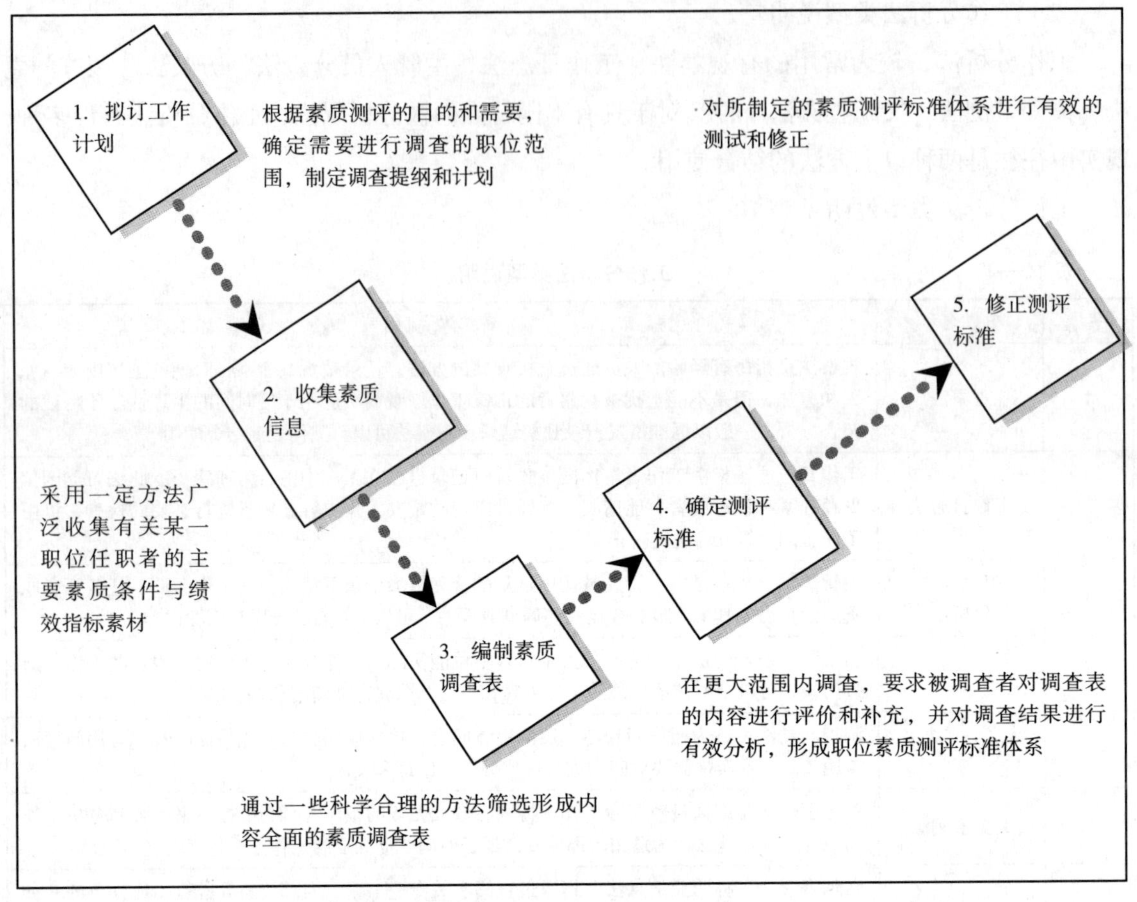

图 10—2 工作分析法运用程序

试者的真实能力水平。

测评标准化实际上就是建构人员素质测评标准体系。人员素质测评标准体系的制定，首先必须以一定的测评课题为对象，以一定的测评目标为根据。测评客体的特点不同，测评标准体系就不同，即使是同一测评客体，若测评目标不同，那么所制作的素质测评标准体系也不会完全相同。

2. 测评标准化法运用须知

人员素质测评标准化的内容主要包括测评内容标准化、施测条件标准化、施测过程标准化、评分标准化、常模标准化、计分过程标准化 6 个方面。其具体内容如下：

（1）测评内容标准化

测评内容标准化，即对所有被测试者施测相同的题目。在素质测评实施的初期阶段，内容标准化尤为重要，测验的内容不同，所得的测验分数无法相互比较。

（2）施测条件标准化

施测条件标准化，即为了确保人员素质测评工作能够科学地、顺利地实施，测评组织人员应该做的准备工作条件。其具体内容如图 10—3 所示。

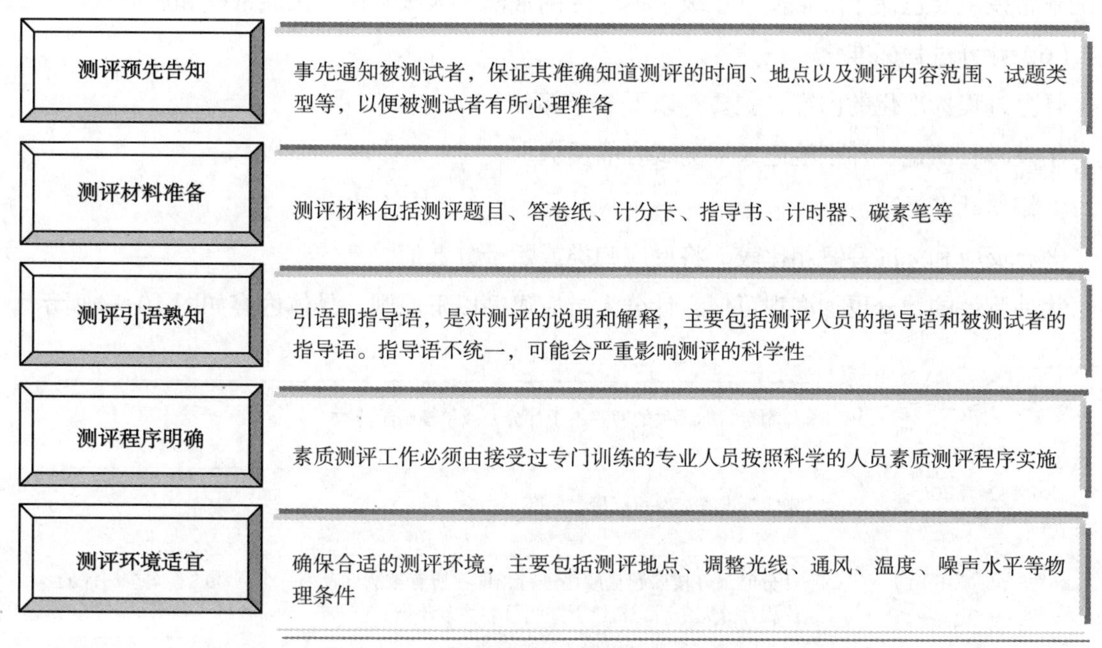

图 10—3　施测条件标准化的内容

（3）施测过程标准化

施测过程标准化，需注意以下两方面：

第一，无论在何时何地给何人施测，主考宣读的测验指导语必须完全一致。

第二，测验的时间要统一、严格控制，这一点对能力测验尤为重要。

（4）评分标准化

评分标准化，主要是指对于那些需要主管评分的素质测评，要求至少有 2 个以上受过专业训练的评分者同时评分，而且他们的分数必须具有一致性。无论客观评分还是主管评分，都需要制定一个统一的评分标准，如果缺乏标准化，测评结果很可能被主管歪曲。

（5）常模标准化

常模，就是指能够代表一般人群行为分数的分布情况。一个标准化的素质测评项目，不但需要内容、施测和评分标准化，对分数的解释也要标准化。

①建设常模的方法。在将来要进行测评的全体对象中,选择具有代表性的一部分人员（即标准化样本），对此样本施测并将所得到的分数加以统计整理，得出一个具有代表性的分数分布，即形成常模。

②亚常模。常模可因标准化时选取样本的不同而有不同的类别，形成不同的亚常模。常见的亚常模主要包括年龄常模、年级常模、性别常模、地域常模、民族常模和职业常模等。

（6）计分过程标准化

计分过程标准化的内容，主要有以下 3 个部分：

①及时、清楚、详细地记录被测试者的反应。

②制作标准答案。

③将反应和标准答案相比较，将反应归类或赋予分数值。

为使测评的计分更加客观可信，计分人员应遵循以下原则。具体内容如图 10—4 所示。

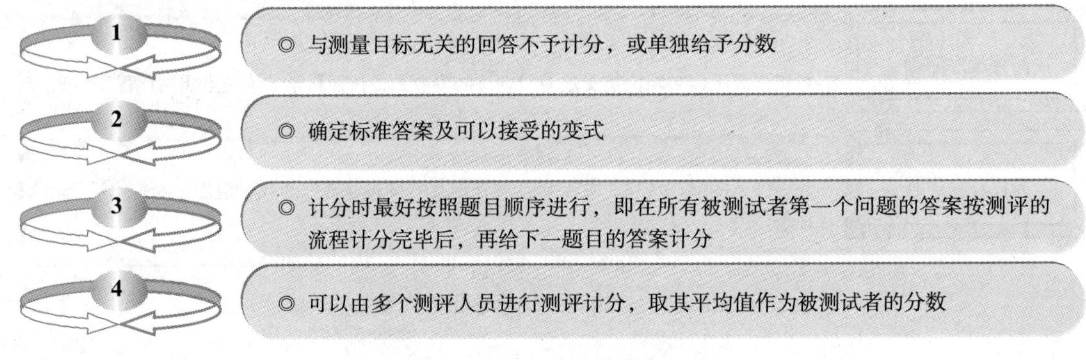

图 10—4 计分过程标准化原则

10.1.3 测评内容的标准化程序

测评内容的标准化程序，关键在于确定素质测评的目标、内容，并把其转化为可操作的指标的过程。

测评内容的标准化程序，一般可以分为确定测评项目及目标、确定测评标准体系结构、确定测评指标及其权重、确定测评指标计量方法、完善测评指标体系 5 个阶段。测评内容的标准化程序如图 10—5 所示。

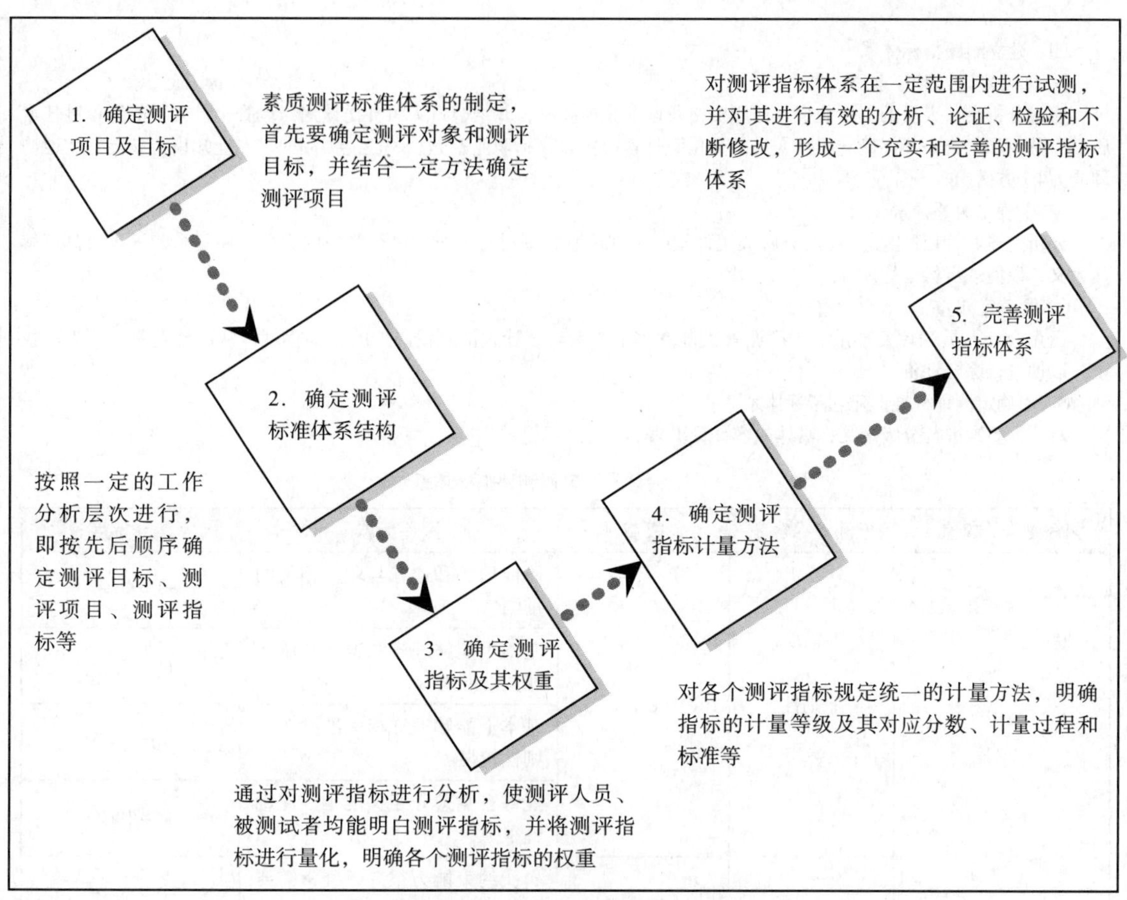

图 10—5　测评内容的标准化程序

10.1.4　财务人员素质测评标准化方案

以下是 ×× 公司财务人员素质测评标准化实施方案。

<table>
<tr><td rowspan="2">方案名称</td><td rowspan="2">财务人员素质测评标准化方案</td><td>编　　号</td><td></td></tr>
<tr><td>受控状态</td><td></td></tr>
<tr><td colspan="4">
一、实施背景
××公司人力资源部在发出会计人员招聘广告后，有很多人发来求职简历。经过简历分析初步筛选后，还余下10名合格人选。需要从这10名求职者中挑选出一名与本企业会计岗位相宜的会计人员。
二、实施目标
通过对财务人员进行标准化的素质测评工作，并对应聘会计岗位的人员进行全面分析，挑选出最优秀的岗位胜任者。
三、成立测评小组
1. 人力资源部经理选择人力资源招聘主管、财务经理、会计主管与自己共同组成测评小组。
2. 测评小组负责实施测评全部事宜，包括分析职位说明书，确定岗位胜任素质，建立测评指标体系，确定合适的测评方法，实施素质测评、评分，处理评分结果，评价被测试者的素质及报告测评结果。
</td></tr>
</table>

四、建立测评指标体系

（一）确定岗位胜任素质

通过分析会计人员的工作职责、任职资格及职业技能要求，并结合行为事件访谈法，调查会计人员的岗位胜任素质。经分析和调查，最终确定会计人员的岗位胜任素质主要包括职业素养、一般能力倾向、专业知识与技能、沟通协调能力4个方面。

（二）确立测评要素

分析上述4个胜任素质，将其分解成更详细的测评要素，并对每个要素进行简单的定义，使每个测评人员都理解其含义，以便进行科学的评分。

（三）确定权重

运用会计人员测评要素重要程度调查表调查每个要素对会计人员胜任岗位的重要程度，从而确定每个要素的权重，以便进行综合评价。

（四）确定测评标准，建立指标体系

对测评要素进行分级定义，具体内容详见下表。

会计人员素质测评指标体系

测评维度（权重）	测评内容	权重	测评标志	测评标度
职业素养（30%）	原则性	8%	不能理解和遵守与职业相关的准则	0～59分
			基本上能够理解和遵守与职业相关的准则	60～79分
			基本上能够遵守相关准则，原则性较强	80～89分
			能够自觉遵守相关准则，原则性很强	90～100分
	自律性	8%	自我约束能力很差，经常需要领导的监督	0～59分
			自我约束能力一般，偶尔需要领导的监督	60～79分
			自我约束能力较强，无须领导的监督	80～89分
			自我约束能力很强，完全不受领导的监督	90～100分
	责任心	8%	工作态度较差，不踏实，喜欢推卸责任	0～59分
			工作态度一般，只承担分内的事情	60～79分
			工作态度较好，比较踏实，主动承担任务	80～89分
			工作积极、踏实肯干，勇于承担责任	90～100分
	细节关注程度	6%	观察力弱，不能察觉较为明显的细节或错误	0～59分

续表

测评维度（权重）	测评内容	权重	测评标志	测评标度
职业素养（30%）	细节关注程度	6%	观察力一般，能够察觉明显的细节或错误	60 ~ 79分
			观察力较强，能发现80%以上的错误或细节	80 ~ 89分
			观察力很强，能发现90%以上的错误或细节	90 ~ 100分
一般能力倾向（20%）	数理能力	6%	实际得分比平均分低，数理能力较弱	0 ~ 69分
			实际得分比平均分高，数理能力强	70 ~ 100分
	言语理解与表达能力	4%	实际得分比平均分低，言语理解能力低	0 ~ 69分
			实际得分比平均分高，言语理解能力强	70 ~ 100分
	判断推理能力	6%	实际得分比平均分低，判断推理能力低	0 ~ 69分
			实际得分比平均分高，判断推理能力强	70 ~ 100分
	资料分析能力	4%	实际得分比平均分低，资料分析能力低	0 ~ 69分
			实际得分比平均分高，资料分析能力强	70 ~ 100分
专业知识与技能（30%）	专业知识	10%	（按实际得分计算）	
	专业技能	20%	（按实际得分计算）	
沟通协调能力（20%）	人际交往能力	6%	与人交往意识淡薄，人际关系简单	0 ~ 59分
			能够维持较简单的工作关系	60 ~ 79分
			能利用各种技巧建立并维持工作关系网络	80 ~ 89分
			能运用各种技巧建立、维持并扩大自己的人际关系网，掌握人际交往的原则	90 ~ 100分
	沟通能力	6%	沟通力很差，不能将自己的想法准确告诉他人	0 ~ 59分
			沟通能力一般，基本能准确表达个人想法	60 ~ 79分

续表

测评维度（权重）	测评内容	权重	测评标志	测评标度
沟通协调能力（20%）	沟通能力	6%	沟通能力较好，基本能简洁、准确地表达个人想法，逻辑性一般	80～89分
			沟通能力很好，能简洁地表达个人想法，语言表达准确，逻辑性强	90～100分
	团队协作能力	8%	不与他人交流，喜欢孤军作战	0～59分
			偶尔与他人交流，不能听取他人的意见	60～79分
			常与他人交流，在听取意见方面有待提高	80～89分
			倾听他人意见，分享信息，与团队步调一致	90～100分

五、选择测评方法

根据上述测评要素的特点和测评方法的优势与劣势，选择相应的测评方法和测评工具。

（一）财务专业知识测试

有针对性地编制财务专业知识测评试卷，测评所有应聘人员的专业知识与技能水平。

（二）心理测试

选择GATB测评量表中的部分题目，题目方向侧重于数理能力、言语理解与表达能力、判断推理能力、资料分析能力四个角度，编制成一般能力倾向试卷，以测评所有应聘人员的一般能力倾向。选题时，每项指标各选择25个题目，每题分值为1分。

1. 关于数理能力

主要从数字推理、数学运算两方面考查被测试者对数量间关系的理解及快速运算的能力。对会计人员此方面的能力要求很高。

2. 关于言语理解与表达能力

主要从语句表达、阅读理解两方面考查被测试者对汉语的理解和运用能力。对会计人员此方面的要求主要是具备区分细节、记忆琐碎细节、记录数据的能力。

3. 关于判断推理能力

主要从事件排序、常识判断、逻辑推理、图形推理四方面考查被测试者对事物间关系的理解、分析、推理判断能力。对会计人员此方面的要求也较高。

4. 关于资料分析能力

主要考查被测试者对表格、图形所呈现的资料进行分析、综合理解的能力。

（三）结构化面试

对于职业素养和沟通协调能力，可运用结构化面试来测评，并编写基于上述胜任素质的面试提纲。

六、实施素质测评

整个测评分成两个单元进行，共用两天时间完成。

（一）第一单元——笔试

主要包括财务专业知识测试和心理测试。通过这一单元的筛选，从10人中选取5人进行第二单元的结构化面试。上午实施测试，下午出测试结果并决定面试人选。

（二）第二单元——结构化面试

主要由人力资源部经理主持面试。面试的全过程由面试提纲和会计人员面试评定表指引。

会计人员面试评定表

<table>
<tr><td>测评编号</td><td></td><td colspan="2">姓名</td><td></td><td>应聘岗位</td><td></td></tr>
<tr><td rowspan="2">测评维度</td><td rowspan="2">测评指标</td><td colspan="5">面试评定等级</td></tr>
<tr><td>差（0~59分）</td><td>一般（60~79分）</td><td colspan="2">良好（80~89分）</td><td>优秀（90~100分）</td></tr>
<tr><td rowspan="4">职业素养</td><td>原则性</td><td></td><td></td><td colspan="2"></td><td></td></tr>
<tr><td>自律性</td><td></td><td></td><td colspan="2"></td><td></td></tr>
<tr><td>责任心</td><td></td><td></td><td colspan="2"></td><td></td></tr>
<tr><td>细节关注程度</td><td></td><td></td><td colspan="2"></td><td></td></tr>
<tr><td rowspan="3">沟通协调能力</td><td>人际交往能力</td><td></td><td></td><td colspan="2"></td><td></td></tr>
<tr><td>沟通能力</td><td></td><td></td><td colspan="2"></td><td></td></tr>
<tr><td>团队协作能力</td><td></td><td></td><td colspan="2"></td><td></td></tr>
<tr><td>综合评价</td><td colspan="6">（注：此栏主要填写对被测试者的综合评价及其主要优缺点）
测评人员签字：　　　　　　　　日期：　　　　年　　　月　　　日</td></tr>
</table>

七、处理测评结果及素质评价

（一）处理财务专业知识测试

阅卷评分，得出结果，填写财务专业知识测试得分汇总表。

（二）处理心理测试结果

阅卷评分，得出每个被测试者在心理测试中的得分，填写会计人员心理测试得分汇总表。

（三）综合评比

选出前____名应聘人员。综合统计前两项测试的结果，得出加权总分。

（四）处理结构化面试结果

回收会计人员面试评定表，统计并计算所有测评人员对五位被测试者所评的分数，分别得出每位被测试者的单项指标得分，将其汇总至会计人员结构化面试得分汇总表。

编制人员		审核人员		审批人员	
编制时间		审核时间		审批时间	

10.1.5　技术人员素质测评标准化方案

以下是 ×× 公司技术人员素质测评标准化实施方案。

方案名称	技术人员素质测评标准化方案	编　　号	
		受控状态	

一、实施目标

本项测评是根据××化工有限公司产品开发工程师这一岗位的具体任职要求，经过严格的工作分析而设计的。测评的目的在于对公司内产品开发工程师的基本素质有一个较为全面的了解，以便有针对性地实施培训和晋升计划。

二、组建素质测评小组

一般来说，素质测评小组由人力资源部经理、相关专员、产品开发部部长、总工程师等组成。在请求外援的情况下，测评小组还包括测评专家。

三、建立产品开发工程师素质测评指标体系

根据技术人员基本素质结构构成和产品开发工程师的任职资格要求，分析并建立产品开发工程师素质指标体系。

（一）确定产品开发工程师的测评要素

通过分析和调查，最终确立知识经验、性格和专业能力为其素质维度，据此调查各个维度的相对重要性，确定维度权重。

（二）分析每个维度的具体测评内容

确定二级测评指标，并调查各个指标的重要程度，确定指标权重。

（三）建立产品开发工程师素质测评指标体系

产品开发工程师素质测评指标体系见下表。

××化工有限公司产品开发工程师素质测评指标体系

测评维度（权重）	二级指标	权重（%）	测评维度（权重）	二级指标	权重（%）
知识经验（10%）	专业技术知识	5	专业能力（49%）	创新开拓能力	14
	工作经验	5		团队合作能力	8
性格（18%）	内外向性	9		指导教练能力	7
	成长适应能力	9		自信决断能力	6
专业能力（23%）	分析思维能力	8		学习进取能力	8
	专业应用能力	15		信息敏感性	6

四、实施素质测评

根据具体的测评要素和测评方法的优缺点，选择并确定合适的测评方法对产品开发工程师的素质实施测评。

（一）知识经验测评

对专业知识、工作经验的测评，可采用简单易行、成本较低的履历分析法。根据相应标准评分。

（二）性格测评

一般来说，性格测评均采用心理测试自陈量表。内外向性和成长适应能力可由卡特尔16PF测评量表来测评。

（三）专业能力测评

对专业能力的测评，可根据需要测评的具体指标，事先设计好相应的问题。由被测试者在面谈中的表现来估测其各方面的能力。

面谈的过程一般由测评专家或受过测评技术培训的人士来主持，由测评小组成员进行观察和记录。还可以使用摄像机将面谈的全部过程记录下来，以供评分时讨论使用。

由测评专家或测评小组组长组织小组成员根据被测试者的表现在评分表上评分。下表即是“产品开发工程师专业能力测评评分表”。

产品开发工程师专业能力测评评分表

被测试者		技术职位		性别	
出生年月		技术职务		文化程度	
毕业院校				专业	
测评维度	测评指标	指标权重（%）		测评得分	
专业能力	分析思维能力	8			
	专业应用能力	15			
	创新开拓能力	14			
	团队合作能力	8			
	指导教练能力	7			
	自信决断能力	6			
	学习进取能力	8			
	信息敏感性	6			

五、统计测评数据

通过人员素质测评方法获得的数据，需要对其分别进行处理，尤其是心理测试得出的数据。

（一）处理心理测试数据

如测评对象程 × × 在16PF测试中的原始得分见下表，需要根据16PF原始分与标准分换算表将原始分换算成标准分。

工程师程 × × 在 16PF 中的得分

因素	A	B	C	E	F	G	H	I	L	M	N	O	Q1	Q2	Q3	Q4
原始分	2	11	13	11	4	6	8	2	15	16	9	4	14	15	15	5
标准分	2	9	5	6	2	2	5	1	8	7	6	2	8	7	7	3

再根据内外向性计算公式和成长适应能力公式计算内外向性和成长适应能力。

（二）处理知识经验、专业能力测评数据

如测评对象程 × × 在知识经验、专业能力测评中需要通过加权法计算各项指标得分，由此得出维度得分。

六、分析、报告测评结果

（一）产品开发工程师 16PF 性格测试报告

如根据工程师程 × × 的得分情况、高低分分布情况以及表现出来的性格特征编写性格测试报告。

（二）知识经验、专业能力测评报告

对测评对象的理论知识运用和实际工作经验进行分析，并对其专业能力素质情况进行描述。

（三）人事决策建议

对人员素质测评结果进行总体评价和分析，明确测评对象的岗位胜任情况和不足之处，给予培训指导或其他提升素质能力的方式的建议。

编制人员		审核人员		审批人员	
编制时间		审核时间		审批时间	

10.2 素质测评内容效果的分析方法与工具

人员素质测评内容效果分析是一项复杂的工作，素质测评质量是许多企业关心的核心问题。素质测评内容效果分析主要包括项目分析、信度分析、效度分析以及误差分析等。以下是对素质测评内容效果分析方法及其执行工具的详细介绍。

10.2.1 项目分析法

1. 项目分析法适用范围

项目分析法指的是间接对测评结果进行微观性解剖。通过项目分析，能够有效选择、替代和修改不合理的测评项目，从而改进素质测评的质量。

每一项测评工作都是由数个项目累加构成的，项目质量将直接影响测评结果的真实性和准确性。项目质量好，则对应的素质测评得分就有效、正确，从而整个测评结果也就正确、可靠。

2. 项目分析法运用须知

测评项目质量的考评分析指标主要包括适合度、区分度、独立性 3 个方面。

（1）适合度

适合度指的是被测试者行为（回答与实际表现）符合项目测评标准的程度。适合度主要包括 3 种类型，具体内容如图 10—6 所示。

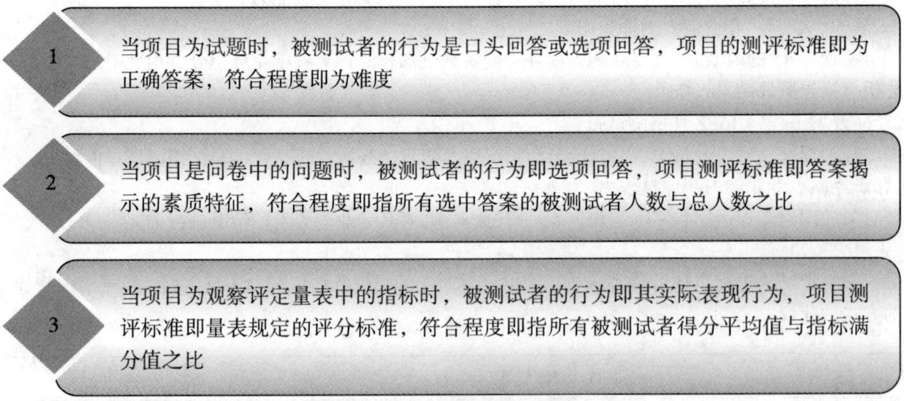

1 当项目为试题时，被测试者的行为是口头回答或选项回答，项目的测评标准即为正确答案，符合程度即为难度

2 当项目是问卷中的问题时，被测试者的行为即选项回答，项目测评标准即答案揭示的素质特征，符合程度即指所有选中答案的被测试者人数与总人数之比

3 当项目为观察评定量表中的指标时，被测试者的行为即其实际表现行为，项目测评标准即量表规定的评分标准，符合程度即指所有被测试者得分平均值与指标满分值之比

图 10—6 适合度的 3 种类型

适合度包括难度但不等同于难度，难度是测试题目的指标。以下是适合度的计算公式，同时，它也可以作为难度的计算公式。

$$P = \frac{\overline{R}}{W}$$

式中，P 代表适合度或者难度，P 越接近于 1，说明项目越适合被测，P 越接近于 0，说明项目越不适合被测；W 代表项目满分值；$\overline{R}$ 代表所有被测得分的平均值。

（2）区分度

区分度指的是项目在测评所要测量的心理特性上，将不同素质水平的被测试者适当区分开来的鉴别能力。区分度在选拔性测评中非常重要，区分度高的项目可以很明显地把优秀人员与一般人员进行区分。

区分度可以采取点双列相关系数公式来计算，具体计算公式如下：

$$D = \frac{\overline{X}_p - \overline{X}_q}{S_t}\sqrt{pq}$$

式中，D 代表区分度；p 代表项目通过率，q=1−p；$\overline{X}_p$ 代表做对被测总分平均数；$\overline{X}_q$ 代表未做对被测总分平均数；S_t 代表被测总分标准差。

（3）独立性

独立性指的是非相关性或低相关性。在人员素质测评过程中，经常会使项目之间具有一定的独立性，以将不同水平的人员区别开来。项目的独立性分析，一般是采取项目间分数的相关关系来揭示，当相关系数越大时，说明独立性越小。

现实中，假若所有项目完全相关，则以 r=1 表示，每个项目都是中等难度，则以 p=q=0.5 表示。运用 r_ϕ 系数法对项目试题进行分析，具体内容如下：

①独立性分析列表，具体见表 10—2。

表 10—2　　独立性分析列表

试题N \ 试题M	做错	做对	总计
做错	20（a）	30（b）	50（a+b）
做对	25（c）	16（d）	41（c+d）
总计	45（a+c）	46（b+d）	91（n）

② r_ϕ 系数计算公式，具体内容如下：

$$r_\phi = \frac{bc - ad}{\sqrt{(a+b)(c+d)(a+c)(b+d)}} = \frac{30 \times 25 - 20 \times 16}{\sqrt{50 \times 41 \times 45 \times 46}} = 0.21$$

③经统计检验表明，r_ϕ 为非显著性相关，因此试题 M 与试题 N 之间具有较好的独立性。

3. 项目分析法运用程序

项目分析法的运用程序，一般可以分为测评项目分解、适合度分析、区分度分析、独立性分析、测评项目修正 5 个阶段。项目分析法运用程序如图 10—7 所示。

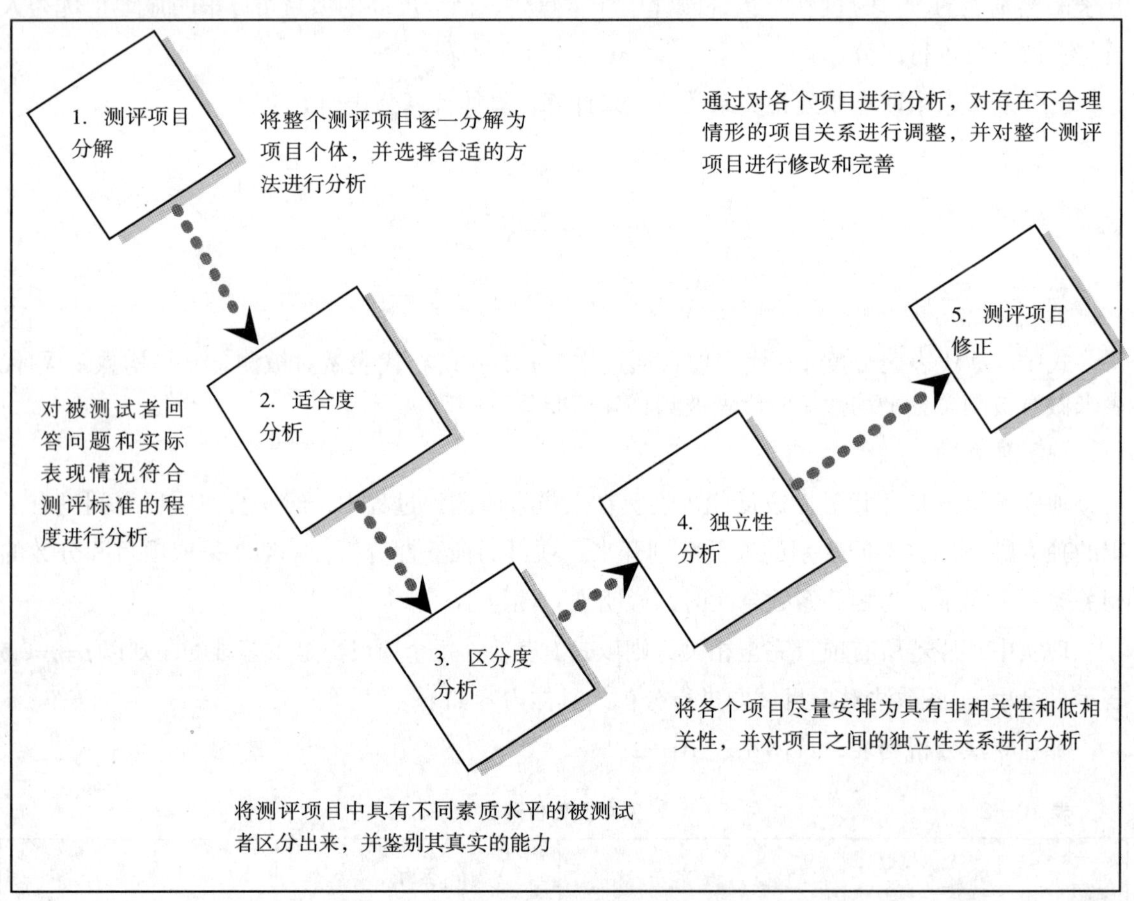

图 10—7 项目分析法运用程序

10.2.2　信度分析法

1．信度分析法适用范围

信度指的是测评结果反映所测素质的准确性。信度分析指的是对人员素质测量评估的可靠性和一致性程度进行有效分析的一种方法。

人员素质测评活动主要是对人员行为的测量，被测试者在受测时会受到当时情境的影响，从而引起测评结果与被测试者的真实情况出现偏差，因此，需要由相关的指标来衡量测评的可靠性程度。

2．信度分析法运用须知

（1）测评信度影响因素

测评信度的影响因素有很多种，如果考虑不周，防范不到位，就会造成测评信度由于某一因素造成假象关联，这就需要重新评估测评结果的信度，或选择、转换成其他的测评活动。

一般情况下，测评信度的影响因素主要包括被试样本、测评长度、测评难度等，具体内容见表 10—3。

表 10—3　　测评信度的影响因素

序　号	因　素	具体说明
1	被试样本	如果同质测试样本得分比较接近，分数分布范围小，信度会低；异质测试样本反之。要求注意样本的变异性和能力水平，对非常同质的样本加以标准化，并考虑样本的年龄、性别、级别、职业及其相似性等
2	测评长度	测评长度是指测评题目的数量。一般测评题目数量越多，信度就越高。要求实行分测评策略进行多次测评活动，以增加测评的信度
3	测评难度	如果当测评分数分布范围缩小时，测评信度就会降低。测评的难度可以使测评分数分布范围产生变化，从而对测评信度产生影响。只有编制的测评指标能够达到理想的难度，才能使被测试者分数的范围扩大，进而提高测评结果的信度

（2）测评信度系数分析

测评信度系数的估计一般可以分为 4 种类型，即稳定系数、等值系数、内在一致性系数和评分者信度系数。

①稳定系数

稳定系数，又称重测信度，指的是用同一种测评对同一组测评对象进行两次间隔性的测评，并根据被测试者两次测评获得的分数计算其相关系数。

利用稳定系数可以预估跨时间测评的一致性程度，稳定系数越高，测评活动的稳定性越好，测评受随机因素的影响也越小。稳定系数的计算公式如下：

$$r=\frac{\sum X_1X_2-\sum X_1\sum X_2/n}{\sqrt{\sum X_1^2-(\sum X_1)^2/n}\sqrt{\sum X_2^2-(\sum X_2)^2/n}}$$

式中，r 代表稳定系数；X_1、X_2 分别代表首测分数和再测分数。

②等值系数

等值系数指的是在对被测试者进行测评以后间隔一段时间，运用复本再次测评所获得的相关系数。

复本指的是内容、数量、格式、难度、区分度、指导语、时限以及其他各个方面都与原测评活动相同的测评。再测时运用复本代替，可以避免保存对象记住测试题答案或解决方法造成的测评失真。

当测评结果为等级或名次时，可以运用等级相关法进行计算。等级相关法的计算公式如下：

$$r=1-6\sum D^2/N(N^2-1)$$

式中，r 代表等值系数；N 代表测评结果的个数或被测试人数；D 代表同一测评两次评定等级之差。

③内在一致性系数

内在一致性系数指的是反映相同素质测评项目分数间的一致性程度的系数。

内在一致性系数常见的有项目折半分析信度系数（公式一）和 α 系数（公式二）。

公式一：

$$r_t=\frac{2r}{1+r}$$

项目折半分析，是把测评结果分成两半，一半是偶数号项目的得分总和，另一半是奇数号项目的得分总和，然后计算其相关系数。式中，r 代表两半项目分数相关系数，r_t 越大，则说明测评结果越可靠。

公式二：

$$r_t = (\frac{n}{n-1})(\frac{s_t^2 - \sum v_i^2}{s_t^2})$$

α 系数分析，是指克朗巴赫于 1951 年提出的内部计算一致性系数，常用于问卷和量表的编制。式中，v_i 代表测评的每个项目的方差；n 代表项目个数；s_t 代表测评的总体方差。

④评分者信度系数

测评结果的差异程度来自于被测试者本身和测评人员测评两个方面，信度测量主要是以测评人员及其测评为依据的。

评分者信度系数一般采用肯德尔和谐系数来计算，其计算公式如下：

$$W = [\sum R_i^2 - \frac{(\sum R_i)^2}{m}] \div \frac{1}{12} n^2 (m^2 - m)$$

式中，n 代表测评人员数量；m 代表测评项目个数；R_i 代表第 i 个项目上所有被测试者等级之和或分数之和。

3. 信度分析法运用程序

信度分析法的运用程序，一般可以分为确定信度分析方法、执行测评信度分析、信度分析结果运用 3 个阶段。信度分析法运用程序如图 10—8 所示。

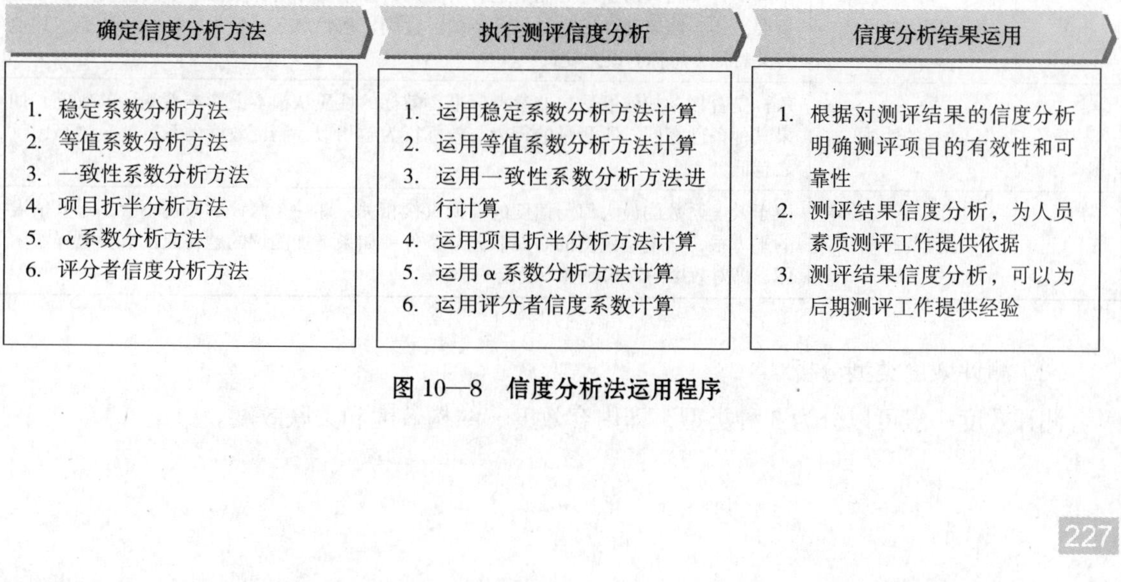

确定信度分析方法	执行测评信度分析	信度分析结果运用
1. 稳定系数分析方法 2. 等值系数分析方法 3. 一致性系数分析方法 4. 项目折半分析方法 5. α 系数分析方法 6. 评分者信度分析方法	1. 运用稳定系数分析方法计算 2. 运用等值系数分析方法计算 3. 运用一致性系数分析方法进行计算 4. 运用项目折半分析方法计算 5. 运用 α 系数分析方法计算 6. 运用评分者信度系数计算	1. 根据对测评结果的信度分析明确测评项目的有效性和可靠性 2. 测评结果信度分析，为人员素质测评工作提供依据 3. 测评结果信度分析，可以为后期测评工作提供经验

图 10—8　信度分析法运用程序

10.2.3 效度分析法

1. 效度分析法适用范围

效度指的是测评结果对所测素质反映的真实程度，是对一个测评要测量的特性测量到什么程度的估计。

人员素质测评和任何测量工具一样，有其特定的功能和实用目的，人员素质测评的效度，就是采用测评工具对所要测评的特性测量到什么程度进行有效预估。效度是针对测评结果而言的，是针对某种测评的测验目的来进行分析的，同时，测评效度也只有程度上的差异。在测评效度的验证过程中，测评的目的不同，对测评效度也有不同的要求。

测评效度除了能够表示测评结果的正确性以外，还可以预测测评对象目前和未来的行为表现，尤其是在人才选拔过程中，需要对测评结果的效度进行分析。

2. 效度分析法运用须知

（1）测评效度影响因素

影响测评效度的因素也有很多种，它与信度的影响因素有相同之处，也有不同之处。测评效度的影响因素主要包括测验的因素、样本团体的性质、效标的性质、信度的影响等。具体内容见表 10—4。

表 10—4　　测评效度的影响因素

序　号	因　素	具体说明
1	测验的因素	测验的因素主要是指可能会导致测评结果产生误差的因素。这些因素主要包括组成测评的试题不佳、试题难度不适合、试题安排或组织不当、试题不符合测评目的、测评的实施干扰以及被测试者的影响因素等
2	样本团体的性质	不同的样本团体所适用的测量也有所不同，样本团体的异质性对于测量的效度非常重要。样本团体的性质主要包括年龄、性别、教育水平、智力、动机、职业和其他有关特征，总称为误差变量
3	效标的性质	效标是直接参加效度形式的参考标准，效标的性质从根本上影响着测评的效度。如果其他条件相同，所测量的行为与效标行为越相似，测评效度的系数就会越高，反之越低
4	信度的影响	由于效度系数的最大值与信度的高低直接相关，即一个测评的效度不会超过其信度的平方根，信度是效度的必要非充分条件。如果增加测评的题目或选取异质样本团体，即对效度的影响就会不确定

（2）测评效度类型分析

测评效度一般可以分为 3 种类型，即内容效度、结构效度和关联效度。

①内容效度

内容效度指的是实际测评到的内容或行为与测评要求的一致性，即评估测评结果是否充分代表了所要测量的内容范围。

确定内容效度的方法是逻辑分析法，即专家比较判断法，这是一种确定内容效度的典型程序。它要求让一组专家判断试题对所研究领域的取样是否具有代表性。其计算公式如下：

$$C=\frac{n_t-\frac{N}{2}}{\frac{N}{2}}$$

式中，n_t 代表持肯定评判的专家人数；N 代表专家的总人数。

内容效度主要应用于成就测验。在测评过程中，题目取样的代表性问题是内容效度主要的方面。内容效度越高，说明被测试者在某个方面的水平处在一个特定的位置；反之，不能推断有效。

②结构效度

结构效度又称构想效度、建构效度，指的是可以直接观察的行为变量所具有的共同特征，它表明了在多大程度上实际的测评结果能够被看作是素质测评结构上的替代物。

结构效度分析，一般可以按照两个步骤来进行，具体内容见表 10—5。

表 10—5 结构效度分析步骤说明表

序号	步　骤	具体说明
1	测评素质结构操作化定义	1. 采取工作分析法，对测评素质进行结构化分析和行为分析，确定各种素质结构的成分及其代表行为 2. 用图表的形式逐一列出工作分析得到的素质因素及其特征行为，或通过查找历史或现有资料进行分析 3. 准备一份与已有素质模型可能混淆但关系比较密切的其他模型图表，并对其进行说明
2	收集资料并评判结构效度	结构效度的分析一般都是实证法，可以通过收集事实资料信息来评判结构效度。常用的收集、分析方法如下： 1. 排除法。明确地排除与测评结果相对应的其他素质结构模型 2. 咨询法。请有经验的专家对与测评结果所对应的素质结构进行判断 3. 相关法。用较高结构效度的测评工具或结果，与所获得的测评结果进行相关性分析 4. 逻辑分析法。根据大家对素质结构模型的一致性评价，推断测评工具或者内容是正确的 5. 多元分析法。采取聚类分析与主成分分析等手段，对测评结果进行分析

③关联效度

关联效度又称准则关联效度，指的是测评结果与某种标准结果的一致性程度。

根据效标结果与预测结果获得的时间是否相同，可以划分为同时效度和预测效度。如果效标结果和测评结果同时获得，即为同时效度；如果效标结果是从后来测评中获得的，即为预测效度。

预测效度的计算公式如下：

$$r=\frac{N\sum xy-(\sum x)(\sum y)}{\sqrt{[N\sum x^2-(\sum x)^2][N\sum y^2-(\sum y)^2]}}$$

式中，N 代表被测试者抽样总人数；x、y 分别代表两种测评的结果（分数）。

3. 效度分析法运用程序

效度分析法的运用程序，一般可以分为确定效度分析目标、内容效度分析、结构效度分析、关联效度分析和效度结果分析应用 5 个阶段。效度分析法运用程序如图 10—9 所示。

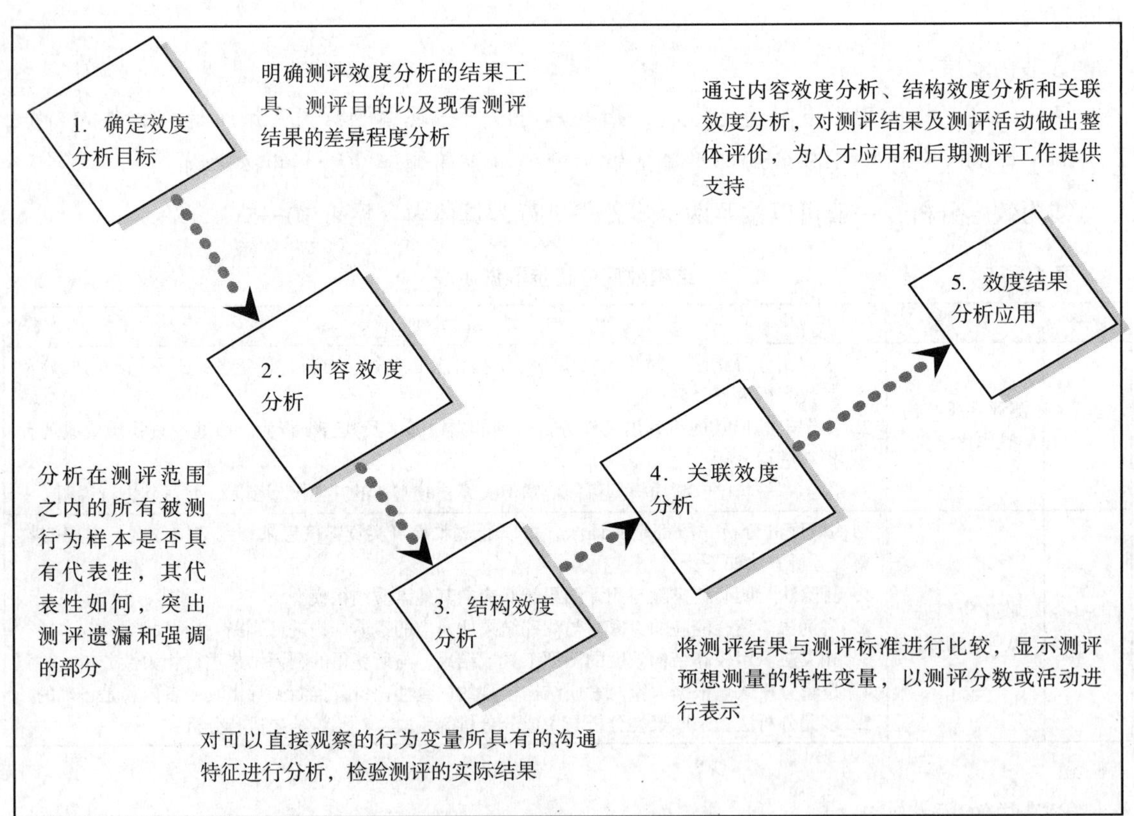

图 10—9 效度分析法运用程序

10.2.4　误差分析法

1. 误差分析法适用范围

误差分析法指的是测评人员对测评结果产生的误差进行原因分析，并对误差进行有效控制的方法。

一个好的测评也会有误差，但是要把误差控制在一定的范围之内。引起误差的原因主要包括偶然因素或者是无关因素，这些因素在人员素质测评工作中主要来源于 3 个方面。一是人员素质测评工具本身出现问题，二是人员素质测评的实施过程出现问题，三是人员素质测评的被测试者出现问题。测评管理人员需要对这些因素进行有效的防范和控制，以保证测评结果能够正确反映人员素质特质。

2. 误差分析法运用须知

人员素质测评的误差大致可以分为 4 种类型，其具体分类情况见表 10—6。

表 10—6　　人员素质测评误差类型说明

序　号	类　型	类型说明
1	抽样误差	抽样误差，是指由于抽样变动而造成的误差，即内部抽样变动，导致样组之间存在的差异，样组均数与总体均数也存在差异
2	系统误差	系统误差，是指在一定的测量条件下，多次测评同一测评要素时，若误差的绝对值和符号总是保持恒定，使结果永远偏向一个方向，此种误差即是系统误差
3	随机误差	随机误差，是指在相同的条件下多次测评同一测评对象时，因其绝对值和符号都以不可预料的方式变化而产生的误差
4	心理误差	心理误差，是指由于心理效应产生的误差，包括晕轮效应误差、趋中心理误差、宽大心理误差、逻辑推理误差、对比效应误差、近因效应误差等

3. 误差分析法运用程序

误差分析法的运用，一般可以分为测评误差统计、测评误差分解、测评误差控制 3 个阶段。误差分析法运用程序如图 10—10 所示。

10.2.5　定量分析法

1. 定量分析法适用范围

定量分析法指的是运用数学方法对自然界和人类社会中存在的各种现象进行研究，并用

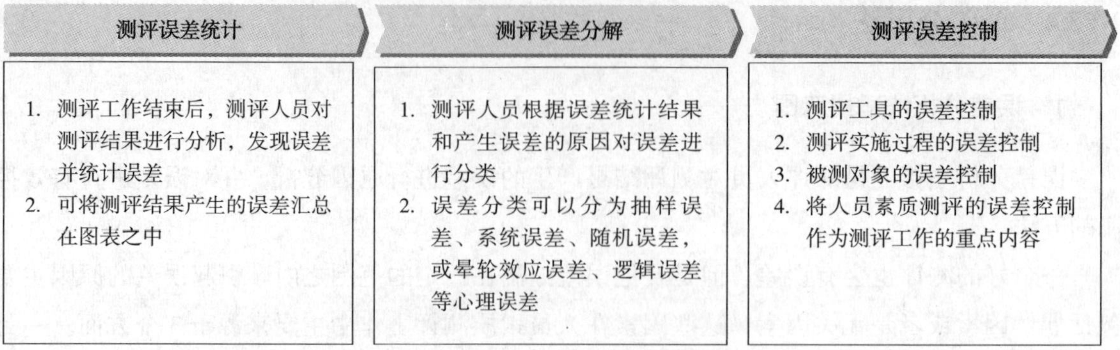

测评误差统计	测评误差分解	测评误差控制
1. 测评工作结束后，测评人员对测评结果进行分析，发现误差并统计误差 2. 可将测评结果产生的误差汇总在图表之中	1. 测评人员根据误差统计结果和产生误差的原因对误差进行分类 2. 误差分类可以分为抽样误差、系统误差、随机误差，或晕轮效应误差、逻辑误差等心理误差	1. 测评工具的误差控制 2. 测评实施过程的误差控制 3. 被测对象的误差控制 4. 将人员素质测评的误差控制作为测评工作的重点内容

图 10—10 误差分析法运用程序

数学变量来描述和刻画其中的客观规律的方法。定量分析法的实质就是数学方法。

如果定量分析法运用在人员素质测评中，它是指运用数学方法对人员素质测评结果进行量化分析，从而使测评结果数据化，以更好地进行测评分析工作。

2. 定量分析法运用须知

（1）定量分析法类型说明

定量分析法主要包括比率分析法、趋势分析法、结构分析法、相互对比法、数学模型法，各种方法的具体说明见表 10—7。

表 10—7 定量分析法类型说明

序号	方法分类	具体说明
1	比率分析法	比率分析法是财务分析的基本方法，也是定量分析的主要方法
2	趋势分析法	趋势分析法是对同一项目的相关测评指标的连续性数据做纵向对比，观察其成长性。通过趋势分析，分析者可以了解该测评结果所属的测评对象在特定方面的发展变化趋势
3	结构分析法	结构分析法是通过对人员素质测评指标中各分项目在总体项目中的比重或组成的分析，考量各分项目在总体项目中的地位
4	相互对比法	相互对比法是通过测评指标的相互比较来揭示测评指标之间的数量差异，既可以是本期测评同上期测评的纵向比较，也可以是同一测评项目的不同测评对象之间的横向比较，还可以与标准值进行比较。通过比较找出差距．进而分析形成差距的原因
5	数学模型法	在现代管理科学中，数学模型被广泛应用，特别是在经济预测和管理工作中，由于不能进行实验验证，通常都是通过数学模型来分析和预测经济决策可能产生的结果
备注	以上五种定量分析方法，比率分析法是基础，趋势分析、结构分析和对比分析等方法是延伸，数学模型法代表了定量分析的发展方向	

（2）定量分析法在测评数据分析中的应用

定量分析法在测评数据分析中的应用，主要的方法有加法汇总法、算数平均法、加权综合法、加权平均法、连乘综合法等。

①加法汇总法

加法汇总法是指将被测试者在各个指标（项目）上的得分直接相加。其计算公式如下：

$$S=\sum_{i=1}^{n}x_i=x_1+x_2+\cdots+x_n$$

式中，S 代表总分。x_i 代表第 i 个指标（项目）的得分。

加法汇总法是一种最简单的统计合成法，它要求各指标同质且单位大致相近，否则需要考虑其他统计方法。

②算数平均法

算数平均法即把各项指标（项目）的总得分作求得平均数的运算。如招聘中面试者的测评结果不一致时，可以采取算数平均法对数据进行处理。其计算公式如下：

$$\overline{X}=\frac{1}{n}\sum_{i=1}^{n}x_i$$

式中，$\overline{X}$ 代表算数平均值；x_i 代表第 i 个指标（项目）的得分；n 代表评定次数、评定人数或测评指标总数。

③加权综合法

加权综合法即将各测评指标（项目）的原始分乘以相应的权重系数，然后再相加的一种运算方法。其计算公式如下：

$$S=\sum_{i=1}^{n}w_ix_i=w_1x_1+w_2x_2+\cdots+w_nx_n$$

式中，S 代表总分；w_i 代表第 i 个指标的权数；x_i 代表第 i 个指标的得分。

在人员素质测评中，经常会遇到测评指标体系中各测评指标的相对重要性不同的情况，这时在进行数据汇总时可以采用加权综合法。

④加权平均法

加权平均法是指测评指标中几个权重系数不同的平均值。其计算公式如下：

$$\overline{X}=\frac{\sum_{i=1}^{n}w_i\overline{x}_i}{\sum_{i=1}^{n}w_i}$$

式中，$\overline{X}$ 代表加权平均数；w_i 代表第 i 个指标的权数；$\overline{x}_i$ 代表指标平均评定值。

⑤连乘综合法

连乘综合法是把各个指标（项目）上的得分直接相乘得到一个总分，这种方法的灵敏度高，但容易产生晕轮效应。其公式如下：

$$S=\prod_{i=1}^{n}x_i=x_1\cdot x_2\cdot x_3\cdots x_n$$

式中，S 代表总分；x_i 代表第 i 个指标的得分。

3. 定量分析法运用程序

定量分析法的运用，一般可以分为测评数据收集、测评数据整理和鉴别、测评数据分析和预测、定量分析结果评价、定量分析结果应用 5 个阶段。定量分析法运用程序如图 10—11 所示。

10.2.6 素质测评报告撰写步骤

要做好人员素质测评报告撰写工作，应该按统计测评数据、分析测评结果、形成测评报告 3 个步骤进行，并且注意选用科学的统计方法统计测评数据和注意对测评的整体质量与测评结果内容进行全面分析，以及区分个人报告或团体报告。

素质测评报告撰写步骤如图 10—12 所示。

10.2.7 素质测评报告撰写要点

一份完整的人员素质测评报告，应当包括人员素质测评机构（小组）信息说明、人员素质测评总体说明、人员素质测评基本信息、被测试者基本信息、测评实施过程介绍、测评结果及其分析、总体评价和建议等要点。其具体内容见表 10—8。

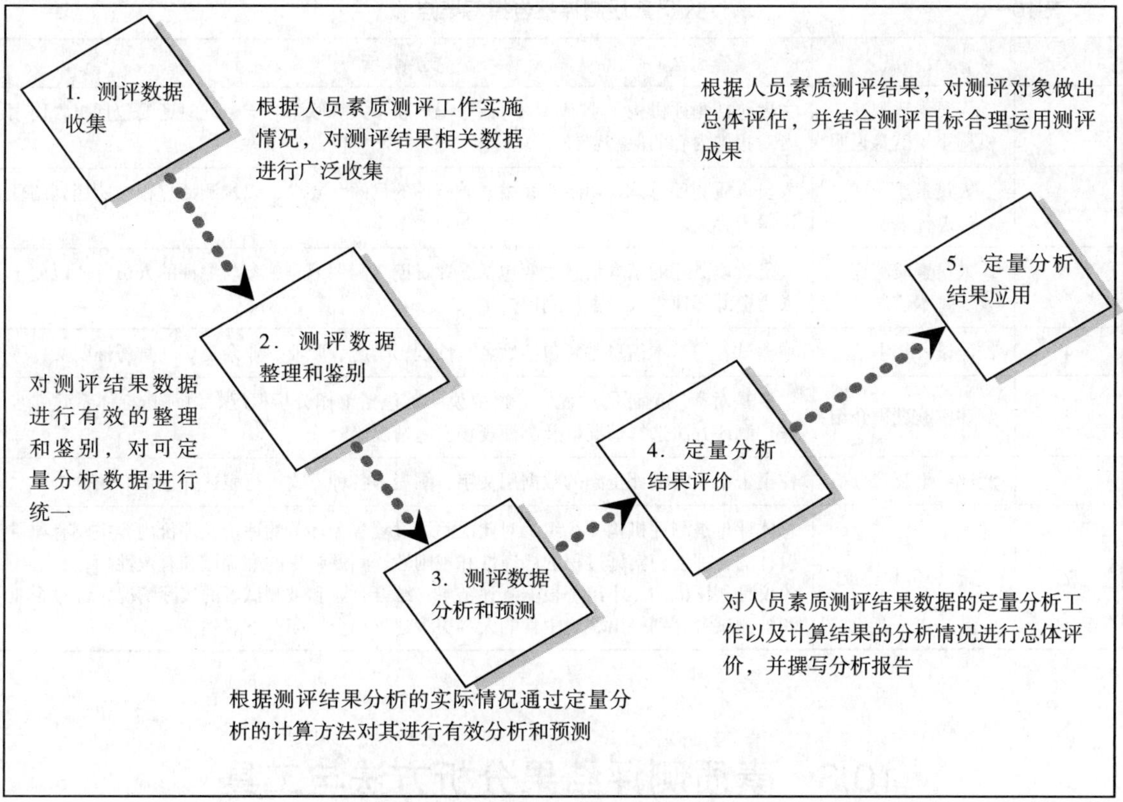

1. 测评数据收集

根据人员素质测评工作实施情况，对测评结果相关数据进行广泛收集

2. 测评数据整理和鉴别

对测评结果数据进行有效的整理和鉴别，对可定量分析数据进行统一

3. 测评数据分析和预测

根据测评结果分析的实际情况通过定量分析的计算方法对其进行有效分析和预测

4. 定量分析结果评价

对人员素质测评结果数据的定量分析工作以及计算结果的分析情况进行总体评价，并撰写分析报告

5. 定量分析结果应用

根据人员素质测评结果，对测评对象做出总体评估，并结合测评目标合理运用测评成果

图 10—11　定量分析法运用程序

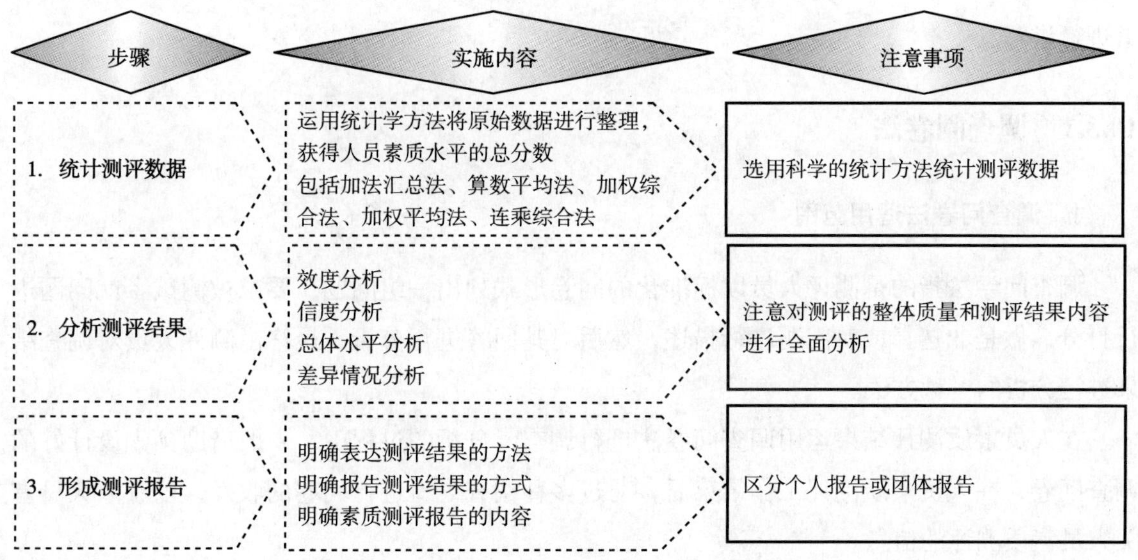

图 10—12　素质测评报告撰写步骤

表 10—8 人员素质测评报告撰写要点

序号	要 点	要点说明
1	人员素质测评机构小组信息说明	主要包括测评机构（小组）的电话号码、联系人等联系方式，同时还要包括报告使用者对报告内容的保密责任
2	人员素质测评总体说明	人员素质测评总体说明主要介绍素质测评的目的和要求，以及测评过程中所用到的理论等内容
3	人员素质测评基本信息	人员素质测评的基本信息主要包括测评日期、测评编号、参与测评的人员等，以便于人力资源部建立人员素质测评档案
4	被测试者基本信息	被测试者的基本信息主要包括姓名、性别、学历、职业、业余爱好、身份证明文件等
5	测评实施过程介绍	主要是对素质测评的过程做一概要说明，包括工作分析概况、测评指标体系建立步骤、测评方法选择情况以及测评现场实施情况等
6	测评结果及其分析	在报告中，将测评得到的数据用文字、图表等各种方式进行表述并进行有效分析
7	总体评价和建议	总体评价是测评机构（小组）对此次测评过程各个环节的评价，评价内容主要有项目设计的合理性、实施过程的严谨性和规则性、测评结果的准确性和有效性 建议是测评机构（小组）根据测评结果，结合企业和被测试者的实际情况，针对企业和被测试者分别提出客观中肯的人事决策建议和个人职业发展建议

10.3 素质测评结果分析方法与工具

素质测评结果分析方法主要包括素质测评结果调查问卷法、素质测评结果面谈法、素质测评结果观察法等，本节主要对素质测评结果调查问卷法和素质测评结果面谈法及其执行工具进行讲解。

10.3.1 调查问卷法

1. 调查问卷法适用范围

调查问卷法指的是测评人员以标准化的问卷形式列出一组问题，要求被测试者就问题进行打分、做是非选择或对问题进行描述，然后对其回答进行分析，最终由测评人员对调查结果进行分析的一种方法。

在人员素质测评结果运用调查问卷法进行调查、分析的过程中，一般借助预先设计好的调查问卷，在人员素质测评工作结束后，通过多种调查渠道进行问卷的收发，以获取大量有关人员素质测评的信息。

2. 调查问卷法运用须知

（1）调查问卷形式分类

调查问卷的形式一般包括封闭式调查问卷、开放式调查问卷、图画式调查问卷 3 种。其分类说明见表 10—9。

表 10—9　　调查问卷形式分类说明

序号	分　类	具体说明
1	封闭式调查问卷	封闭式调查问卷是指问卷上的问题都对回答作了限制性的规定，比如全部都是是非题、选择题，或者是对某一个状态或事物给予一个评价，如优、良、一般、差等
2	开放式调查问卷	开放式调查问卷是指事先未对问题的回答给出一个限制性的规定，回答问卷的被测试者可以自由回答，一般是以简答题目或问题分析题目为主，例如“您对此次素质测评工作有什么意见或者建议？”
3	图画式调查问卷	图画式调查问卷基本上是针对文化层次相对较低的被测试者，用图画的形式让被测试者进行填写或者补充等

（2）调查问卷法的特点分析

运用调查问卷法开展人员素质测评结果分析工作费用较低，规模不受限制，另外，调查问题是企业自己设计的，所以收集的信息会比较全面。但是，问卷调查持续时间较长，问卷回收率一般不会太高，并且问卷中的一些开放性问题可能得不到良好的回答。

企业较为常用的调查问卷主要分为邮件调查问卷、送发调查问卷、访问调查问卷、电话调查问卷。调查问卷法的特点分析见表 10—10。

表 10—10　　问卷调查法的特点分析

项　目	自填式问卷		代填式问卷	
	邮件调查问卷	送发调查问卷	访问调查问卷	电话调查问卷
调查范围	广	窄	较窄	较广
调查对象	有一定控制和选择，但回复问卷的代表性难以估计	可控制和选择，但过于集中	可控制和选择，代表性较强	可控制和选择，代表性较强
影响因素	难以了解、控制和判断	有一定了解、控制和判断	便于了解、控制和判断	不能很好了解、控制和判断
回复质量	较高	较低	不稳定	很不稳定
人力投入	较少	较少	多	较多
调查费用	较高	较低	高	较高
调查时间	较长	短	较短	较短

（3）调查问卷设计注意事项

①调查问卷的目的性要强，一张问卷不能主题不明，包罗万象。

②调查问卷的设计要避免出现问题模糊、描述不清等现象。

③开放式提问和封闭式提问最好组合使用，要避免让被测试者进行随意想象而进行填写。

④调查问卷设计要简洁,尽量使用单一调查和打钩式问题设计方法,以便于被测试者填写。

3. 调查问卷法运用程序

运用调查问卷法对人员素质测评结果进行分析，一般可以分为调查问卷设计、调查对象选择、调查问卷收发、调查问卷审阅、调查结果分析 5 个阶段。调查问卷法运用程序如图 10—13 所示。

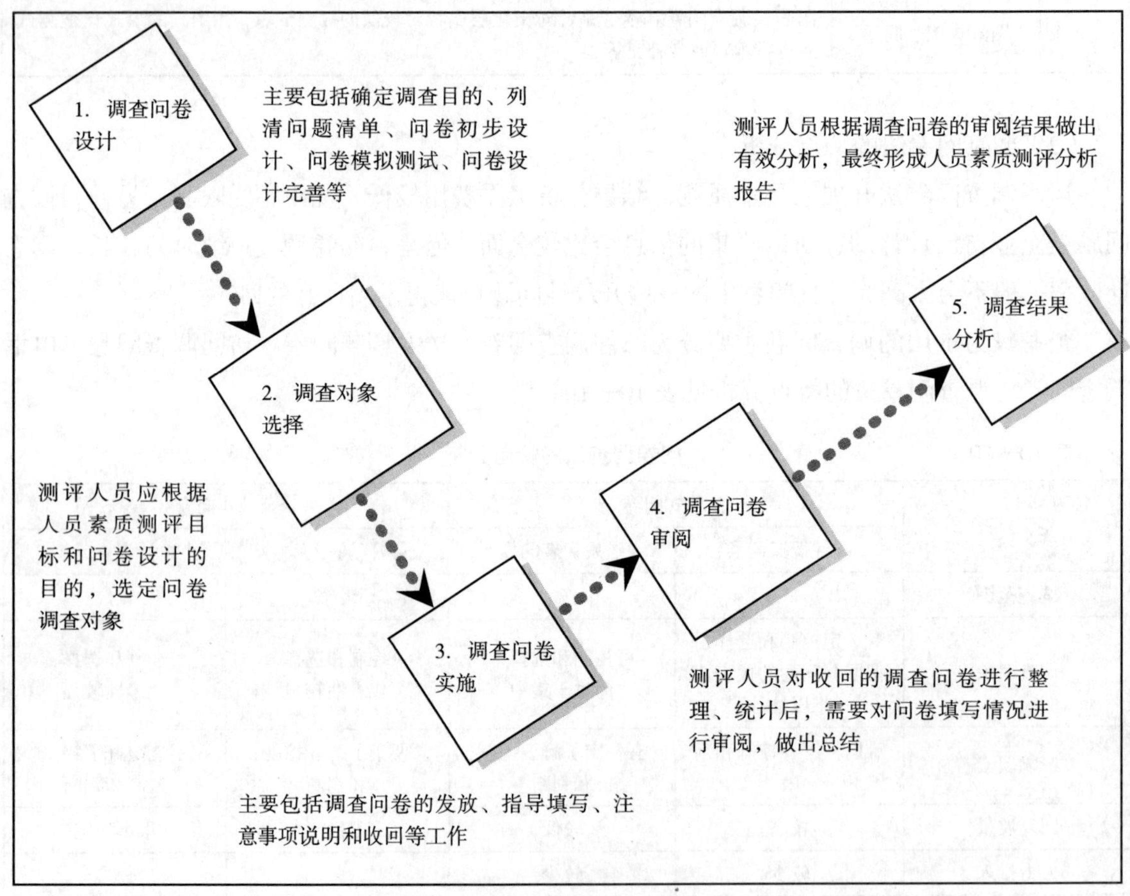

图 10—13 调查问卷法运用程序

10.3.2　素质测评结果面谈法

1. 素质测评结果面谈法适用范围

素质测评结果面谈法是由测评人员分别访问测评对象本人或其主管人员，以了解人员素质测评各个项目的正确性，或对测评结果事项有所疑问，以面谈方式加以澄清的方法。通过素质测评结果面谈，可以获得观察所不能获得的资料；同时，也可以对已获得的资料加以分析和证实。

开展面谈的形式可分为个人面谈、集体面谈和管理人员面谈 3 种。由于有些测评结果可能主管与测评对象的说明不同，测评人员必须把双方的资料合并在一起，予以独立的观察与证实。在条件允许的情况下，可以把这 3 种方式加以综合运用，这样才能真正做到对人员素质测评结果的有效性透彻了解。

2. 素质测评结果面谈法运用须知

（1）素质测评结果面谈法特点分析

素质测评结果面谈法的特点分析见表 10—11。

表 10—11　素质测评结果面谈法的特点分析

优　点	缺　点
1. 得到的资料信息较为全面、真实	1. 面谈对象容易受到测评管理者的影响
2. 能够了解素质测评结果核心问题，有效性较强	2. 需要投入较多的人力、物力和时间
3. 能够得到自发性回答，信息收集量较多	3. 面谈涉及的样本容量较小
4. 能够有效控制非语言行为	4. 可能会给面谈对象的工作带来不便
5. 开展团体面谈确认可以节省时间	5. 可替代性较差

（2）素质测评结果面谈法的注意事项

①测评人员要尊重面谈对象，接待要热情，态度要诚恳，用语要适当。

②测评人员应营造一种良好的气氛，使面谈对象感到轻松愉快。

③测评人员应该启发和引导面谈对象，对重大原则性的问题，应避免发表个人看法或者观点。

3. 素质测评结果面谈法运用程序

人员素质测评结果面谈法的运用程序，一般可以分为整理测评结果、制定面谈提纲、实施测评面谈、结果分析与确认 4 个阶段。素质测评结果面谈法运用程序如图 10—14 所示。

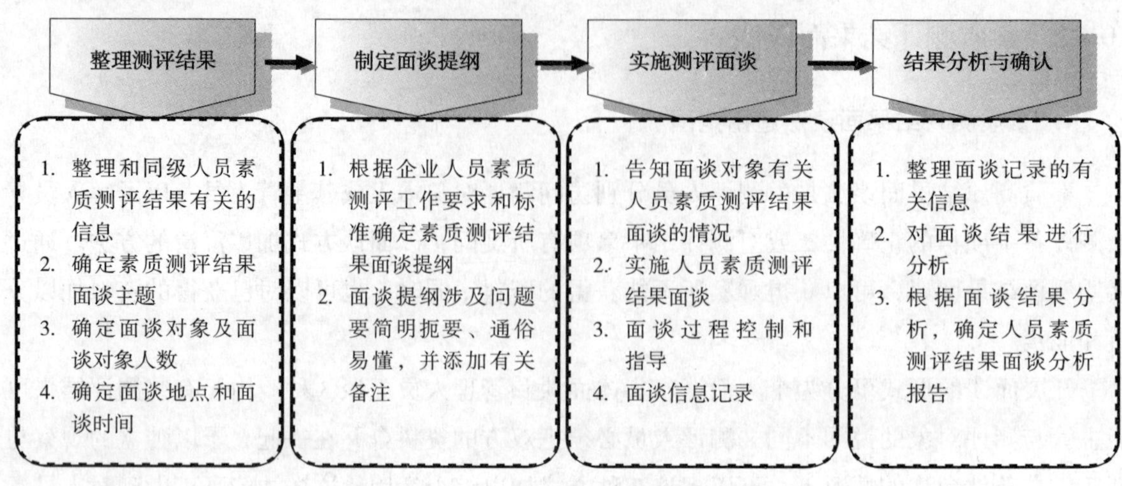

图 10—14　素质测评结果面谈法运用程序

10.3.3　测评结果面谈记录表

表 10—12 所示为 ×× 公司进行人员素质结果面谈的记录工具表。

表 10—12　　测评结果面谈记录表

面谈对象：　　测评人员：　　面谈日期：

<table>
<tr><th>项 目</th><th colspan="3">面谈内容</th></tr>
<tr><td rowspan="6">测评工作
完成情况评估</td><td colspan="3">测评工作组织、实施方面的优点：</td></tr>
<tr><td colspan="3">不足之处或未完事项：</td></tr>
<tr><td>不足之处或未完事项</td><td>改进措施与方法</td><td>时　限</td></tr>
<tr><td></td><td></td><td></td></tr>
<tr><td></td><td></td><td></td></tr>
<tr><td></td><td></td><td></td></tr>
<tr><td>测评结果
与个人的
匹配度</td><td colspan="3">（需要面谈者对人员素质测评结果的相关问题进行讲解）</td></tr>
<tr><td>其他方面</td><td colspan="3"></td></tr>
</table>

10.3.4　员工素质测评报告范本

以下是 ×× 公司销售主管的素质测评报告范本。

文书名称	员工素质测评报告书	编　号	
		受控状态	

一、项目背景

销售主管的聘用工作需要人才测评最终确定。

二、测评指标体系说明

销售主管测评指标包括销售与产品知识及运用能力、判断决策能力、领导授权能力、执行能力、人际沟通能力、组织协调能力、团队管理能力。

具体指标体系设计表略。

三、测评小组人员

测评小组人员包括甲、乙、丙、丁4人，其中甲为测评小组组长。

四、被测试者

参与测评的有A、B、C、D 4人。

五、测评实施（略）

六、单个被测试者的测评得分

测评小组人员对所有参与测评的人员按照设计的测评方案实施测评工作，分别对每位被测试者进行评分，计算被测试者各项指标算术平均分作为该项指标的最后得分。

（一）被测试者 A 的测评

计算被测试者A的各项要素得分，见下表。

被测试者 A 得分表

测评要素	评分要点	测评人员评分				最终得分
		甲	乙	丙	丁	
1. 销售与产品知识和运用能力	销售与产品知识掌握的深度	93	80	85	92	87.5
2. 判断决策能力	对信息正确判断能力，决策是否可行、周密	84	90	88	84	86.5
3. 领导授权能力	授权是否合理、及时、全面	83	80	75	78	79
4. 计划分析能力	对事情的轻重缓急的把握程度	90	80	91	95	89
5. 人际沟通能力	沟通的意识与技巧、危机公关意识	88	82	84	90	86
6. 组织协调能力	分工协作意识、协调的有效性、对相关部门人员角色理解程度、对自身角色的定位认识	95	95	90	90	92.5
7. 团队管理能力	是否明确团队目标、能否纠正团队中存在的问题、是否从事实出发采取相应的措施	85	84	85	86	85

通过以上方法，计算出所有被测试者的各项要素得分。

（二）其他人员得分计算（略）

七、所有被测试者测评得分

根据设计的指标权重，采用加权平均的方法计算出每个被测试者的加权总分，具体见下表。

所有被测试者的测评结果

测评要素	权重（%）	A得分	B得分	C得分	D得分
1. 销售与产品知识及运用能力	20	87.5	81.5	96	92
2. 判断决策能力	20	86.5	88	86	80
3. 领导授权能力	20	79	83	85	75

续表

测评要素	权重（%）	A得分	B得分	C得分	D得分
4. 计划分析能力	10	89	78.5	84.5	85
5. 人际沟通能力	10	86	98.5	91.5	88
6. 组织协调能力	10	92.5	83.5	70	80
7. 团队管理能力	10	85	86	90	80
加权总分		85.85	85.15	87	82.7

八、测评结果评价

（一）单个被测试者的素质评价

根据被测试者的答题情况和最终得分，其素质水平的评价见下表。

被测试者的素质评价表

测评要素	测评结果			
	A	B	C	D
1. 销售与产品知识及运用能力	具有比较扎实的销售与产品知识，能够灵活运用，对问题的判断比较准确	—	—	—
2. 判断决策能力	具有比较好的判断决策能力，对问题的分析很全面，能够统筹全局，果断决策	—	—	—
3. 领导授权能力	领导授权意识一般，授权比较合理，能够根据实际情况提供一些指导	—	—	—
4. 计划分析能力	基本能够把握问题的轻重缓急，并针对问题提出多套执行方案，但方案的可操作性一般	—	—	—
5. 人际沟通能力	语言表达较好，善于倾听并积极反馈	—	—	—
6. 组织协调能力	能正确理解销售部门的职责和定位，还能理解相关部门及人员的职责，能够协调本部门和其他部门的合作	—	—	—
7. 团队管理能力	能够确立明确的团队目标，并有意识地进行管理，能够从实际出发改善团队中存在的不足，但对问题的解决措施力度不大，对措施实施的效果关注意识不强	—	—	—
总体评价及人事建议	基本符合销售主管的岗位要求，其组织协调能力优秀，其他能力均达到良好水平。需提高领导授权能力，保证任务及时下达与落实，需在日后工作中参加针对性培训	—	—	—

（二）其他人员素质测评评价（略）

（三）总体评价

1. 从所有被测试者的测评结果中可以看出，销售主管的整体素质水平和彼此之间的优势与差距。
2. 从总分来看，被测试者C最强，A次之，B、D再次之。

编制人员		审核人员		审批人员	
编制时间		审核时间		审批时间	